商业银行
业务与经营实验指导教程

Business and Operation of Commercial Bank Experimental Textbook

冉瑞恩 编著

经济管理出版社
ECONOMY & MANAGEMENT PUBLISHING HOUSE

图书在版编目（CIP）数据

商业银行业务与经营实验指导教程/冉瑞恩编著. —北京：经济管理出版社，2020.7
ISBN 978-7-5096-7260-0

Ⅰ.①商…　Ⅱ.①冉…　Ⅲ.①商业银行—银行业务—高等学校—教材　②商业银行—经营管理—高等学校—教材　Ⅳ.①F830.33

中国版本图书馆 CIP 数据核字（2020）第 132243 号

组稿编辑：杨国强
责任编辑：杨国强　张瑞军
责任印制：黄章平
责任校对：王淑卿

出版发行：经济管理出版社
　　　　　（北京市海淀区北蜂窝 8 号中雅大厦 A 座 11 层　100038）
网　　址：www. E-mp. com. cn
电　　话：(010) 51915602
印　　刷：北京晨旭印刷厂
经　　销：新华书店
开　　本：720mm × 1000mm/16
印　　张：21.75
字　　数：355 千字
版　　次：2020 年 11 月第 1 版　2020 年 11 月第 1 次印刷
书　　号：ISBN 978-7-5096-7260-0
定　　价：58.00 元

前　言

　　近年来，随着现代互联网技术在金融业的广泛应用，以及金融工具的不断创新，金融业务操作的技术含量越来越高，金融行业越来越呈现出专业化、微观化、可视化的特点，这对高等院校金融人才的培养提出了重大的挑战。高等院校金融学科不仅要培养从事理论研究及金融管理的高级人才，而且要培养从事实际业务操作的应用型人才。为了适应这一变化，高等院校金融学本科生的培养目标逐渐倾向于培养金融领域高级应用型、复合型专门人才。根据高等院校"高层次""应用型"人才培养目标的定位，实践教学成为实现培养目标、提高学生理论联系实际的重要手段，能够极大地提升学生的实践能力和创新能力。

　　在此背景下，为满足高等院校培养应用型人才的办学需要，满足在开展金融实践教学时对专业软件模块了解及规范化应用的需要，湖北民族大学经济与管理学院组织编写了《商业银行业务与经营课程实验指导教程》。本书的实验内容依托浙江航大科技开发有限公司开发的"浙科商业银行模拟教学软件"，该软件按照商业银行会计核算方法开发而成，让学生在一个几近真实的商业银行模拟环境中练习所学金融理论和操作技能。该软件系统充分体现商业银行的综合柜员制，模拟银行的个人业务、对公业务、网上银行业务，模仿银行组织结构。通过软件操作，不仅深化了学生对银行金融理论的理解，而且加快了其掌握银行系统操作技能，让学生体验真正的商业银行业务流程。"浙科网上银行系统"由个人网上业务、企业网上业务、银行后台系统三部分组成，学生经过注册成为合法的个人客户或企业客户，登录系统，演练相应的个人版网上银行和企业版网上银行业务，使学生逐步熟悉网上银行业务的实际操作和后台管理流程。软件以多媒体动画表现形式，逼真地展示商业银行的实际业务办理过程，使学生在掌握理论知识的同时熟悉银行业务的实际操作过程，改变其知识结构，培养商业银行真正需要的实用型人才，增强学生的社会就业竞争力。

　　本书实验项目主要包含了商业银行业务的主要实验模块，具体包括个人存款业务实验、个人银行卡业务和贷款业务实验、个人汇款业务和外汇业务实验、代理业务和个人网上银行实验、对公存款业务实验、对公贷款业务实验、人民币支付结算服务实验。商业银行业务实验充分体现了商业银行的综合柜员制，模拟银行的个人业务、对公业务、网上银行业务，模仿银行组织结构：总行由若干分行构成，分行由若干支行构成。由教师建立一个模拟的商业银行实验项目，并为该实验项目配置实验环境，设置实验参数，统一控制实验进程。学生在教师搭建的商业银行实验环境中，通过扮演综合角色、柜员角色来开展各项个人业务（存款业务、银行卡业务、贷款业务、汇款业务、外汇业务、代理业务）、对公业务（存款业务、贷款业务、人民币支付结算服务业务）。在学生开始实验操作之前，首先由扮演综合角色的学生进行实验准备工作，然后由扮演柜员角色的学生，添加个人客户或企业客户，并向银行提交相关的个人业务或对公业务办理申请，由一般柜员或综合柜员相互协作受理各项业务。通过软件操作，不仅深化了学生对银行金融理论的理解，而且加快其掌握银行系统操作技能，让学生体验真正的商业银行业务流程。

　　本书在编写过程中，查阅了国家关于金融银行管理的最新法规和政策，参考了相关教材、专著、文献以及各大商业银行官方网站提供的资料，借鉴了商业银行业务培训教材与内部资料，在此表示衷心的感谢。由于受到各种条件和作者水平的局限，书中难免存在疏漏和不足之处，敬请各位专家和广大读者给予批评指正。

目　录

实验项目一　网点开机前准备 ………………………………… 001

　　一、实验目标 ……………………………………………… 001

　　二、实验任务 ……………………………………………… 001

　　三、背景知识 ……………………………………………… 002

　　四、实验步骤 ……………………………………………… 004

实验项目二　个人存款业务实验 ………………………………… 021

　　一、实验目标 ……………………………………………… 021

　　二、实验任务 ……………………………………………… 021

　　三、背景知识 ……………………………………………… 022

　　四、实验步骤 ……………………………………………… 025

　　　　（一）开户申请 …………………………………………… 027

　　　　（二）活期账户 …………………………………………… 033

　　　　（三）定期账户 …………………………………………… 062

　　　　（四）一本通账户 ………………………………………… 076

实验项目三　个人银行卡业务和贷款业务实验 ………………… 081

　　一、实验目标 ……………………………………………… 081

　　二、实验任务 ……………………………………………… 081

　　三、背景知识 ……………………………………………… 082

（一）银行卡的分类 …………………………………… 082

（二）银行卡业务管理办法 …………………………… 082

（三）商业银行信用卡业务监督管理办法 …………… 092

（四）贷款种类 ………………………………………… 113

（五）借款合同 ………………………………………… 113

四、实验步骤 …………………………………………… 114

（一）银行卡业务（开户申请、银行卡账户） ……… 114

（二）贷款业务 ………………………………………… 136

实验项目四　个人汇款业务和外汇业务实验 ……………… 151

一、实验目标 …………………………………………… 151

二、实验任务 …………………………………………… 151

三、背景知识 …………………………………………… 152

（一）汇款业务特点 …………………………………… 152

（二）外汇业务 ………………………………………… 152

四、实验步骤 …………………………………………… 153

（一）汇款业务（人民币汇款、人民币退汇） ……… 153

（二）外汇业务（结汇、售汇、套汇） ……………… 159

实验项目五　代理业务和个人网上银行实验 ……………… 165

一、实验目标 …………………………………………… 165

二、实验任务 …………………………………………… 165

三、背景知识 …………………………………………… 166

（一）代理业务的种类及内容 ………………………… 166

（二）网上银行特点 …………………………………… 167

四、实验步骤 …………………………………………… 168

（一）代理业务 ………………………………………… 168

（二）个人网上银行 …………………………………… 195

实验项目六　对公存款业务实验 ················ 209

　一、实验目标 ···································· 209

　二、实验任务 ···································· 209

　三、背景知识 ···································· 210

　四、实验步骤 ···································· 211

　　（一）活期账户（开户、存款、取款、转账） ·········· 212

　　（二）定期账户（现金存款、取款、转账存款） ········ 227

　　（三）通知存款 ································ 238

　　（四）协定存款 ································ 244

　　（五）信用证保证金存款 ························ 248

实验项目七　对公贷款业务实验 ················ 257

　一、实验目标 ···································· 257

　二、实验任务 ···································· 257

　三、背景知识 ···································· 258

　　（一）流动资金贷款 ···························· 258

　　（二）银团贷款 ································ 259

　　（三）商业银行固定利率住房抵押贷款风险管理 ········ 259

　　（四）商业银行抵押贷款的核算方法 ················ 262

　四、实验步骤 ···································· 265

　　（一）一般贷款申请与还款 ······················ 265

　　（二）行内银团贷款 ···························· 279

　　（三）贷款业务——账号透支申请 ················· 292

实验项目八　人民币支付结算服务实验 ············ 295

　一、实验目标 ···································· 295

　二、实验任务 ···································· 295

三、背景知识 …………………………………………………… 296

    （一）银行本票 ………………………………………… 296

    （二）银行汇票 ………………………………………… 296

    （三）商业承兑汇票 …………………………………… 297

    （四）银行承兑汇票 …………………………………… 298

    （五）信用证 …………………………………………… 299

    （六）人民币汇款 ……………………………………… 300

四、实验步骤 …………………………………………………… 300

    （一）银行本/汇票申请书 …………………………… 300

    （二）银行本票（持有）……………………………… 306

    （三）银行汇票（持有）……………………………… 309

    （四）商业承兑汇票（持有）………………………… 314

    （五）银行承兑汇票（持有）………………………… 319

    （六）信用证业务 ……………………………………… 326

附录　实验（实训）报告 …………………………………… 335

参考文献 ………………………………………………………… 337

实验项目一
网点开机前准备

一、实验目标

通过网点开始前准备实验的操作，让学生深入地了解商业银行的设置和银行网点在营业前所需做的所有准备工作；了解银行内部综合权限和部分权限业务的分配；了解上级银行和下级银行之间的资金调配。

二、实验任务

（1）了解综合角色对银行设置和柜员权限分配。

（2）了解综合角色在银行营业前资金和凭证调拨；了解银行对汇率、手续费、费率、交易额度和尾箱额度的设置。

三、背景知识

1. 三种角色的定位

综合角色——包括总行和支行/分行行长。总行行长功能最多，权限最大。分/支行行长在功能和权限上受到一定限制。总行行长对银行的设置，影响到整个银行的业务运作。

柜员——是以计算机为业务处理和会计核算的手段，从事办理储蓄存款、取款及代办业务过程中的接柜、记账、计息、收付现金到日常整理票币、柜台轧账等业务操作。

客户——包括企业和个人。在银行办理各种金融存/贷款业务。向柜员提交各种业务数据。

2. 业务操作岗位权限日常管理

(1) 设置专门的部门管理业务柜员、岗位和权限工作遵循集中控制、分级管理的原则，依据系统功能，分支机构通过参数方式正确设置柜员、岗位和业务操作权限，做好柜员的签发、补发、调整、删除、停用、启用等管理。

(2) 业务处理按照"事权划分、事中控制"的原则，一个业务人员在统一系统中只能有一个柜员号和密码。

(3) 总行负责制定业务柜员管理办法，各分行人力资源及相关业务部门按照岗位设置权限，分别行使管理职责。

(4) 柜员签发、管理与监督以人力资源和主管业务部门为主，相关业务部门配合。业务部门对柜员申请人资格条件进行初审，人力资源部对柜员资格条件复审，共同完成柜员的签发、调整、补发等日常工作。

(5) 业务柜员的密码应不定期更换，每次更换间隔最长不得超过规定的天数，否则系统将拒绝其进行业务操作。密码不应以本人及近亲生日或其他较易破译的数字设置。输入密码必须注意保密，其他人员要自觉回避。

(6) 业务人员在同一个柜员签发行内调动工作，仍从事系统上机操作工作，需要柜员签发行对其柜员岗位权限内容进行调整；如调动范围在其柜员签发行的管辖范围外，则注销原来岗位系统柜员，重新签发在新的工作单位柜员。

（7）因临时离岗、学习休假、岗位变动等原因引起的暂时离岗，要按照规定办理，经业务主管批准，把柜员状态改为待启用状态。

3. 汇率标价方法

确定两种不同货币之间的比价，先要确定用哪个国家的货币作为标准。由于确定的标准不同，于是便产生了几种不同的外汇汇率标价方法。

（1）直接标价法，又叫应付标价法，是以一定单位（1、100、1000、10000）的外国货币为标准来计算应付若干单位的本国货币。就相当于计算购买一定单位外币所应付多少本币，所以叫应付标价法。在国际外汇市场上，包括中国在内的世界上绝大多数国家目前都采用直接标价法。如日元对美元汇率为 119.05，即 1 美元兑 119.05 日元。在直接标价法下，若一定单位的外币折合的本币数额多于前期，说明外币币值上升或本币币值下跌，称为外汇汇率上升；反之，如果要用比原来较少的本币即能兑换到同一数额的外币，说明外币币值下跌或本币币值上升，称为外汇汇率下跌，即外币的价值与汇率的涨跌成正比。直接标价法与商品的买卖常识相似，例如美元的直接标价法就是把美元外汇作为买卖的商品，以美元为 1 单位，且单位是不变的，而作为货币一方的人民币，是变化的。一般商品的买卖也是这样，500 元买进一件衣服，550 元把它卖出去，赚了 50 元，商品没变，而货币却增加了。

（2）间接标价法，又称应收标价法，它是以一定单位（如 1 个单位）的本国货币为标准来计算应收若干单位的外汇货币。在国际外汇市场上，欧元、英镑、澳元等均为间接标价法。如欧元对美元汇率为 0.9705，即 1 欧元兑 0.9705 美元。在间接标价法中，本国货币的数额保持不变，外国货币的数额随着本国货币币值的变化而变化。如果一定数额的本币能兑换的外币数额比前期少，表明外币币值上升，本币币值下降，即外汇汇率下跌；反之，如果一定数额的本币能兑换的外币数额比前期多，说明外币币值下降、本币币值上升，即外汇汇率上升，即外汇的价值和汇率的升跌成反比。因此，间接标价法与直接标价法相反。直接标价法和间接标价法所表示的汇率涨跌的含义正好相反，所以，在引用某种货币的汇率和说明其汇率高低涨跌时，必须明确采用哪种标价方法，以免混淆。

（3）美元标价法，又称纽约标价法，是指在纽约国际金融市场上，除对英镑用直接标价法外，对其他外国货币用间接标价法的标价方法。美元标价法由美国在 1978 年 9 月 1 日制定并执行，目前是国际金融市场上通行的标价法。在金本位制下，汇率决定的基础是黄金输送点（Gold Point），在纸币流通条件下，其决定基础是购买力平价（Purchase Power Par）。

四、实验步骤

步骤 1，本行信息。综合角色点击银行信息页面左边导航中的【本行信息】按钮，进入本行信息设置页面。

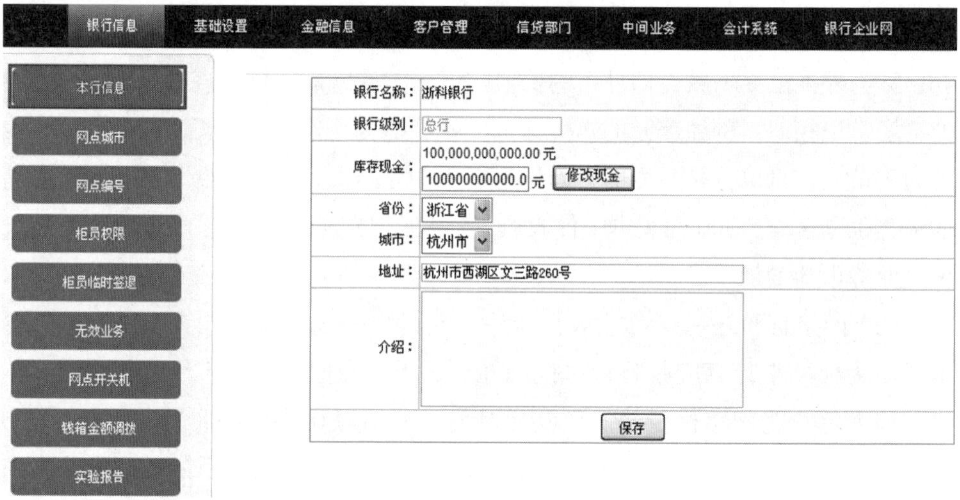

图 1-1

可修改本行的库存现金；设置本行所在的省份、城市、地址和介绍。设置完成后点击【保存】按钮，本行信息设置完成。

步骤 2，总行设置网点城市。点击银行信息页面左边导航中的【网点城市】按钮，进入分行信息设置页面。

分行信息列表中点击【设置】按钮，进入分行的省份和城市设置页面。

图 1-2

图 1-3

省份和城市通过下拉列表的方式进行选择，选择完成后点击【确定】按钮，该网点城市信息设置成功。支行的网点城市自动显示为上级分行的网点城市。

步骤 3，总行设置网点编号。点击银行信息页面左边导航中的【网点编号】按钮，进入银行网点编号设置页面。

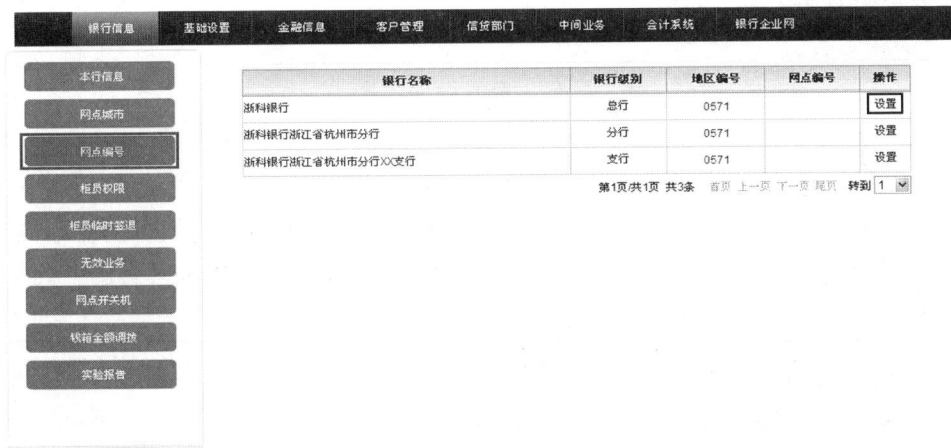

图 1-4

网点编号设置列表中选择需要设置编号的银行，点击【设置】按钮，进入银行网点设置页面。

银行名称：	浙科银行
地区编号：	0571
网点编号：	

保存　返回

图 1-5

编号设置完成后点击【保存】按钮，网点编号设置成功。

步骤 4，总行、分行、支行分配柜员权限。点击银行信息页面左边导航中的【柜员权限】按钮，进入银行柜员权限设置页面。

| 银行信息 | 基础设置 | 金融信息 | 客户管理 | 信贷部门 | 中间业务 | 会计系统 | 银行企业网 |

	柜员号	姓名	所属网点	业务权限	操作
本行信息	xs0002	xs0002	浙科银行	所有业务	修改
网点城市	xs0003	xs0003	浙科银行	所有业务	修改
网点编号	xs0004	xs0004	浙科银行	所有业务	修改
柜员权限	xs0006	xs0006	浙科银行浙江省杭州市分行	所有业务	修改
柜员临时签退	xs0007	xs0007	浙科银行浙江省杭州市分行	所有业务	修改
无效业务	xs0008	xs0008	浙科银行浙江省杭州市分行	所有业务	修改
网点开关机	xs0010	xs0010	浙科银行浙江省杭州市分行XX支行	所有业务	修改
钱箱金额调拨	xs0011	xs0011	浙科银行浙江省杭州市分行XX支行	所有业务	修改
实验报告	xs0012	xs0012	浙科银行浙江省杭州市分行XX支行	所有业务	修改

第1页/共1页 共9条 首页 上一页 下一页 尾页 转到 1 ∨

图 1-6

综合角色只能设置本行下的柜员业务权限，分行和支行下的柜员权限需分行和支行的综合角色进行分配。默认设置为所有业务。柜员权限设置列表中点击【修改】按钮，进入柜员业务权限修改页面，重新设置该柜员的业务权限。修改权限完成后点击【保存】按钮，权限修改成功。

步骤 5，总行向分行、支行调拨库存资金。基础设置页面，点击左边导航资金管理模块下【主动下拨分行】按钮，进入资金下拨页面。

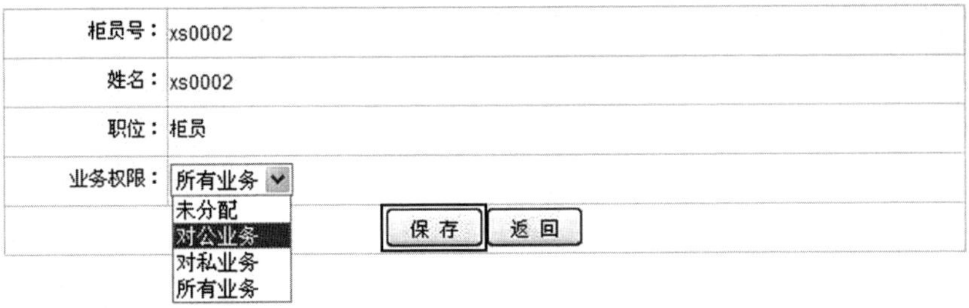
柜员号：xs0002
姓名：xs0002
职位：柜员
业务权限：所有业务
未分配
对公业务
对私业务
所有业务
保 存
返 回

图 1–7

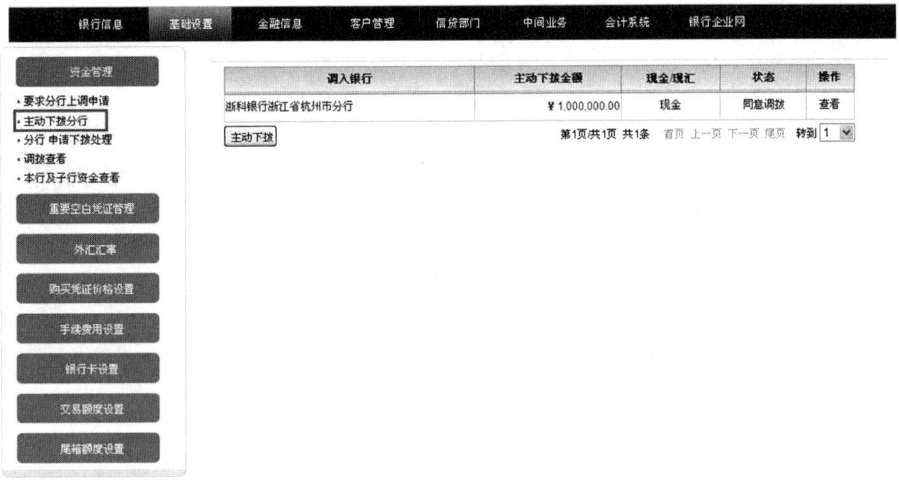
银行信息
基础设置
金融信息
客户管理
信贷部门
中间业务
会计系统
银行企业网
资金管理
·要求分行上调申请
·主动下拨分行
·分行申请下拨处理
·调拨查看
·本行及子行资金查看
重要空白凭证管理
外汇汇率
购买凭证价格设置
手续费用设置
银行卡设置
交易额度设置
尾箱额度设置
调入银行
主动下拨金额
现金/现汇
状态
操作
浙科银行浙江省杭州市分行
¥1,000,000.00
现金
同意调拨
查看
主动下拨
第1页/共1页 共1条 首页 上一页 下一页 尾页 转到 1

图 1–8

点击【主动下拨】按钮，进入现金调拨单页面。

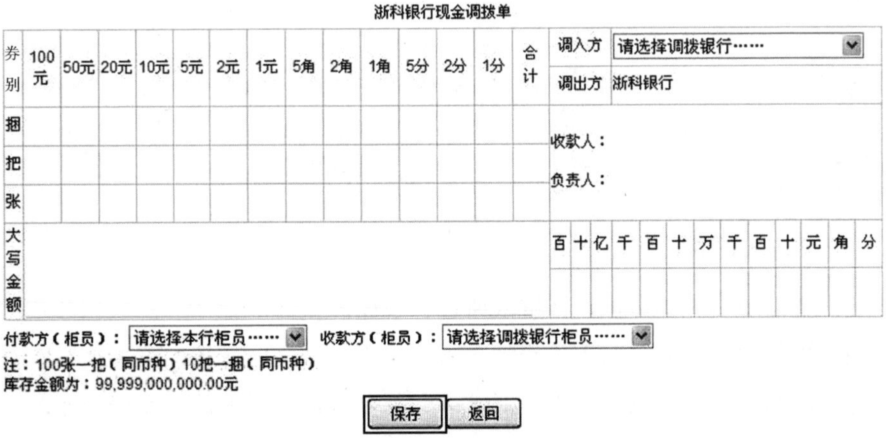
浙科银行现金调拨单
券别
100元
50元
20元
10元
5元
2元
1元
5角
2角
1角
5分
2分
1分
合计
调入方
请选择调拨银行……
调出方
浙科银行
捆
把
张
收款人：
负责人：
大写金额
百 十 亿 千 百 十 万 千 百 十 元 角 分
付款方（柜员）：
请选择本行柜员……
收款方（柜员）：
请选择调拨银行柜员……
注：100张一把（同币种）10把一捆（同币种）
库存金额为：99,999,000,000.00元
保存
返回

图 1–9

调入方下拉列表中选择要调入的分行或支行；填写调拨金额后再选择付款柜员和收款柜员。现金调拨单填写完成后点击【保存】按钮，保存后资金调拨成功。主行库存现金减少，分行库存现金增加。

步骤6，印制凭证。基础设置页面，点击左边导航重要空白凭证管理模块下【凭证印制】按钮，进入凭证印制页面。

凭证名称	凭证类别	操作
个人开户申请书	一般凭证	印制
企业开户申请书	一般凭证	印制
现金收入凭证	一般凭证	印制
现金付出凭证	一般凭证	印制
转账借方凭证	一般凭证	印制
转账贷方凭证	一般凭证	印制
特种转账借方凭证	一般凭证	印制
特种转账贷方凭证	一般凭证	印制
外汇买卖借方凭证	一般凭证	印制
外汇买卖贷方凭证	一般凭证	印制

图 1–10

可对指定凭证单独印制，也可对所有凭证统一印制。

单独印制：凭证印制列表中，选择需单独印制凭证的【印制】按钮，进入印制页面。

开始号码	结束号码	数量	日期	操作
00000001	00000010	10	2012-11-21	查看

图 1–11

点击页面中【印制】按钮，进入所选凭证印制页面。

输入数量后自动显示结束号码。点击【保存】按钮，凭证印制成功。

统一印制：凭证印制页面点击【统一印制】按钮，进入统一印制页面。

凭证名称：	个人开户申请书
开始号码：	00000011
结束号码：	
数量：	

保存　返回

图 1–12

凭证数量：		注：正整数（最少印制1，最多印制1000）

统一印制

图 1–13

输入统一印制的数量后点击【统一印制】按钮，统一印制成功。

点击重要空白凭证管理下的【可用凭证查看】按钮，进入可用凭证查看页面。

银行信息	基础设置	金融信息	客户管理	信贷部门	中间业务	会计系统	银行企业网

凭证名称	当前可用开始编号	剩余数量	操作
个人开户申请书	00000001	40	查看
企业开户申请书	00000001	20	查看
现金收入凭证	00000001	20	查看
现金付出凭证	00000001	20	查看
转账借方凭证	00000001	20	查看
转账贷方凭证	00000001	20	查看
特种转账借方凭证	00000001	20	查看
特种转账贷方凭证	00000001	20	查看
外汇买卖借方凭证	00000001	20	查看
外汇买卖贷方凭证	00000001	20	查看

资金管理
重要空白凭证管理
· 凭证印制
· 凭证调拨
· 可用凭证查看
外汇汇率
购买凭证价格设置
手续费用设置
银行卡设置
交易额度设置
尾箱额度设置

第1页/共6页 共59条 首页 上一页 下一页 尾页 转到 1

图 1–14

可用凭证查看页面可查看到所有凭证的数量。凭证列表中点击【查看】按钮，可查看具体凭证的详细信息。

凭证类别：一般凭证			
凭证名称：个人开户申请书			
可用编号列表：	开始编号	结束编号	数量
	00000001	00000010	10
	00000011	00000020	10
	00000021	00000040	20

返回

图 1-15

步骤 7，总行向分行，分行向支行调拨凭证。基础设置页面，点击左边导航重要空白凭证管理模块下【凭证调拨】按钮，进入凭证调拨页面。

银行信息	基础设置	金融信息	客户管理	信贷部门	中间业务	会计系统	银行企业网

	凭证调入查看 凭证调出查看			
资金管理	凭证名称	调出行	剩余数量	操作
重要空白凭证管理	个人开户申请书	从印制调入	40	查看
· 凭证印制	企业开户申请书	从印制调入	20	查看
· 凭证调拨	现金收入凭证	从印制调入	20	查看
· 可用凭证查看	现金付出凭证	从印制调入	20	查看
外汇汇率	转账借方凭证	从印制调入	20	查看
购买凭证价格设置	转账贷方凭证	从印制调入	20	查看
手续费用设置	特种转账借方凭证	从印制调入	20	查看
银行卡设置	特种转账贷方凭证	从印制调入	20	查看
交易额度设置	外汇买卖借方凭证	从印制调入	20	查看
尾箱额度设置	外汇买卖贷方凭证	从印制调入	20	查看

凭证调拨　统一调拨　　　　第1页/共6页 共59条　首页 上一页 下一页 尾页 转到 1 ▼

图 1-16

可对指定凭证单独调拨，也可所有凭证统一调拨。

单独调拨：点击凭证调拨列表下的【凭证调拨】按钮，进入凭证单独调拨页面。

凭证名称	当前可用开始编号	剩余数量	操作
个人开户申请书	00000001	40	调拨
企业开户申请书	00000001	20	调拨
现金收入凭证	00000001	20	调拨
现金付出凭证	00000001	20	调拨
转账借方凭证	00000001	20	调拨
转账贷方凭证	00000001	20	调拨
特种转账借方凭证	00000001	20	调拨
特种转账贷方凭证	00000001	20	调拨
外汇买卖借方凭证	00000001	20	调拨
外汇买卖贷方凭证	00000001	20	调拨

第1页/共6页 共59条　首页 上一页 下一页 尾页 转到 1 ∨

图 1-17

选择所需调拨的凭证，点击【调拨】按钮，进入凭证调拨操作页面。

请选择凭证类别：	一般凭证		
请选择凭证：	个人开户申请书		
调出行：	浙科银行		
调入行：	请选择调拨银行…… ∨		
可用编号列表：	**开始编号**	**结束编号**	**数量**
	00000001	00000010	10
	00000011	00000020	10
	00000021	00000040	20
数量：			

保存　返回

图 1-18

通过下拉列表的方式选择调入行，再输入调拨数量，点击【保存】按钮，调拨成功。

统一调拨：点击凭证调拨列表下【统一调拨】按钮，进入凭证统一调拨页面。输入调拨凭证数量，选择调拨银行后点击【统一调拨】按钮，凭证统一调拨操作成功。

总行向分行调拨凭证后，同样的操作方法，分行需向支行调拨凭证。

凭证调拨页面点击【凭证调出查看】按钮，可查看到调出凭证的信息。

凭证调入查看 **凭证调出查看**

凭证名称	调入行	剩余数量	操作
个人开户申请书	浙科银行浙江省杭州市分行	20	查看
企业开户申请书	浙科银行浙江省杭州市分行	10	查看
现金收入凭证	浙科银行浙江省杭州市分行	10	查看
现金付出凭证	浙科银行浙江省杭州市分行	10	查看
转账借方凭证	浙科银行浙江省杭州市分行	10	查看
转账贷方凭证	浙科银行浙江省杭州市分行	10	查看
特种转账借方凭证	浙科银行浙江省杭州市分行	10	查看
特种转账贷方凭证	浙科银行浙江省杭州市分行	10	查看
外汇买卖借方凭证	浙科银行浙江省杭州市分行	10	查看
外汇买卖贷方凭证	浙科银行浙江省杭州市分行	10	查看

凭证调拨 统一调拨   第1页/共6页 共59条 首页 上一页 下一页 尾页 转到 1 ⌄

图 1-19

点击列表中【查看】按钮，可查看具体凭证调拨的详细记录。

步骤 8，总行设置外汇汇率浮动率。基础设置页面，点击左边导航外汇汇率模块下【浮动率设置】按钮，进入外汇汇率浮动率设置页面。

银行信息　基础设置　金融信息　客户管理　信贷部门　中间业务　会计系统　银行企业网

资金管理
重要空白凭证管理
外汇汇率
· 浮动率设置
· 汇率查看
购买凭证价格设置
手续费用设置
银行卡设置
交易额度设置
尾箱额度设置

外汇汇率浮动值设置

浮动上值：2.35

浮动下值：3.50

保存

图 1-20

系统默认显示浮动上值和浮动下值。可对浮动值进行修改，若不需要修改直接点击【保存】按钮。

步骤 9，总行设置购买凭证价格。基础设置页面，点击左边导航【购买凭证价格设置】按钮，进入重要空白凭证购买价格设置页面。

图 1-21

系统默认了重要空白凭证的购买价格，进行修改后点击【保存】按钮，重新保存。

步骤 10，总行设置各项银行的手续费用。基础设置页面，点击左边导航【手续费设置】按钮，进入银行手续费设置页面。

图 1-22

系统默认设置了银行中各项目的收费情况，如需修改设置，选择所需修改项，点击【设置】按钮，进入手续费设置页面。

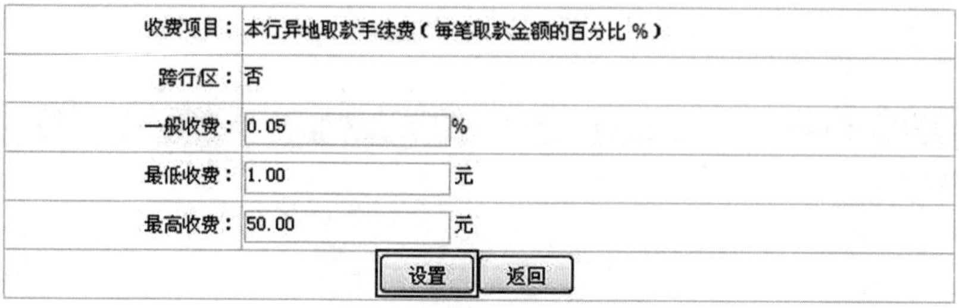

收费项目：	本行异地取款手续费（每笔取款金额的百分比 %）
跨行区：	否
一般收费：	0.05 %
最低收费：	1.00 元
最高收费：	50.00 元

设置　返回

图 1-23

修改完成后点击【设置】按钮，手续费设置成功。

步骤 11，总行设置银行卡。基础设置页面，点击左边导航【银行卡设置】按钮，进入银行卡设置页面。

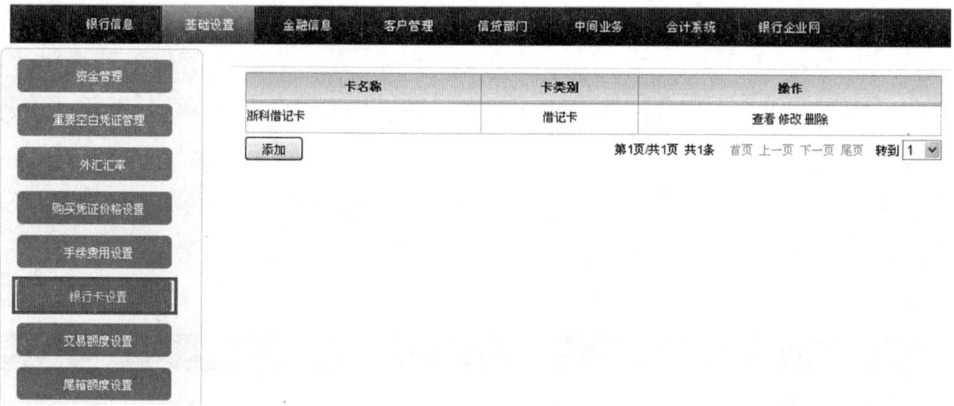

| 银行信息 | 基础设置 | 金融信息 | 客户管理 | 信贷部门 | 中间业务 | 会计系统 | 银行企业网 |

| 资金管理 |
| 重要空白凭证管理 |
| 外汇汇率 |
| 购买凭证价格设置 |
| 手续费用设置 |
| 银行卡设置 |
| 交易额度设置 |
| 尾箱额度设置 |

卡名称	卡类别	操作
浙科借记卡	借记卡	查看 修改 删除

添加　　　第1页共1页 共1条 首页 上一页 下一页 尾页 转到 1 ▼

图 1-24

点击页面中【添加】按钮，进入银行卡添加页面。

卡名称：	
卡类型：	◉ 借记卡 ○ 贷记卡

保存　返回

图 1-25

输入卡名称，选择卡类型后点击【保存】按钮，银行卡设置成功。

步骤 12，总行、分行、支行分别设置交易额度。基础设置页面，点击左边导航【交易额度设置】按钮，进入本行交易额度设置页面。

图 1–26

系统默认了各项交易额度的金额，可修改后点击【保存】按钮，设置本行交易额度。

图 1–27

同样的操作，设置分行和支行的交易额度。

步骤 13，总行、分行、支行分别设置尾箱额度。基础设置页面，点击左边导航【尾箱额度设置】按钮，进入本行尾箱额度设置页面。

系统默认显示一组尾箱额度设置的数量，可修改尾箱额度后点击【自动分配】分配各币值钱钞的张数，点击【保存】按钮，设置本行尾箱额度。

同样的操作，设置分行和支行的尾箱额度。

步骤 14，总行、分行、支行进行网点开机。银行信息页面，左边导航中点击【网点开关机】按钮，进入网点开关机页面。

图 1-28

网点开机的条件：本行信息设置、网点城市设置、网点编号设置、柜员权限设置、资金调拨、凭证调拨、外汇汇率设置、手续费设置、交易额度设置、尾箱额度设置。

默认显示"网点准备"状态，所有条件都满足后，可选择"网点开机"选项，点击【确定】按钮，网点开机，柜员可开展个人业务和对公业务。

步骤 15，柜员签到。柜员角色进入实验后，需输入柜员密码进行签到。

柜员密码为学生用户密码，输入柜员密码后点击【签到】按钮，进入柜员尾箱领用等操作页面。

步骤 16，柜员尾箱、印章、凭证领用。柜员在开始工作前必须领用尾箱、印章和凭证，才能输入银行业务。领用页面如图 1-30 所示。

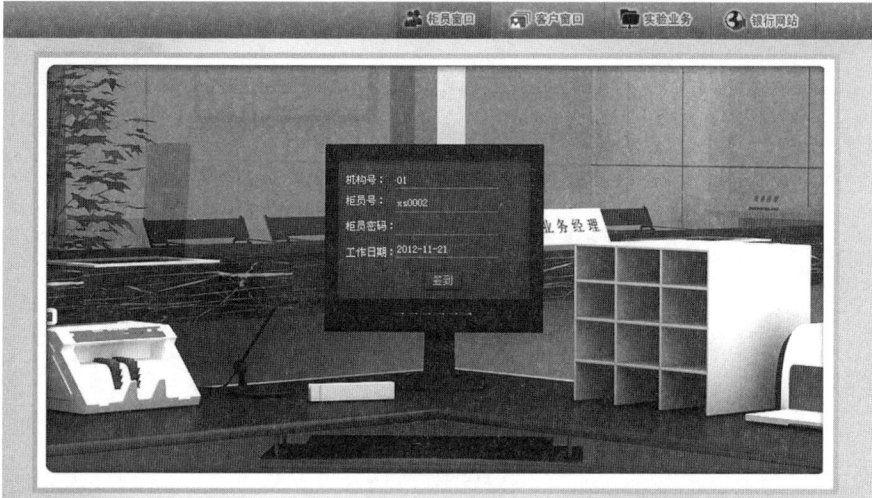

图 1-29

图 1-30

尾箱领用：

点击上图 1-30 中【尾箱领用】按钮，弹出尾箱领用窗口。

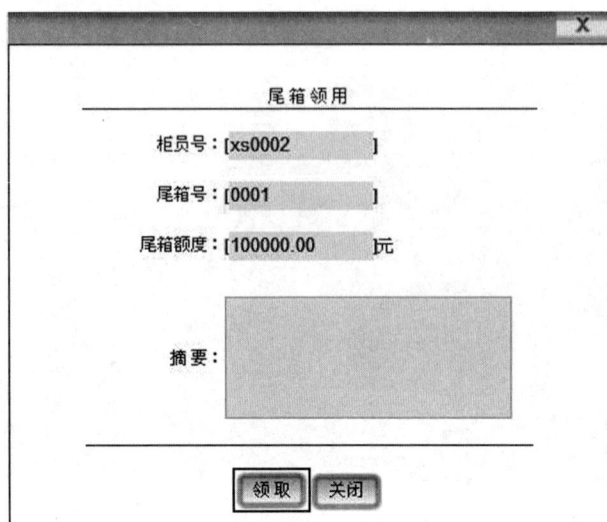

图 1–31

可输入摘要后点击【领取】按钮，领取钱箱成功。

印章领用：

领用页面点击【印章领用】按钮，弹出印章领用窗口。

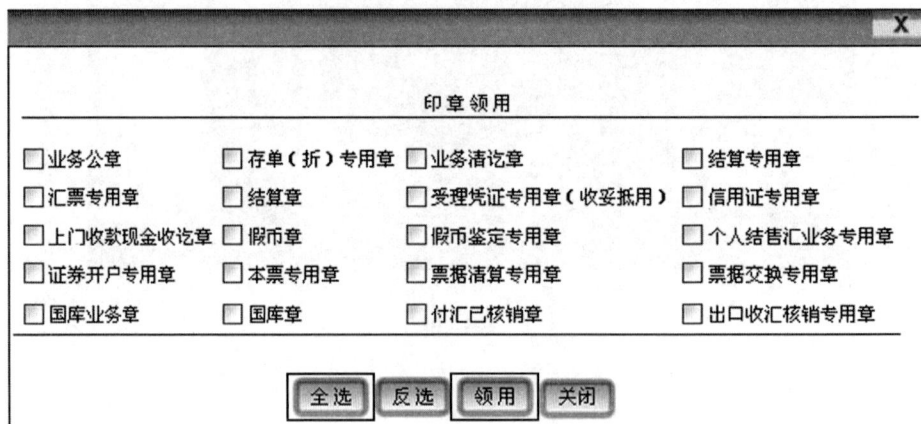

图 1–32

可单独选所需印章，也可点击【全选】按钮，全选印章。领用印章选择完成后点击【领用】按钮，成功领用所选印章。

凭证领用：

领用页面点击【凭证领用】按钮，弹出凭证领用窗口。

图 1-33

点击【领取】按钮，进入凭证领取页面。

凭证名称	剩余数量	操作
债券卖出凭证	10	领取
贷款利息凭证	10	领取
银行汇票	10	领取
银行承兑汇票	10	领取
本票	10	领取
储蓄存单	10	领取
单位通知存款开户证实书	10	领取
单位定期存款开户证实书	10	领取
一本通存折	10	领取
定期存折	10	领取
活期存折	10	领取
支付凭证	10	领取

返回　　　　　　　　　　　　首页 上一页 下一页 尾页　1

图 1-34

选择所需领取的凭证，点击【领取】按钮，进入凭证领取页面。

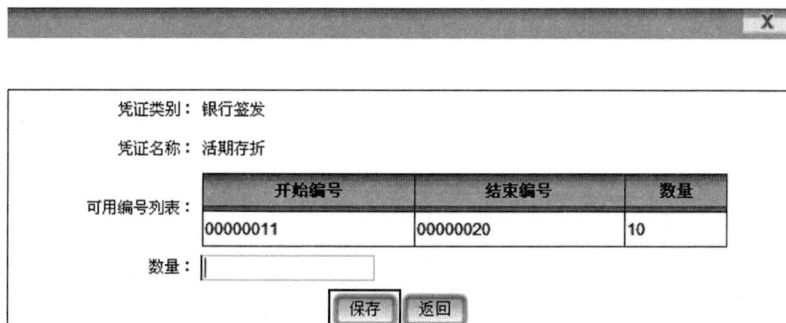

凭证类别：银行签发

凭证名称：活期存折

可用编号列表	开始编号	结束编号	数量
	00000011	00000020	10

数量：

保存　返回

图 1-35

输入领取数量后点击【保存】按钮，凭证领取成功。

尾箱、印章、凭证领用成功后，可点击领用页面中【业务操作】按钮，进入柜员业务操作页面。

实验项目二
个人存款业务实验

一、实验目标

存款是存款人基于对银行的信任而将资金存入银行，并可以随时或按约定时间支取款项的一种信用行为。存款是银行对存款人的负债，是银行最主要的资金来源。存款业务是银行的传统业务。通过实验使学生对存款业务中开户申请、活期账户、定期账户和一本通账户有更深入的了解。

二、实验任务

（1）了解柜员日常业务的基本流程。

（2）了解不同账户开户存在的区别。

（3）了解活期账户相关的业务操作。

（4）了解不同的定期账户所特有的存款性质。

（5）了解一本通账户功能和账户特点。

三、背景知识

存款业务的构成：

1. 活期存款

活期存款也称往来存款，存款人把款存入银行，形成往来账户后，可以自由存支，没有时间上的限制。此种存款银行一般允许一定额度的透支。活期存款的形式有支票存款账产、保付支票、本票、旅行支票和信用卡等。活期存款一般并不是一次支取完的，其余部分银行可作贷款资金使用。活期储蓄是指无固定存期、可随时存取、存取金额不限的一种比较灵活的储蓄方式。

特点：

（1）适用于所有客户。

（2）随时存取，办理手续简便。

（3）资金运用灵活性较高。

（4）人民币一元起存，港币、美元、日元和欧元等起存金额为不低于 1 美元的等值外币。

2. 整存整取

整存整取是一种由您选择存款期限，整笔存入，到期提取本息的一种定期储蓄。

特点：

（1）较高的稳定收入：利率较高，利率大小与期限长短成正比。

（2）省心方便：具备整存整取存款到期后自动转存功能，客户可通过银行提供多种的转账渠道，对账户中的存款进行活期转定期或到期定期转活期的操作，还可通过约定转存功能，灵活地管理您的整存整取存款的本息、存期、存款形式等。

（3）资金灵活：客户在需要资金周转而在我行的整存整取存款未到期时，可以通过自助贷款将账上的整存整取存款作质押、获得个人贷款融资；可部分提前支取一次，但提前支取部分将按支取当日挂牌活期存款利率计息。

（4）起存金额低：各币种起存金额如下：人民币 50 元，外币：港币 50 元、日元 1000 元，其他币种为原币种 10 元。

（5）存期选择多：人民币存期选择：三个月、六个月、一年、二年、三年和五年；外币存期选择：一个月、三个月、六个月、一年、二年。

3. 零存整取

零存整取是一种事先约定金额，逐月按约定金额存入，到期支取本息的定期储蓄。

特点：

（1）适应面较广，手续简便。

（2）积零成整，收益较高。

（3）起存金额低：人民币 5 元即可起存。

（4）存期选择多：包括一年、三年、五年。

（5）每月需以固定金额存入：若中途漏存，应在次月补齐。未补齐视同违约，违约后将不再接受客户续存及补存。

注：客户如需逐步积累每月结余，可以选择"零存整取"存款方式。

4. 存本取息

存本取息是一种一次存入本金，分次支取利息，到期支取本金的定期储蓄。

特点：

（1）起存金额较高，存款余额稳定。起存金额为人民币 5000 元。

（2）存期选择多：一年、三年、五年。

（3）分期付息：不得提前支取利息，如到取息日而未取息，以后可随时取息，但不计算复息。

注：客户如有款项在一定时期内不需动用，只需定期支取利息以作生活零用，可选择"存本取息"方式作为储蓄存款形式。

5. 定活两便

定活两便是一种事先不约定存期，一次性存入，一次性支取的储蓄存款。

特点：

（1）既有活期之便，又有定期之利，利息按实际存期长短计算，存期越长利率越高。

（2）起存金额低，人民币 50 元即可起存。

（3）支取简单，一次存入，一次支取。

（4）计息规定：存期超过整存整取最低档次且在一年以内的，分别按同档次整存整取利率打六折计息；存期超过一年（含一年）的，一律按一年期整存整取利率打六折计息；存期低于整存整取最低档次的，按活期利率计息。

注：客户如有较大额度的结余，但在不久的将来需随时全额支取使用时，可以选择"定活两便"方式作为储蓄存款形式。

6. 通知存款

通知存款是一种不约定存期，支取时需提前通知银行，约定支取日期和金额方能支取的存款。个人通知存款不论实际存期多长，按存款人提前通知的期限长短划分为一天通知存款和七天通知存款两个品种。一天通知存款必须提前一天通知约定支取存款，七天通知存款则必须提前七天通知约定支取存款。通知存款的币种为人民币。

特点：

（1）资金灵活：适用于拥有大额款项，在短期内需支取该款项的客户、或需分期多次支取的客户、或短期内不确定取款日期的客户。

（2）利率高：通知存款利率收益较活期存款高。

（3）自助完成，方便灵活：您可通过银行提供的多种服务渠道，包括电话银行、网上银行、自助查询终端、网点柜台等办理相关一卡通的通知存款或通知转账操作。

（4）智能理财，省心高效：通知到期日，系统自动将您的一卡通中已办理取款通知的通知存款转入活期主账户，为您节省时间和提高资金利用率。

（5）大额资金管理的好方式：开户及取款起点较高。开户起存金额5万元；最低支取金额为5万元。

注：客户可选择"通知存款"的方式作为大额存款的储蓄形式。

7. 教育储蓄

教育储蓄是一种城乡居民为其本人或其子女接受非义务教育（指九年义务教育之外的全日制高中、大中专、大学本科、硕士和博士研究生）积蓄资金的一种储蓄存款。

特点：

（1）明确的户名：户名为在校小学四年级（含四年级）以上学生。

（2）免收利息税。

（3）优惠的利率：能提供接受非义务教育的证明，即可支取并享受优惠利率（按同档次整存整取利率）。

（4）存期灵活、轻松积累：零存整取方式逐月存入。

（5）起存金额低：每月约定最低起存金额为人民币50元；本金合计最高限额为人民币2万元。

（6）存期选择多：您可选择一年、三年、六年。

注：如果客户有子女正在接受义务教育（小学四年级或以上），而需要为其未来的出国留学、本科或研究生学习及其他非义务教育积蓄资金，又或者如果客户本人正在校学习（小学四年级或以上），而需要为自己未来的出国留学、或接受本科、研究生学习及其他非义务教育积蓄资金，都可以选择"教育储蓄"方式作为储蓄存款形式。

四、实验步骤

步骤1，柜员操作页面点击【客户窗口】按钮，可进入客户窗口页面。

图 2-1

客户窗口页面有个人客户和企业客户，默认显示个人客户。

| 个人客户 | 企业客户 |

注册

图 2-2

步骤 2，点击【注册】按钮，进入个人客户基本信息填写页面。

个人客户基本信息

姓名：		性别：	男 ▾
证件类别：	身份证	证件号码：	
出生日期：		户口所在地：	
家庭电话：		省份：	北京市 ▾
城市：	北京市 ▾	手机号码：	
现住地址：			
邮编：		学历：	请选择 ▾
工作单位名称：			
单位地址：			
单位电话：		单位邮编：	
职位：			
配偶姓名：		配偶身份证：	
配偶工作单位：		配偶联系电话：	
配偶工作单位地址：			
家庭人数：			

注册 返回

图 2-3

步骤 3，个人客户基本信息填写完成后点击【注册】按钮，个人信息注册成功，记录添加到个人客户列表中。操作列点击【文件夹】按钮，可查看该客户身份证等资料。

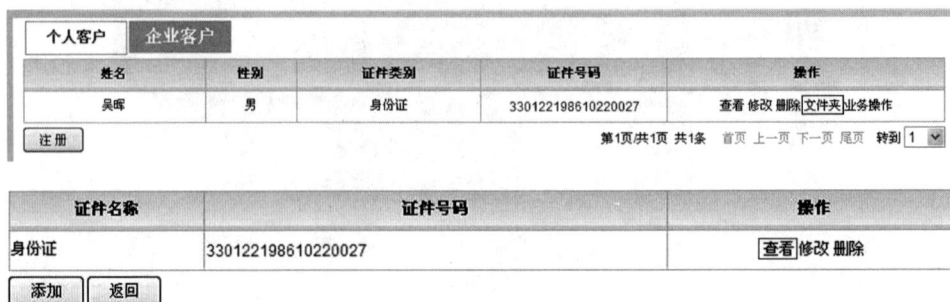

| 个人客户 | 企业客户 |

姓名	性别	证件类别	证件号码	操作
吴晖	男	身份证	330122198610220027	查看 修改 删除 文件夹 业务操作

注册　　　　　　　　　　　第1页/共1页 共1条 首页 上一页 下一页 尾页 转到 1 ▾

证件名称	证件号码	操作
身份证	330122198610220027	查看 修改 删除

添加 返回

图 2-4

客户可自行添加其他的证件信息。

操作列点击【业务操作】按钮，进入个人客户业务页面。

顺序号	编号	名称	适用范围	顺序号	编号	名称	适用范围
		一、资产类		74	2001	二、负债类 短期借款	
1	1001	库存现金		75	2002	存入保证金	金融共用
2	1002	银行存款		76	2003	拆入资金	金融共用
3	1003	存放中央银行款项	银行专用	77	2004	向中央银行借款	银行专用
4	1011	存放同业	银行专用	78	2011	同业存放	银行专用
5	1015	其他货币资金		79	2012	吸收存款	银行专用
6	1021	结算备付金	证券专用	80	2021	贴现负债	银行专用
7	1031	存出保证金	金融共用	81	2101	交易性金融负债	
8	1051	拆出资金	金融共用	82	2111	卖出回购金融资产款	金融共用
9	1101	交易性金融资产		83	2201	应付票据	
10	1111	买入返售金融资产	金融共用	84	2202	应付账款	
11	1121	应收票据		85	2205	预收账款	
12	1122	应收账款		86	2211	应付职工薪酬	
13	1123	预付账款		87	2221	应交税费	
14	1131	应收股利		88	2231	应付股利	
15	1132	应收利息					

图 2-5

（一）开户申请

步骤 4，客户提交开户申请。个人客户业务页面，点击存款业务下【开户申请】按钮，进入开户银行页面。

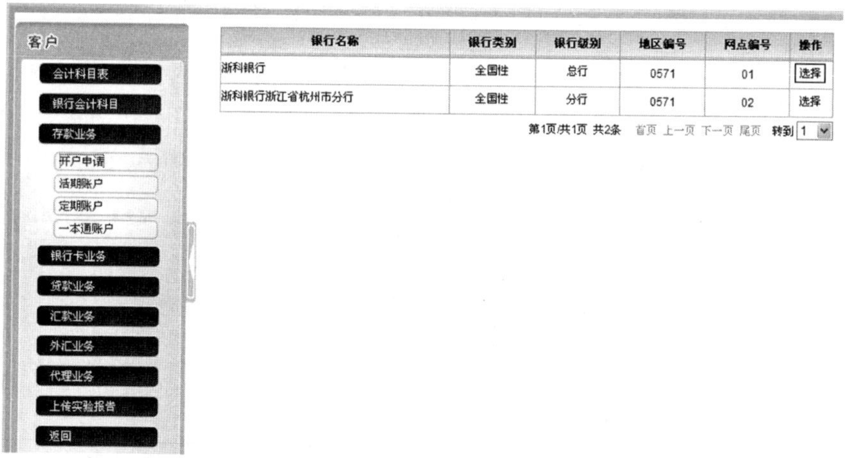

银行名称	银行类别	银行级别	地区编号	网点编号	操作
浙科银行	全国性	总行	0571	01	选择
浙科银行浙江省杭州市分行	全国性	分行	0571	02	选择

第1页共1页 共2条 首页 上一页 下一页 尾页 转到 1

图 2-6

选择开户银行，点击所选银行列表中【选择】按钮，进入银行开户操作页面。页面中点击【添加】按钮，填写开立个人银行结算账户申请书。

浙科银行 开立个人银行结算账户申请书

编号:	申请日期: 2012 年 11 月 21 日	交易代码:

银行打印														

客户填写	姓名(中文)	吴晖		姓名(英文或拼音)														
	身份证件名称	身份证	证件号码	3	3	0	1	2	2	1	9	8	6	1	0	2	2	0 0 2 7
	代理人证件名称	身份证	证件号码															
	通信地址	杭州市教工路			邮政编码	310012												
	联系人	吴晖	联系电话	0571-88902251	支取方式	印鉴 □ 密码 ☑ 任意 □												
	是否办卡	是 □ 否 □	是否通兑	是 ☑ 否 □	备 注													

个人银行结算账户管理协议

根据《人民币银行结算账户管理办法》及相关法律法规，甲方（开户银行）与乙方（开户申请人）经协商一致，签订本协议。

第一条 乙方选择在甲方开立个人银行结算账户（下称结算账户），甲方接受乙方委托，为乙方提供结算账户服务。

第二条 乙方须按支付结算相关规定使用支付结算工具，并按甲方有关规定支付各项结算和服务费用。

第三条 乙方在甲方开立结算账户应填写开户申请书，并提供相应证明文件，接受甲方审核，甲方受理后，乙方应对开户申请书中甲方填写内容进行核对确认。

乙方承诺所提交的开户资料真实、有效，如有违反，承担相应责任。

乙方遗失或更换预留个人印章或更换签字样本的，应依照甲方规定向甲方提供经签名确认的书面申请及个人身份证件。

第四条 乙方撤销在甲方开立的结算账户，必须与甲方核对该账户存款余额，并交回各种重要空白票据及结算凭证，甲方核对无误后方可办理销户手续。乙方未交回各种重要空白票据及结算凭证的，须出具书面证明，由此造成的损失由乙方承担。

第五条 乙方在甲方开立、使用和撤销结算账户应遵守《人民币银行结算账户管理办法》及相关法律法规的规定，乙方使用结算账户办理结算业务时，应遵守甲方的相关制度规定。

第六条 乙方使用结算账户办理现金存取时应遵守中国人民银行关于现金管理的有关规定。

第七条 乙方不得利用结算账户进行偷逃税款、逃废债务、套取现金、洗钱及其他违法犯罪活动。

第八条 乙方不得出租、出借结算账户，不得利用结算账户套取银行信用。

第九条 乙方未按规定使用支付结算工具，违规使用结算服务或者未支付结算和服务费用的，甲方有权停止其结算账户的支付。

第十条 甲方依法为乙方在结算账户中的存款信息和有关资料保密。

第十一条 双方同意对乙方在甲方开立、使用和撤销结算账户及相关行为接受中国人民银行监管。

第十二条 本协议未尽事宜按《支付结算办法》，《人民币银行结算账户管理办法》及相关法律法规执行。

第十三条 本协议于乙方在甲方开立的结算账户存款期间有效。如乙方撤销在甲方开立的结算账户，自正式销户之日起，本协议自动终止。

甲方[开户银行]签章　　　　　　　　　　　　　乙方[开户申请人]签章 吴晖

事后监督	业务主管	复核	经办

存款凭条 返回

图 2-7

客户信息自动带出，点击【存款凭条】按钮，进入存款凭条填写页面。

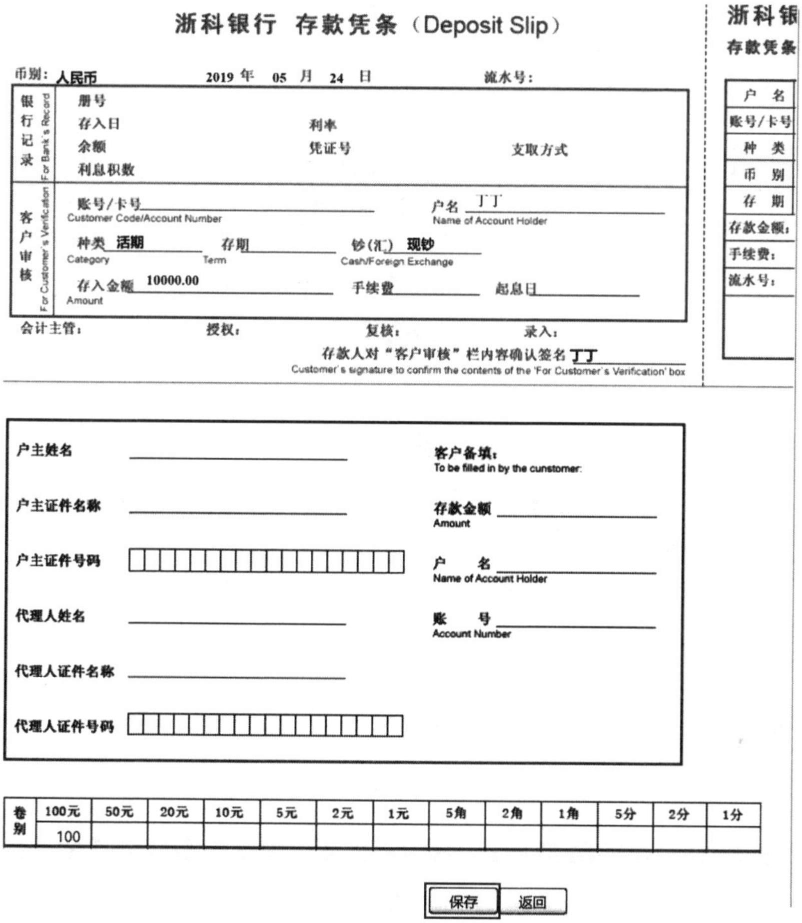

浙科银行 存款凭条（Deposit Slip）

币别：**人民币**　　　**2019** 年　**05** 月　**24** 日　　　　流水号：

银行记录 For Bank's Record	册号		
	存入日		利率
	余额		凭证号
	利息积数		

支取方式

客户审核 For Customer's Verification	账号/卡号 Customer Code/Account Number		户名 TT Name of Account Holder
	种类 **活期** Category	存期 Term	钞（汇） **现钞** Cash/Foreign Exchange
	存入金额 **10000.00** Amount		手续费

起息日

会计主管：　　　　授权：　　　　复核：　　　　录入：

存款人对"客户审核"栏内容确认签名 TT
Customer's signature to confirm the contents of the 'For Customer's Verification' box

浙科银
存款凭条

户 名	
账号/卡号	
种 类	
币 别	
存 期	
存款金额	
手续费	
流水号：	

户主姓名 _____

户主证件名称 _____

户主证件号码 ☐☐☐☐☐☐☐☐☐☐☐

代理人姓名 _____

代理人证件名称 _____

代理人证件号码 ☐☐☐☐☐☐☐☐☐☐☐

客户备填：
To be filled in by the cunstomer:

存款金额 _____
Amount

户　　名 _____
Name of Account Holder

账　　号 _____
Account Number

卷别	100元	50元	20元	10元	5元	2元	1元	5角	2角	1角	5分	2分	1分
	100												

保存　返回

图 2-8

注：券别处不能忘填。

存款凭条中种类选择活期，其他信息填写完成后点击【保存】按钮，个人开户申请提交成功。开户申请列表中状态为未审核，柜员进行审核操作。

步骤 5，柜员受理客户业务。受理对私业务柜员，签到后进入柜员业务办理页面。

柜员可点击工具栏中的  叫号器 ，也可点击柜员桌面上的叫号器图标，弹出需受理业务窗口。选择需受理的业务，点击【受理】按钮，该业务已进行受理。

图 2-9

编号	业务类型	状态	受理柜员	操作
1	[0001]个人活期储蓄开户 [提交人：xs0002 xs0002]	待受理	——	受理

第1页/共1页 共1条　首页 上一页 下一页 尾页　转到 1 ∨

图 2-10

步骤 6，查收客户提示的现钞。柜员可点击工具栏中的 ，也可点击柜员桌面上的点钞机图标，对客户提交的钱钞进行验钞。

图 2-11

步骤 7，审核客户提交的凭证。柜员可点击工具栏中，进入客户提交的凭证审核页面。

开立个人银行结算账户申请书、身份证和存款凭条审核无误后点击页面中【审核】按钮，客户凭证审核成功。

步骤 8，输入业务数据。点击面柜员桌面上的显示器图标，弹出个人活期存款业务数据输入窗口。

个人活期存款业务 存款

账号：**0105710101210000186**　　户名：＿＿＿＿＿

储种：**活期**　　　　　　　　　　支取方式：**留密**

初始金额：＿＿＿　　　　　　　　密码：＿＿＿＿＿
　　　　　元

账号生成日期：**2012-11-21**

保存

图 2-12

账号、储种等信息自动带出，柜员填写户名和初始金额后，自动显示密码。信息填写完成后点击【保存】按钮，数据输入成功。

步骤 9，填写空白凭证。柜员可点击工具栏中，也可点击柜员桌面上空白凭证图标，进入空白凭证领取页面。复选框中选择该业务所需的空白凭证，点击取出按钮，凭证选择成功。

选	凭证名称	数量	当前可用开始编号
☐	储蓄存单	5	00000011
☐	一本通存折	5	00000011
☐	定期存折	5	00000011
☐	活期存折	5	00000011
☐	现金支票	5	00000011

领取　关闭　取出

图 2-13

步骤 10，打印凭证。柜员可点击工具栏中  ，也可点击柜员桌面上报表打印机图标，进入存折和单据打印页面。

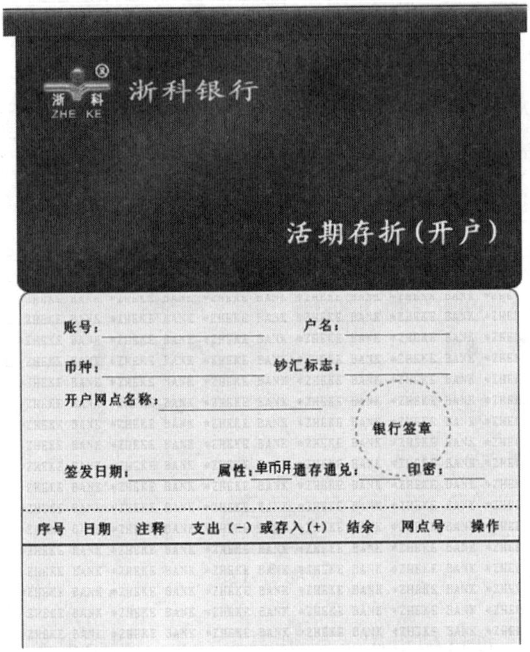

图 2-14

点击单据最下面的【打印】按钮，打印成功。存折和单据中显示存款信息。

步骤 11，盖章。柜员可点击工具栏中  ，也可点击柜员桌面上的印章图标，进入单据盖章页面。

点击单据最下的【盖章】按钮，在开立个人银行结算账户申请书、活期存折、存款凭条和银行业务收费凭证都已盖相应的图章。

步骤 12，结束业务。盖章完成后活期账户开户业务基本完成，柜员页面点击 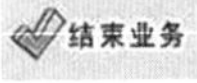 按钮，进入活期账户会计分录页面。点击【结束业务】按钮，个人活期账户开户申请业务结束。

图 2-15

会计分录：

借：现金　　20,010.00 元

　　贷：活期储蓄存款——吴晖户　　20,000.00 元

　　贷：手续费支出　　10.00 元

结束业务

图 2-16

（二）活期账户

1. 个人活期储蓄有折存款

步骤 13，客户填写存款凭条。客户窗口页面，存款业务中点击【活期账户】

图 2-17

按钮，进入活期账户操作页面。活期账户页面列表中，选择银行卡点击【操作】按钮，弹出该银行卡可操作的业务。选择“有折存款”进入存款银行选择页面。

选择存款银行，点击列表中【选择】按钮，进入存款单填写页面。

银行名称	银行类别	银行级别	地区编号	网点编号	操作
浙科银行	全国性	总行	0571	01	选择
浙科银行浙江省杭州市分行	全国性	分行	0571	02	选择

返回　　第1页/共1页 共2条　首页 上一页 下一页 尾页 转到 1

图 2–18

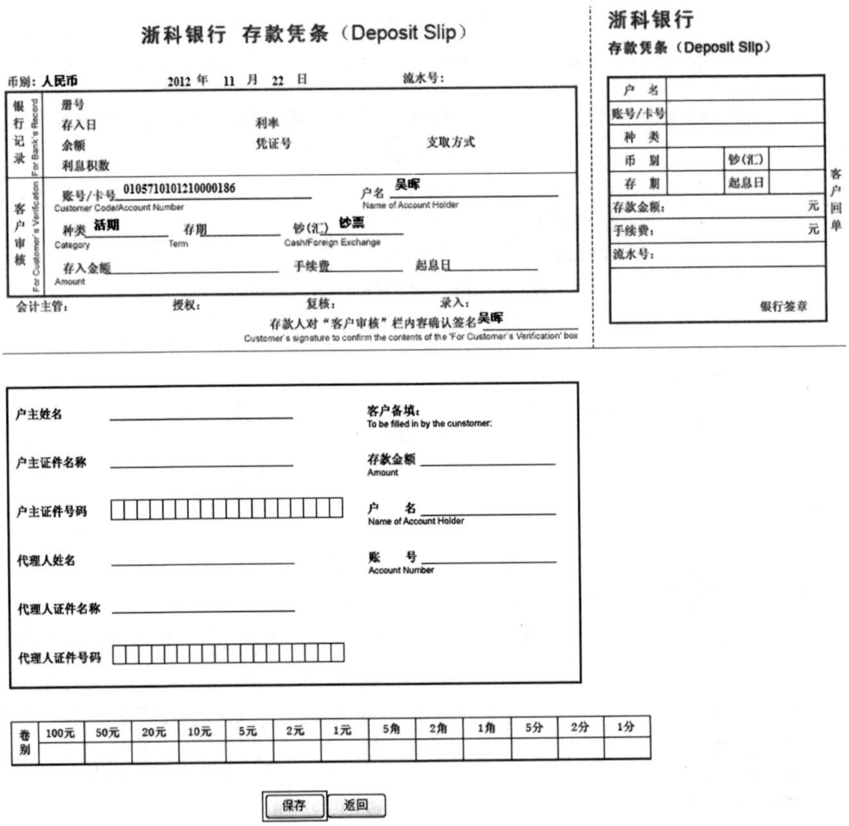
浙科银行 存款凭条（Deposit Slip）

币别：人民币　2012 年 11 月 22 日　流水号：

银行记录 For Bank's Record：册号；存入日；利率；余额；凭证号；支取方式；利息积数

客户审核 For Customer's Verification：
账号/卡号 Customer Code/Account Number：0105710101210000186　户名 Name of Account Holder：吴晖
种类 Category：活期　存期 Term：　钞(汇) Cash/Foreign Exchange：钞票
存入金额 Amount：　手续费：　起息日：

会计主管：　授权：　复核：　录入：
存款人对“客户审核”栏内容确认签名：吴晖
Customer's signature to confirm the contents of the 'For Customer's Verification' box

浙科银行
存款凭条（Deposit Slip）
户名；账号/卡号；种类；币别；钞(汇)；存期；起息日；存款金额：元；手续费：元；流水号：
银行签章
客户回单

户主姓名
户主证件名称
户主证件号码
代理人姓名
代理人证件名称
代理人证件号码

客户备填：
To be filled in by the cunstomer:
存款金额 Amount
户名 Name of Account Holder
账号 Account Number

卷别	100元	50元	20元	10元	5元	2元	1元	5角	2角	1角	5分	2分	1分

保存　返回

图 2–19

存款凭条填写完成后点击【保存】按钮，保存成功后，处理状态为正在处理，需柜员进行操作。

步骤 14，柜员可点击工具栏中的  ，也可点击柜员桌面上的叫号器图标，弹出需受理业务窗口。选择需受理的业务，点击【受理】按钮，该业务已进行受理。

编号	业务类型	状态	受理柜员	操作
2	[0002]个人活期储蓄有折存款 [提交人：xs0002 xs0002]	待受理	——	受理

第1页/共1页 共1条　首页 上一页 下一页 尾页　转到 1 ▼

图 2-20

步骤 15，查收客户提交的现钞。柜员可点击工具栏中的  ，也可点击柜员桌面上的点钞机图标，对客户提交的钱钞进行验钞。

步骤 16，审核客户提交的凭证。柜员可点击工具栏中  ，进入客户提交的凭证审核页面。

客户提交了存款凭条和活期存折。点击审核窗口最下面的【审核】按钮，凭证审核成功。

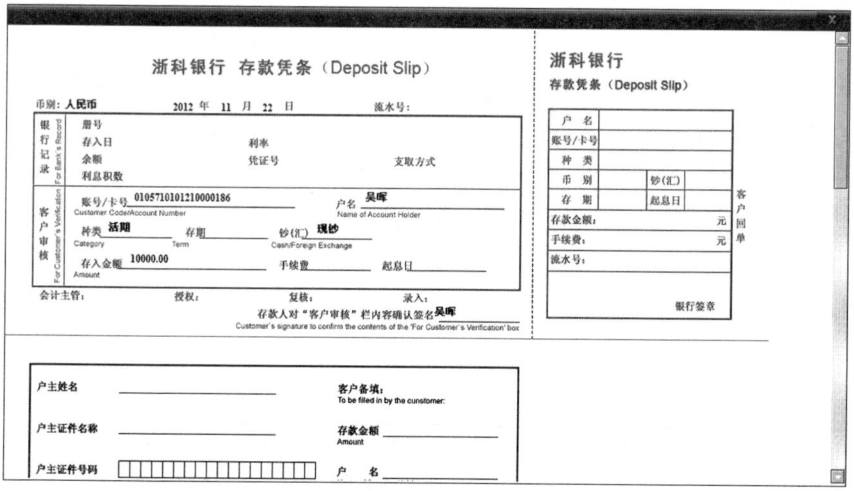

图 2-21

步骤 17，输入业务数据。柜员点击柜员桌面上的显示器图标，弹出个人活

期存款业务数据输入窗口。存款金额需要输入，其他信息自动带出。存款金额填写完成后点击【保存】按钮。

个人活期存款业务 存款

帐号： 0105710101210000186

存款金额：

户名： 吴晖   交易日期： 2012-11-22

摘要： 存款   现钞现汇： 现钞

余额： 30000.00

保存

图 2-22

步骤 18，打印凭证。柜员可点击工具栏中 📠 报表打印机 ，也可点击柜员桌面上报表打印机图标，进入存折和单据打印页面。

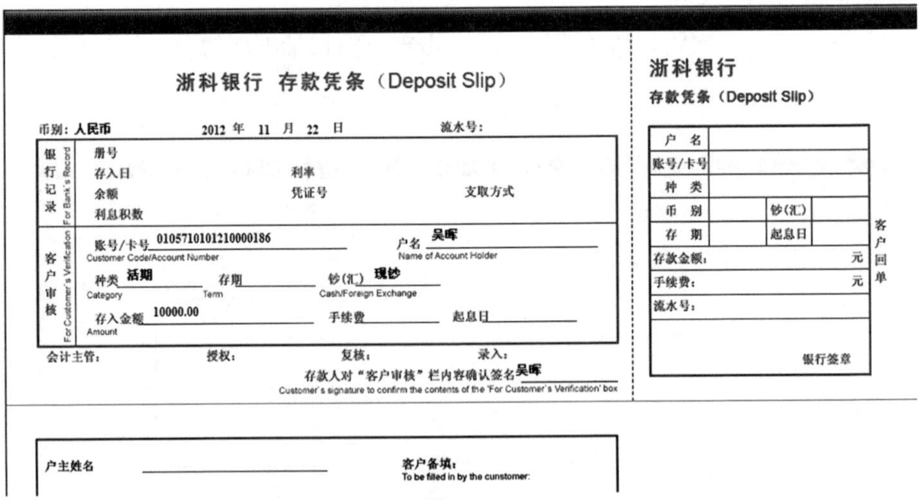

浙科银行 存款凭条（Deposit Slip）

币别：人民币   2012 年 11 月 22 日   流水号：

银行记录 For Bank's Record	册号		利率	
	存入日		凭证号	支取方式
	余额			
	利息积数			

客户审核 For Customer's Verification	账号/卡号	0105710101210000186	户名 Name of Account Holder	吴晖
	Customer Code/Account Number			
	种类 Category	活期	存期 Term	钞(汇) Cash/Foreign Exchange	现钞
	存入金额 Amount	10000.00	手续费	起息日

会计主管：   授权：   复核：   录入： 吴晖

存款人对"客户审核"栏内容确认签名 吴晖
Customer's signature to confirm the contents of the 'For Customer's Verification' box

浙科银行
存款凭条（Deposit Slip）

户 名	
账号/卡号	
种 类	
币 别	钞(汇)
存 期	起息日
存款金额：	元
手续费：	元
流水号：	

银行签章

客户回单

户主姓名

客户备填：
To be filled in by the cunstomer:

图 2-23

点击打印弹出窗口最下面的【打印】按钮，存款记录打印成功。

步骤 19，盖章。柜员可点击工具栏中 🖲 印章 ，也可点击柜员桌面上的印章图标，进入单据盖章页面。点击盖章弹出窗口最下面的【盖章】按钮，存款凭条盖

章完成。

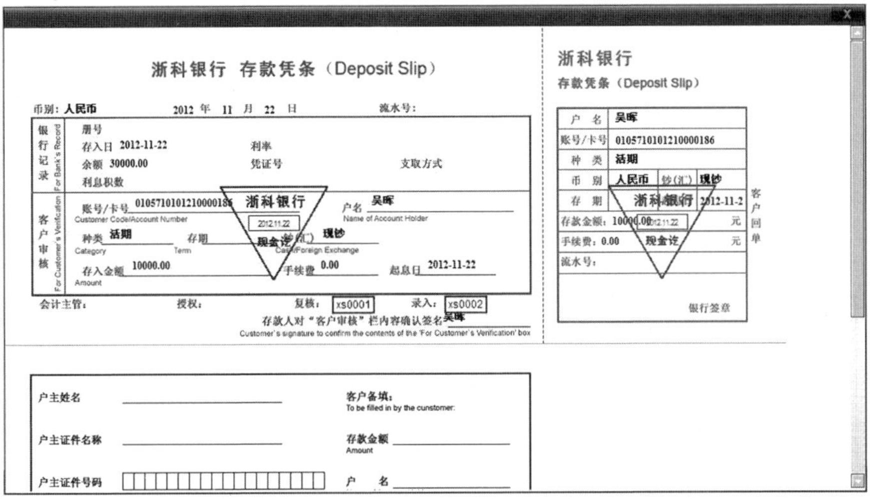

图 2-24

步骤 20，结束业务。盖章完成后有折存款业务基本完成，柜员页面点击 
🖊️结束业务 按钮，进入活期账户会计分录页面。点击【结束业务】按钮，活期储蓄
有折存款业务完成。

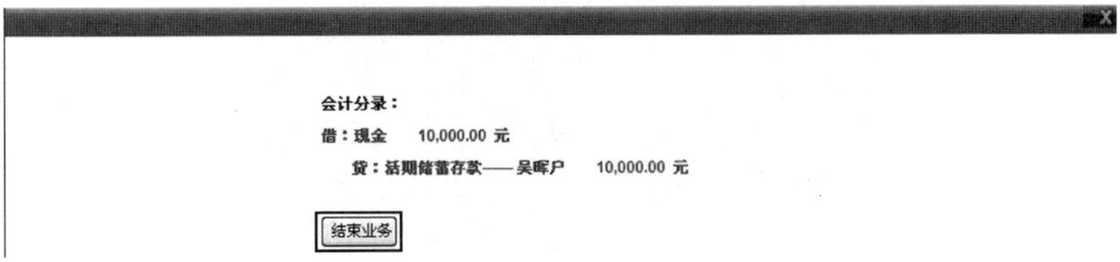

图 2-25

注：【个人活期储蓄无折存款】

个人活期储蓄无折存款，客户在填写存款凭条时需要输入账号/卡号、户名
和存款金额。在柜员操作过程中不需要使用存折。柜员操作的具体过程可参考个
人活期储蓄有折存款。

2. 个人活期储蓄取款

步骤 21，客户提交取款凭条。客户在活期账户操作时选择【取款】，进入取

浙科银行　取款凭条（Withdrawal Slip）

币别：**人民币**		2012 年 11 月 22 日		流水号：	
客户审核 For Customer's Verification	账号/卡号 **01057101012100000186** Customer Code/Account Number		户名 **吴晖** Name of Account Holder		
	种类 **活期** Category		钞（汇）**现金** Cash/Foreign Exchange		
	支取金额 **5000** Amount	手续费		止息日	
银行记录 For Bank's Record	册号	存期		余额	
	支取日	授权号		利率	
	利息	利息积数		支取方式	

会计主管：　　　　授权：　　　　复核：　　　　录入：**吴晖**

取款人对"客户审核"栏内容确认签名 **吴晖**
Customer's signature to confirm the contents of the 'For Customer's Verification' box

浙科银行

取款凭条（Withdrawal Slip）

户　名			
账号/卡号			
种　类		钞（汇）	
币　别		止息日	
取款金额：			元
手续费：			元
流水号：			

银行签章

客户回单

户主姓名	_____	客户备填： To be filled in by the cunstomer:	
户主证件名称	_____	取款金额 Amount	_____
户主证件号码	☐☐☐☐☐☐☐☐☐☐☐☐	户　名 Name of Account Holder	_____
代理人姓名	_____	账　号 Account Number	_____
代理人证件名称	_____		
代理人证件号码	☐☐☐☐☐☐☐☐		

图 2-26

活期存折（开户）

账号：01057101012100000186				户名：吴晖			
币种：人民币				钞汇标志：现钞			
开户网点名称：浙科银行					银行签章		
签发日期：2012-11-21					通兑	印密：留密	

序号	日期	注释	支出（-）或存入（+）	结余	网点号	操作
1	2012-11-	开户	20000.00	20000.00	01	xs0002
2	2012-11-	存款	10000.00	30000.00	01	xs0002

图 2-27

款银行选择页面，选择银行后需填写取款凭条，填写完成后取款凭条和存折一起交由柜员受理。

取款凭条填写完成后点击【保存】按钮，取款凭条保存成功，同时交由柜员受理。

步骤 22，柜员受理业务。柜员可点击工具栏中的 ，也可点击柜员桌面上的叫号器图标，弹出需受理业务窗口。选择需受理的业务，点击【受理】按钮，该业务已进行受理。

编号	业务类型	状态	受理柜员	操作
3	[0004]个人活期储蓄取款 [提交人：xs0002 xs0002]	待受理	——	受理

第1页/共1页 共1条　首页 上一页 下一页 尾页　转到 1 ▼

图 2-28

步骤 23，审核客户提交的凭证。柜员可点击工具栏中 ，进入客户提交的凭证审核页面。

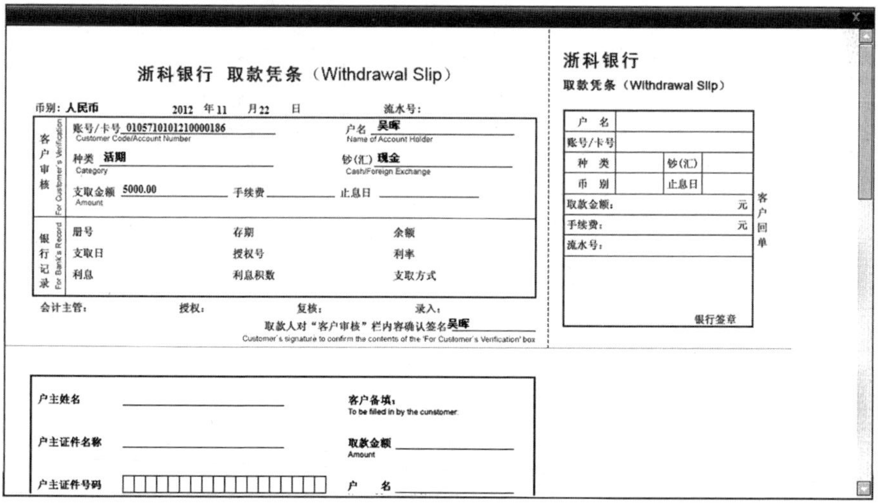

图 2-29

审核客户提交的取款凭条和活期存款，点击【审核】按钮，审核完成。

步骤 24，输入业务数据。柜员点击柜员桌面上的显示器图标，弹出个人活

期存款业务取款数据输入窗口。取款金额需要手动输入，密码自动输入，其他信息自动带出。信息填写完成后点击【保存】按钮，录入成功。

个人活期存款业务 取款

帐号：	0105710101210000186	取款金额：	
密码：		存折编号：	00000011
户名：	**吴晖**	交易日期：	2012-11-22
摘要：	**取款**	现钞现汇：	**现钞**
余额：	25000.00		

保存

图 2-30

步骤 25，打印凭证。柜员可点击工具栏中 报表打印机，也可点击柜员桌面上报表打印机图标，进入存折和单据打印页面。点击打印窗口最下面的打印按钮，单据和存折打印成功。

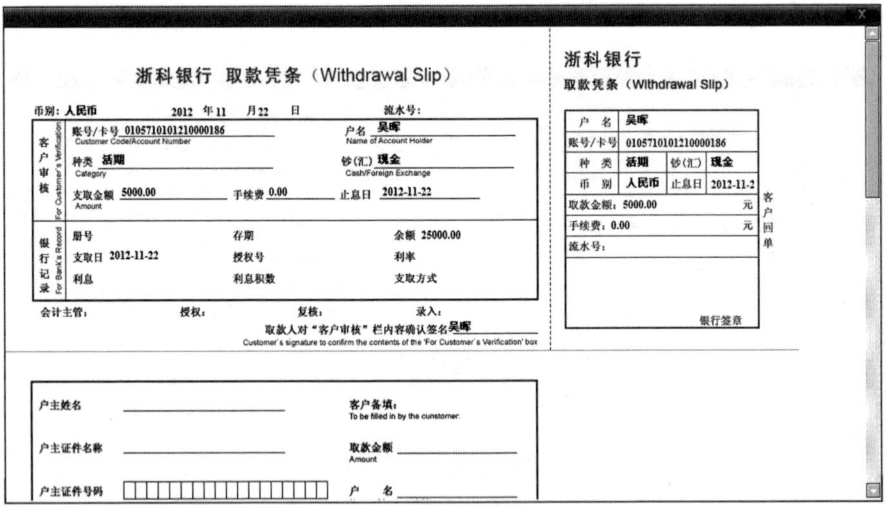

图 2-31

步骤 26，盖章。柜员可点击工具栏中 印章，也可点击柜员桌面上的印章图标，进入单据盖章页面。点击盖章弹出窗口最下面的【盖章】按钮，存款凭条

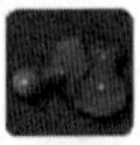

盖章完成。

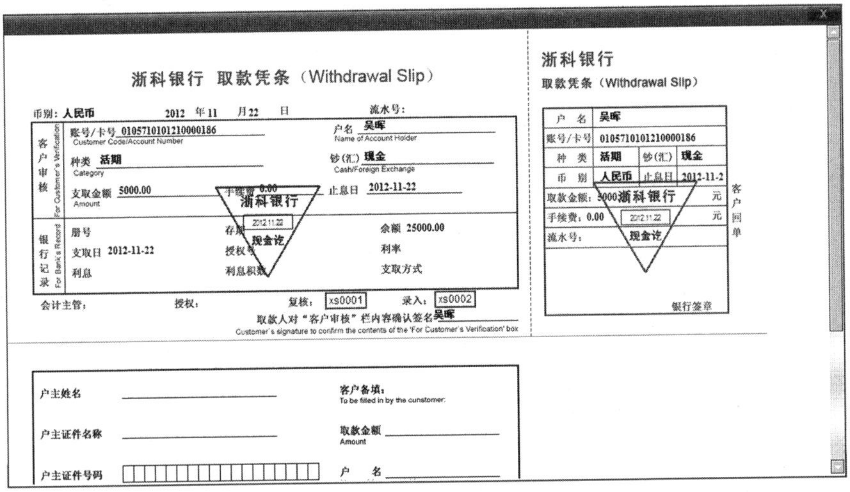

图 2-32

步骤 27，从尾箱取出钱钞。柜员可点击工具栏中  ，也可点击柜员桌面上的尾箱图标，进入尾箱取钱页面。根据取款金额，填写取出钱钞的数量。点击【取出】按钮，取钱成功。

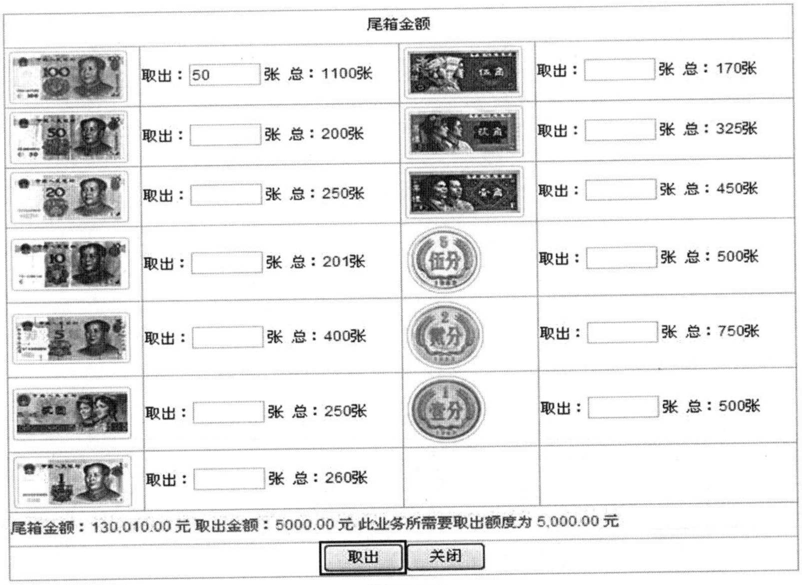

图 2-33

步骤28，验证从尾箱中取出的钱钞。柜员可点击工具栏中的  ，也可点击柜员桌面上的点钞机图标，验证取出的钱钞是否正确。

步骤29，结束业务。柜员页面点击 结束业务 按钮，进入活期账户会计分录页面。点击【结束业务】按钮，活期储蓄取款业务完成。

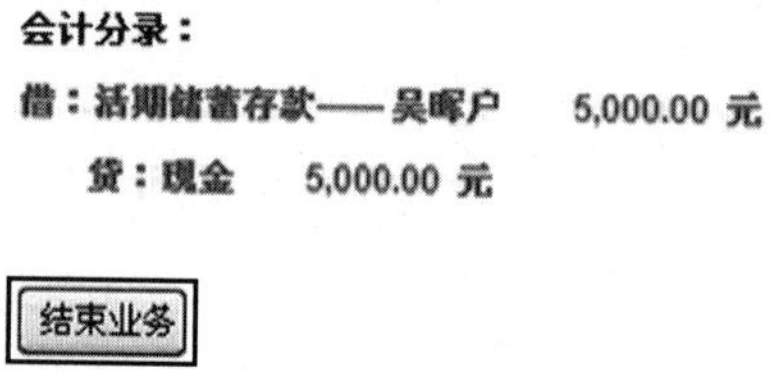

会计分录：

借：活期储蓄存款——吴晖户　　5,000.00 元

贷：现金　5,000.00 元

结束业务

图 2-34

3. 个人活期储蓄转账

步骤30，客户提交转账凭条。客户在活期账户操作时选择【转账】，进入取款银行选择页面，选择银行后需填写转账凭条。

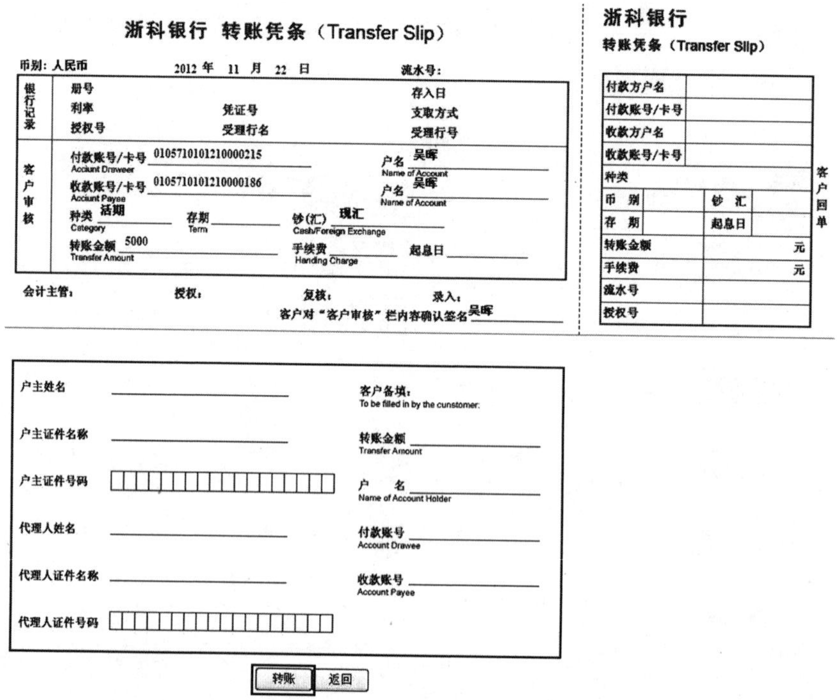

图 2-35

客户转账需要从一个银行账号转入另一个银行账户，客户需填写收款账号和户名，填写转账金额后点击【转账】按钮，转账凭条填写成功，交由柜员受理。

步骤31，柜员受理客户业务。柜员可点击工具栏中的  ，也可点击柜员桌面上的叫号器图标，弹出需受理业务窗口。选择需受理的业务，点击【受理】按钮，该业务已进行受理。

编号	业务类型	状态	受理柜员	操作
5	[0258]个人活期储蓄转账 [提交人：xs0002 xs0002]	待受理	——	受理

第1页/共1页 共1条　首页 上一页 下一页 尾页　转到 1 ∨

图 2-36

步骤32，审核客户提交的凭证。柜员可点击工具栏中  ，进入客户提交的凭证审核页面。

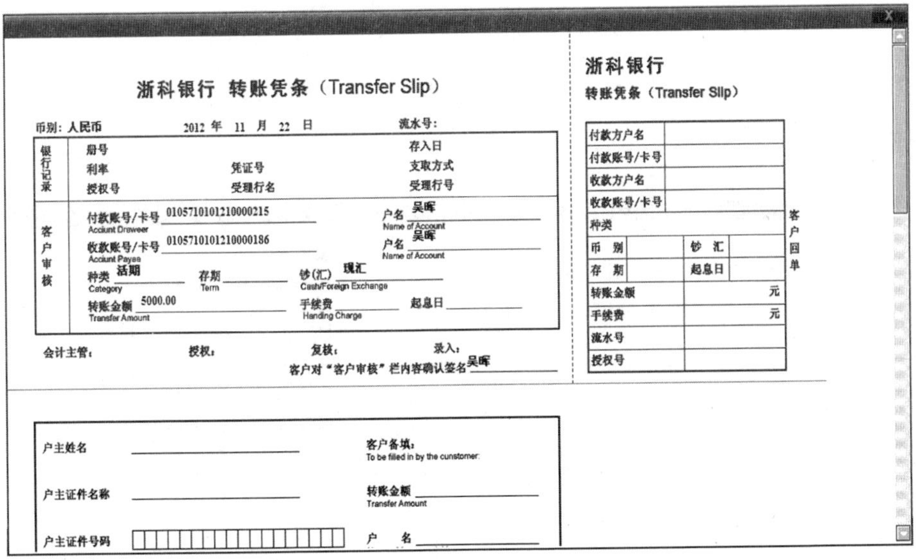

图 2-37

需审核转账凭条和付款账号存款，点击【审核】按钮，客户提交的凭证审核成功。

步骤33，输入业务数据。柜员点击柜员桌面上的显示器图标，弹出个人活期存款业务转账数据输入窗口。

个人活期存款业务 转账

帐号：	0105710101210000215
转账金额：	_____ 元
密码：	_____
存折编号：	00000012
户名：	吴晖
交易日期：	2012-11-22
摘要：	汇款
余额：	5000.00 元

保存

图 2-38

转账金额需手动填写，密码自动显示，其他信息自动带出。填写完成后点击【保存】按钮，数据输入成功。

步骤34，打印凭证。柜员可点击工具栏中 ![报表打印机]，也可点击柜员桌面上报表打印机图标，进入存折和凭条打印页面。点击【打印】按钮后，存折和凭条中显示转账信息。

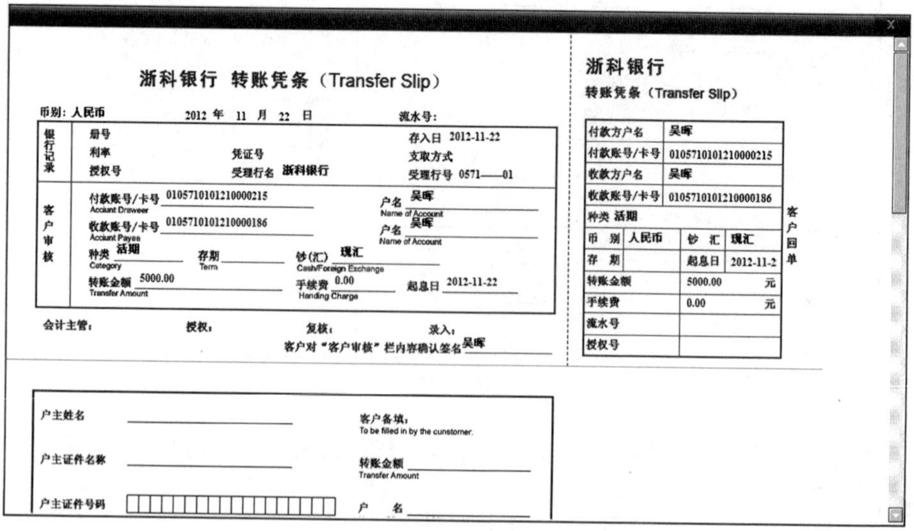

图 2-39

步骤 35，盖章。柜员可点击工具栏中，也可点击柜员桌面上的印章图标，进入单据盖章页面。点击盖章弹出窗口最下面的【盖章】按钮，转账凭条盖章完成。

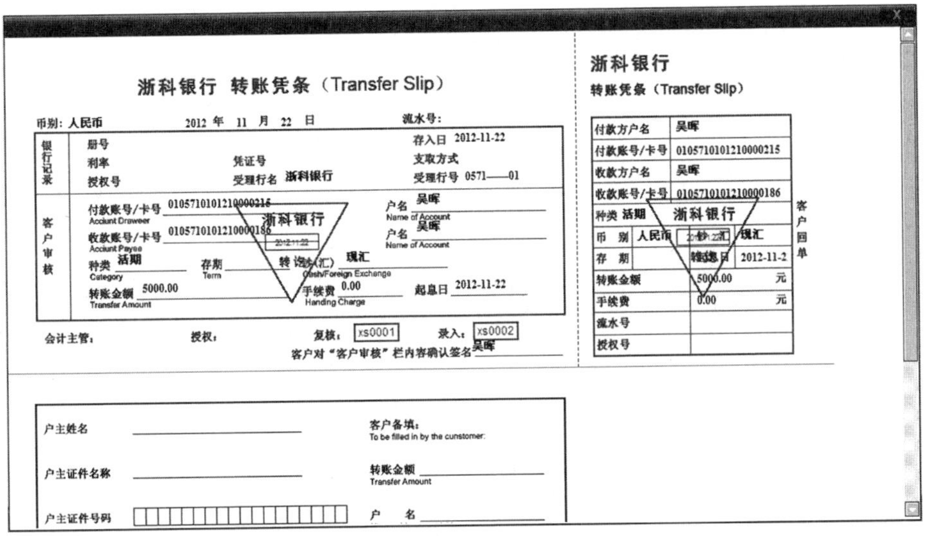

图 2-40

步骤 36，结束业务。盖章完成后转账业务基本完成，柜员页面点击  按钮，进入活期账户会计分录页面，转账没有会计分录的信息。点击【结束业务】按钮，转账业务结束成功。

4. 个人活期储蓄挂失

步骤 37，客户提交挂失业务申请。客户在活期账户操作时选择【密码挂失】，进入挂失银行选择页面，选择银行后进入个人挂失业务申请书和身份证提交页面。点击【提交申请】按钮，挂失申请成功，交由柜员受理。

步骤 38，柜员受理业务。柜员可点击工具栏中的，也可点击柜员桌面上的叫号器图标，弹出需受理业务窗口。选择需受理的业务，点击【受理】按钮，该业务已进行受理。

浙科银行 个人挂失业务申请书

2012 年 11 月 22 日　　　　挂失编号：

客户填写（口挂可免填）	存款种类	活期	挂失种类：正式 □ 口头 □ 密码 ☑ 印鉴 □ 其他 □

| 账号/卡号 | 0105710101210000186 | 开户日期 | 2012-11-21 | 挂失金额 | 30000.00 |

户　名　吴晖
证件种类　身份证　号码 330122198610220027
地址　杭州市教工路
电话　0571-88902251

代理人资料
户　名
证件种类　身份证　号码
地址
电话

银行打印
受理挂失

处理结果

以上申请事宜请按规定结予办理，倘日后发生纠葛，申请人及代理人愿付完全责任。
打印内容已核实无误
客签户名

打印内容已核实无误
客签户名

第一联 申请人挂失受理回执 办理后续处理时交回银行留存

1. 存单/折口头挂失的有效期为五天；存单/折/卡正式挂失七天后可办理补领新存单/折/卡或者销户取现的手续。
2. 存单/折的印鉴挂失更换和密码挂失重置自挂失日起七天有效；卡密挂失重置自挂失日起五天后生效。
3. 密码挂失业务处理，存单、折、卡及印鉴挂失业务的后续处理必须由客户本人办理。

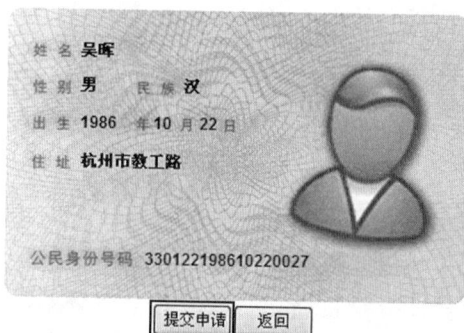

姓 名 吴晖
性别 男　民族 汉
出生 1986 年 10 月 22 日
住址 杭州市教工路

公民身份号码 330122198610220027

提交申请　返回

图 2-41

编号	业务类型	状态	受理柜员	操作
6	[0010]个人活期储蓄密码挂失 [提交人：xs0002 xs0002]	待受理	——	受理

第1页/共1页 共1条　　首页 上一页 下一页 尾页　转到 1 ▼

图 2-42

步骤 39，审核客户提交的凭证。柜员可点击工具栏中 [桌面凭证]，进入客户提交的凭证审核页面。

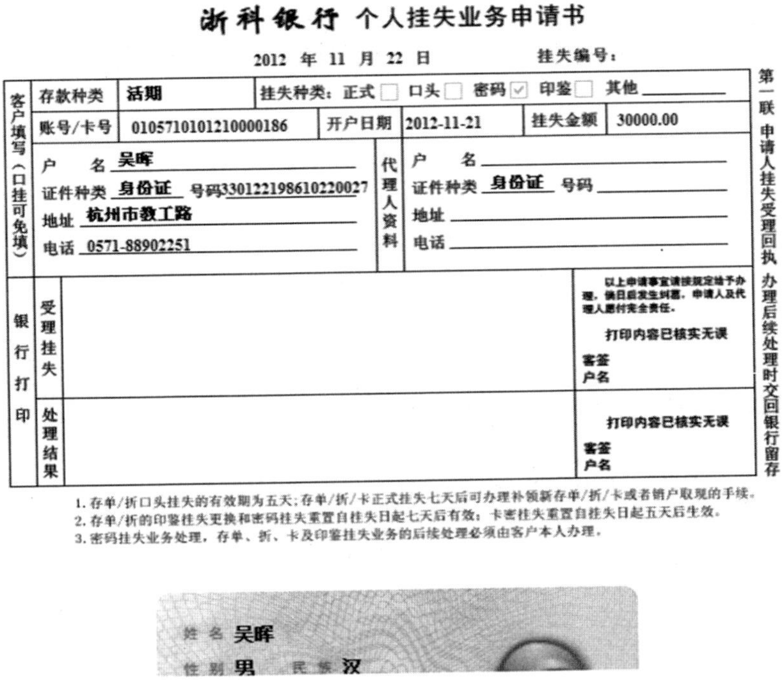

浙科银行 个人挂失业务申请书

2012 年 11 月 22 日   挂失编号：_____

客户填写（□挂可免填）	存款种类	活期		挂失种类：	正式 □	口头 □	密码 ☑	印鉴 ☑	其他 _____
	账号/卡号	0105710101210000186		开户日期	2012-11-21		挂失金额	30000.00	

	户　名	吴晖		代理人资料	户　名	
	证件种类 身份证 号码 330122198610220027				证件种类 身份证 号码 _____	
	地址 杭州市教工路				地址 _____	
	电话 0571-88902251				电话 _____	

以上申请事宜请按规定给予办理，倘日后发生纠葛，申请人及代理人愿付完全责任。

银行打印
受理挂失　　处理结果

打印内容已核实无误　客签户名

打印内容已核实无误　客签户名

第一联 申请人挂失受理回执 办理后续处理时交回银行留存

1. 存单/折口头挂失的有效期为五天；存单/折/卡正式挂失七天后可办理补领新存单/折/卡或者销户取现的手续。
2. 存单/折的印鉴挂失更换和密码挂失重置自挂失日起七天后有效；卡密挂失重置自挂失日起五天后生效。
3. 密码挂失业务处理，存单、折、卡及印鉴挂失业务的后续处理必须由客户本人办理。

姓名 吴晖
性别 男　民族 汉

图 2-43

　　客户提交了个人挂失业务申请书和身份证。点击审核窗口最下面的【审核】按钮，凭证审核成功。

　　步骤40，输入业务数据。柜员点击柜员桌面上的显示器图标，弹出个人活期存款挂失业务数据输入窗口。输入账号/卡号后点击【显示信息】按钮，账户信息全部显示，点击【保存】按钮，数据录入成功。

账户挂失申请书—账号信息

账号/卡号：0105710101210000186

存款种类：活期

挂失种类：密码挂失

开户日期：2012-11-21

挂失金额：30000.00

户主：吴晖

证件种类：身份证

号码：330122198610220027

保存

图 2-44

步骤 41，盖章。柜员可点击工具栏中 ![印章]，也可点击柜员桌面上的印章图标，进入单据盖章页面。点击盖章弹出窗口最下面的【盖章】按钮，个人挂失业务申请书盖章完成。

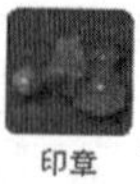

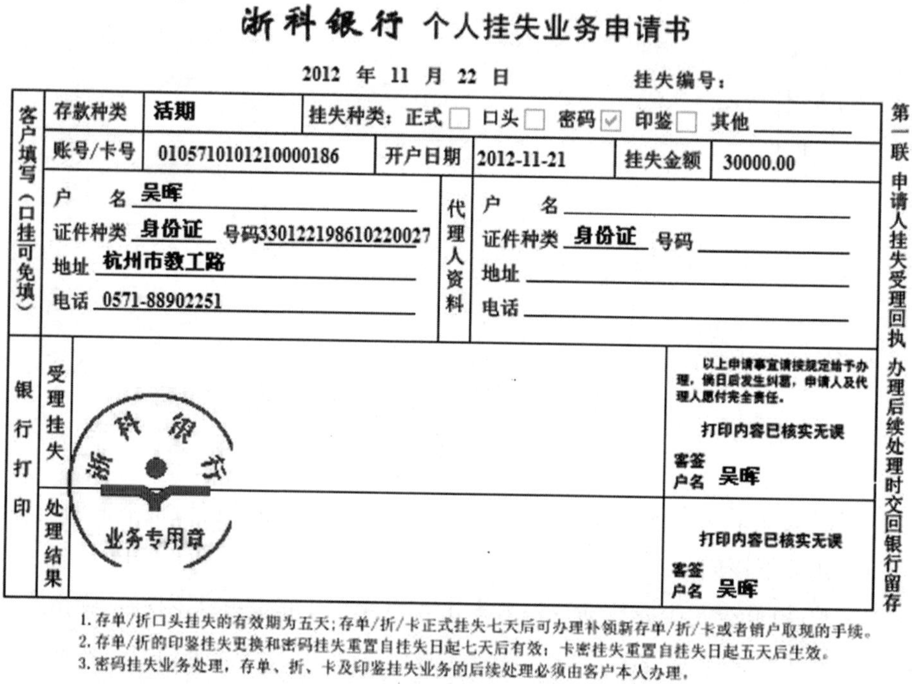

图 2-45

步骤 42，结束业务。盖章完成后挂失业务基本完成，柜员页面点击 ![结束业务] 按钮，进入活期账户会计分录页面。挂失业务没有会计分录数据，点击【结束业务】按钮，挂失业务受理完成。个人活期账户密码挂失后，该账户只能操作密码挂失解挂、修改密码、正式挂失和销户，需密码挂失解挂后可做其他操作。

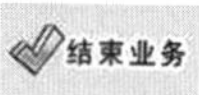

注：【个人活期账户正式挂失】

个人活期账户正式挂失操作与密码挂失操作相同，这里不做详细描述，可参考密码挂失进行操作。正式挂失后只能操作正式挂失解挂、换折和销户操作，需正式挂失解挂后可做其他操作。

注：【个人活期账户口头挂失】

个人活期账户口头挂失，客户只需要提交个人挂失业务申请书，不需要提交身份证。柜员只需审核凭证和录入业务数据，就可结束业务。这里不再详细描述，可参考密码挂失进行操作。

口头挂失后只能操作口头挂失解挂、正式挂失、换折和销户操作。需口头挂失解挂后可做其他操作。

5. 个人活期储蓄密码挂失解挂

步骤 43，客户提交解挂申请。客户活期账户状态为"密码挂失中"，账户操作时选择【密码挂失解挂】，直接进入个人挂失业务申请书和银行卡提交页面。（挂失解挂银行默认为客户挂失的银行，只能由挂失银行进行解挂。）

点击【解挂申请】按钮，客户将个人挂失业务申请书和银行卡提交柜员，由柜员受理。

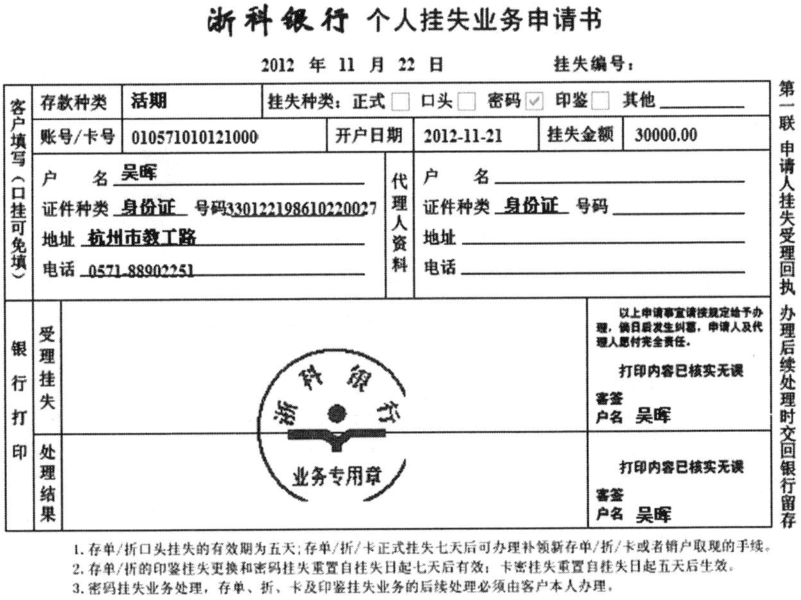

图 2-46

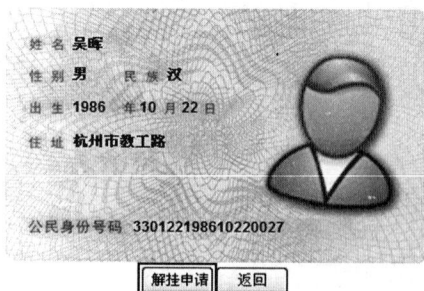

姓　名　**吴晖**

性　别　**男**　　民　族　**汉**

出　生　**1986** 年 **10** 月 **22** 日

住　址　**杭州市教工路**

公民身份号码 **330122198610220027**

[解挂申请]　[返回]

图 2-46（续）

步骤 44，柜员业务受理。柜员可点击工具栏中的 ，也可点击柜员桌面上的叫号器图标，弹出需受理业务窗口。选择需受理的业务，点击【受理】按钮，该业务已进行受理。

编号	业务类型	状态	受理柜员	操作
10	[0235]个人活期储蓄密码挂失解挂 [提交人：xs0002 xs0002]	待受理	——	[受理]

第1页/共1页 共1条　首页 上一页 下一页 尾页　转到 [1 ▼]

图 2-47

步骤 45，审核客户提交的凭证。柜员可点击工具栏中 ，进入客户提交的凭证审核页面。

浙科银行 个人挂失业务申请书

2012 年 11 月 22 日　　挂失编号：

客户填写（口挂可免填）	存款种类	活期	挂失种类：正式 □ 口头 □ 密码 ☑ 印鉴 ☑ 其他 _____	第一联 申请人挂失受理回执 办理后续处理时交回银行留存
	账号/卡号	0105710101210000186	开户日期 2012-11-21　挂失金额 30000.00	
	户　名	吴晖	代理人资料　户　名	
	证件种类 身份证 号码330122198610220027		证件种类 身份证 号码	
	地址 杭州市教工路		地址	
	电话 0571-88902251		电话	
银行打印	受理挂失	（业务专用章）	以上申请事宜请按规定办理，确日后发生纠葛，申请人及代理人愿付完全责任。 打印内容已核实无误 客签 户名 吴晖	
	处理结果		打印内容已核实无误 客签 户名 吴晖	

1. 存单/折口头挂失的有效期为五天；存单/折/卡正式挂失七天后可办理补领新存单/折/卡或者销户取现的手续。
2. 存单/折的印鉴挂失更换和密码挂失重置自挂失日起七天后有效；卡密挂失重置自挂失日起五天后生效。
3. 密码挂失业务处理，存单、折、卡及印鉴挂失业务的后续处理必须由客户本人办理。

图 2-48

客户提交了个人挂失业务申请书和身份证。点击审核窗口最下面的【审核】按钮，凭证审核成功。

步骤46，输入业务数据。点击面柜员桌面上的显示器图标，弹出个人活期存款解挂业务数据输入窗口。

解挂申请—账号信息

账号/卡号： 0105710101210000186

存款种类： 活期

挂失种类： 密码挂失

开户日期： 2012-11-21

挂失金额： 30000.00

户主： 吴晖

证件种类： 身份证

号码： 330122198610220027

保存

图 2-49

输入账号/卡号后点击【显示信息】按钮，账号信息自动显示，点击【保存】按钮，业务数据输入成功。

步骤47，盖章。柜员可点击工具栏中 印章 ，也可点击柜员桌面上的印章图标，进入单据盖章页面。点击盖章弹出窗口最下面的【盖章】按钮，个人挂失业务申请书盖章完成（见图 2-50）。

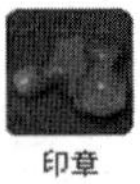

步骤48，结束业务。盖章完成后密码挂失解挂业务基本完成，柜员页面点击  结束业务 按钮，进入活期账户会计分录页面，点击【结束业务】按钮，密码挂失解挂业务受理完成。

正式挂失解挂和口头挂失解挂操作可参考密码挂失解挂操作，不再详细描述。

6. 个人活期账户修改密码

步骤49，客户提交特殊业务申请。客户在活期账户操作时选择【修改密码】，进入特殊业务申请页面。

浙科银行 个人挂失业务申请书

2012 年 11 月 22 日   挂失编号：

客户填写（口挂可免填）	存款种类	活期		挂失种类：正式 □ 口头 □ 密码 □ 印鉴 ☑ 其他 _____		
	账号/卡号	0105710101210000186	开户日期	2012-11-21	挂失金额	30000.00
	户 名	吴晖				
	证件种类 身份证 号码330122198610220027					
	地址 杭州市教工路					
	电话 0571-88902251					

代理人资料
户 名 _____
证件种类 身份证 号码 _____
地址 _____
电话 _____

以上申请事宜请按规定给予办理，嗣后发生纠葛，申请人及代理人愿付完全责任。

打印内容已核实无误
客签 户名 吴晖

打印内容已核实无误
客签 户名 吴晖

银行打印 受理挂失处理结果
业务专用章
业务专用章

第一联 申请人挂失受理回执 办理后续处理时交回银行留存

1. 存单/折口头挂失的有效期为五天；存单/折/卡正式挂失七天后可办理补领新存单/折/卡或者销户取现的手续。
2. 存单/折的印鉴挂失更换和密码挂失重置自挂失日起七天后有效；卡密挂失重置自挂失日起五天后生效。
3. 密码挂失业务处理，存单、折、卡及印鉴挂失业务的后续处理必须由客户本人办理。

图 2-50

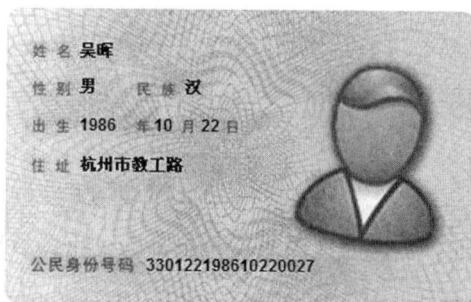

图 2-51

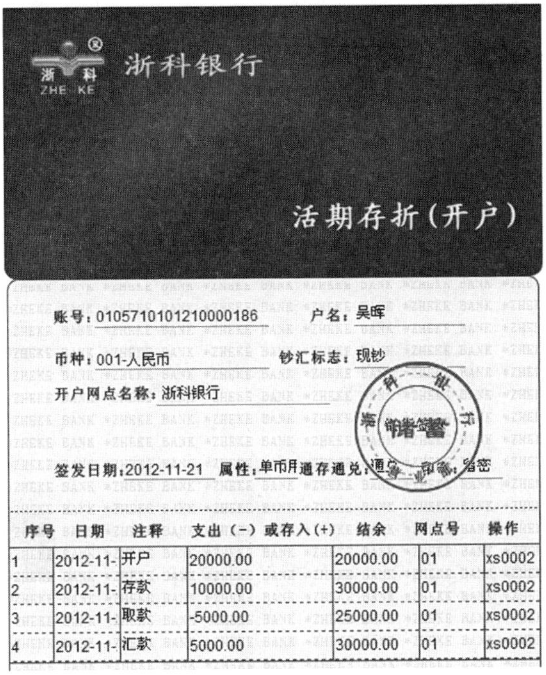

图 2-52

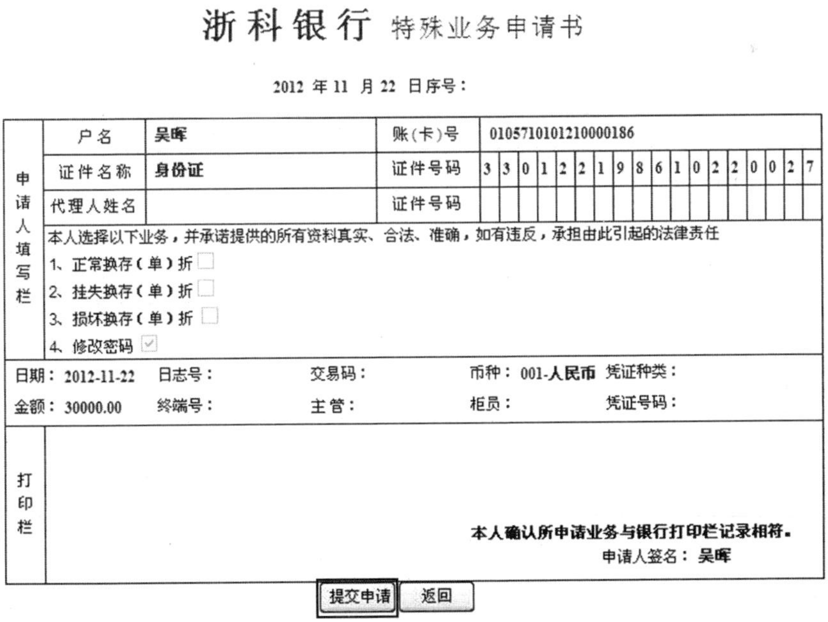

浙科银行 特殊业务申请书

2012 年 11 月 22 日序号：

	户名	吴晖		账（卡）号	0105710101210000186
申请人填写栏	证件名称	身份证		证件号码	3 3 0 1 2 2 1 9 8 6 1 0 2 2 0 0 2 7
	代理人姓名			证件号码	
	本人选择以下业务，并承诺提供的所有资料真实、合法、准确，如有违反，承担由此引起的法律责任				
	1、正常换存（单）折 ☐				
	2、挂失换存（单）折 ☐				
	3、损坏换存（单）折 ☐				
	4、修改密码 ☑				

日期：2012-11-22	日志号：	交易码：	币种：001-人民币	凭证种类：
金额：30000.00	终端号：	主管：	柜员：	凭证号码：

打印栏	
	本人确认所申请业务与银行打印栏记录相符。 申请人签名：吴晖

提交申请　返回

图 2-53

点击【提交申请】按钮，身份证、存折和特殊业务申请书（见图2-51、图2-52、图2-53），交由柜员受理。

步骤50，柜员业务受理。柜员可点击工具栏中的  ，也可点击柜员桌面上的叫号器图标，弹出需受理业务窗口。选择需受理的业务，点击【受理】按钮，该业务已进行受理。

编号	业务类型	状态	受理柜员	操作
12	[0260]个人活期储蓄修改密码 [提交人：xs0002 xs0002]	待受理	——	受理

第1页/共1页 共1条 首页 上一页 下一页 尾页 转到 1 ▼

图 2-54

步骤51，审核客户提交的凭证。柜员可点击工具栏中 ，进入客户提交的凭证审核页面。

浙科银行 特殊业务申请书

2012 年 11 月 22 日序号：

申请人填写栏	户名	吴晖	账（卡）号	0105710101210000186
	证件名称	身份证	证件号码	330122198610220027
	代理人姓名		证件号码	

本人选择以下业务，并承诺提供的所有资料真实、合法、准确，如有违反，承担由此引起的法律责任
1、正常换存（单）折 □
2、挂失换存（单）折 □
3、损坏换存（单）折 □
4、修改密码 ☑

日期：2012-11-22　日志号：　交易码：　币种：人民币　凭证种类：
金额：30000.00　终端号：　主管：　柜员：　凭证号码：

打印栏

本人确认所申请业务与银行打印栏记录相符。
申请人签名：吴晖

第一联 银行留存

姓名 吴晖

图 2-55

客户凭证审核页面显示客户提交的业务申请书、身份证和存折。点击审核页

面最下面的【审核】按钮，业务审核成功。

步骤 52，业务数据输入。点击面柜员桌面上的显示器图标，弹出个人活期存款修改密码业务数据输入窗口。

特殊业务申请书—账号信息

账号： 0105710101210000186

密码：

存款种类： 活期

开户日期： 2012-11-21

金额： 30000.00

户主： 吴晖

证件种类： 身份证

号码： 330122198610220027

输入密码

图 2-56

输入账号后点击【显示信息】按钮，自动显示基本账户信息，再点击【输入密码】按钮，模仿客户输入密码后显示【授权】按钮。

特殊业务申请书—账号信息

帐号： 0105710101210000186

密码： ******

存款种类： 活期

开户日期： 2012-11-21

金额： 30000.00

户主： 吴晖

证件种类： 身份证

号码： 330122198610220027

授权

图 2-57

操作授权后业务数据输入窗口显示【保存】按钮，点击【保存】，业务数据保存成功。

步骤53，盖章。柜员可点击工具栏中 ，也可点击柜员桌面上的印章图标，进入单据盖章页面。点击盖章弹出窗口最下面的【盖章】按钮，特殊业务申请书盖章完成。

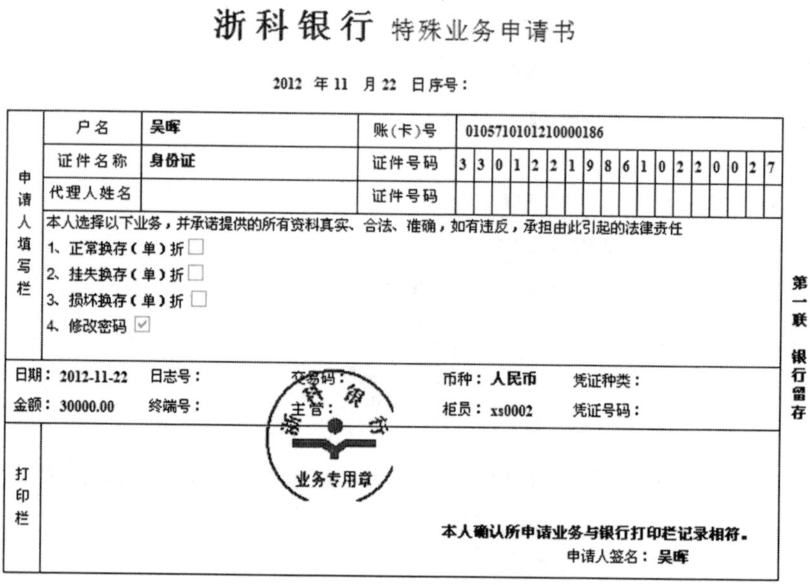

浙科银行 特殊业务申请书

2012 年 11 月 22 日序号：

	户名	吴晖		账(卡)号	0105710101210000186	
申请人填写栏	证件名称	身份证		证件号码	3 3 0 1 2 2 1 9 8 6 1 0 2 2 0 0 2 7	
	代理人姓名			证件号码		
	本人选择以下业务，并承诺提供的所有资料真实、合法、准确，如有违反，承担由此引起的法律责任 1、正常换存（单）折 □ 2、挂失换存（单）折 □ 3、损坏换存（单）折 □ 4、修改密码 ☑					
	日期：2012-11-22 日志号： 金额：30000.00 终端号：			币种：人民币 柜员：xs0002	凭证种类： 凭证号码：	
打印栏				本人确认所申请业务与银行打印栏记录相符。 申请人签名：吴晖		

第一联 银行留存

图 2-58

步骤54，结束业务。盖章完成后修改密码业务基本完成，柜员页面点击 按钮，进入活期账户会计分录页面，点击【结束业务】按钮，修改密码业务受理完成。

注：【个人活期储蓄换折】

个人活期储蓄换折业务要求客户提交的单据和证件相同，只是在特殊业务申请书中，业务类型勾选为正常换存（单）折。

柜员数据录入后需领取新的存折，并进行打印。其他操作可参考修改密码业务。

换折操作完成后在活期账户列表中显示一条新的账号记录，另一条账号记录状态为已作废。

7. 个人活期储蓄销户

步骤 55，客户提交销户申请。客户在活期账户操作时选择【销户】，进入销户业务申请页面。

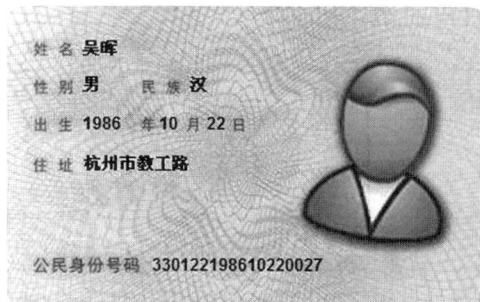

图 2-59

图 2-60

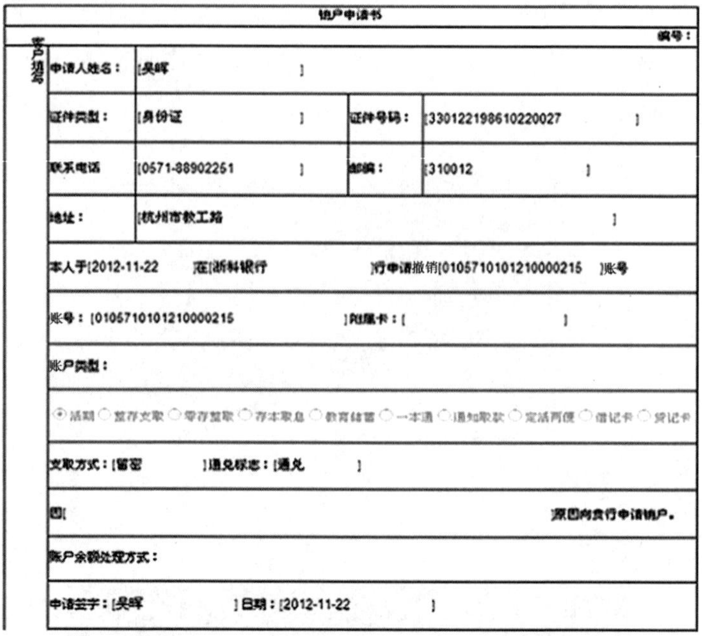

销户申请书

编号：

客户填写

申请人姓名：[吴晖]

证件类型：[身份证] 证件号码：[330122198610220027]

联系电话 [0571-88902251] 邮编：[310012]

地址：[杭州市教工路]

本人于[2012-11-22]在[浙科银行]行申请撤销[0105710101210000215]账号

账号：[0105710101210000215]附属卡：[ ]

账户类型：

◉活期 ○整存整取 ○零存整取 ○存本取息 ○教育储蓄 ○一本通 ○通知存款 ○定活两便 ○借记卡 ○贷记卡

支取方式：[留密]通兑标志：[通兑]

因[ ]原因向贵行申请销户。

账户余额处理方式：

申请签字：[吴晖]日期：[2012-11-22]

图 2–61

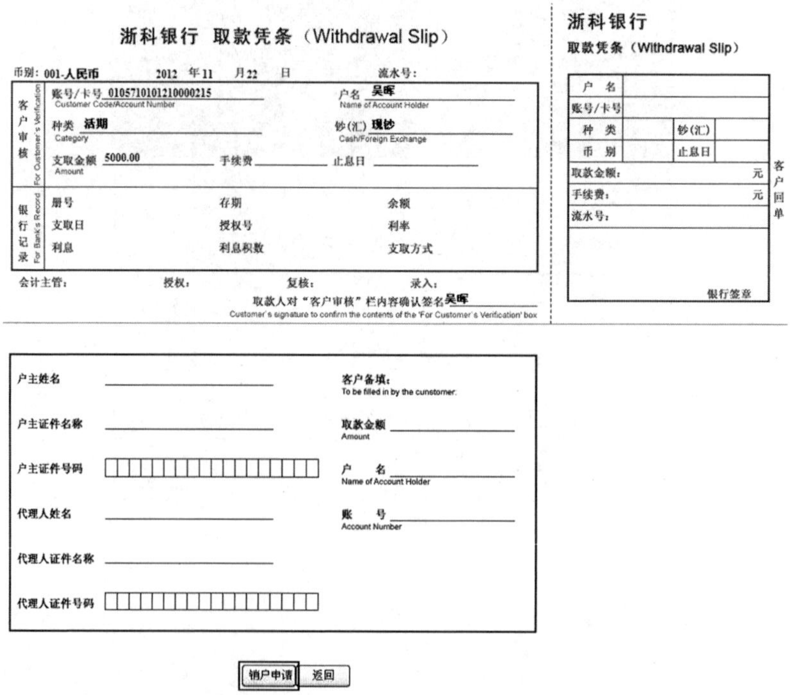

浙科银行 取款凭条（Withdrawal Slip）

币别：001-人民币 2012 年 11 月 22 日 流水号：

客户审核 For Customer's Verification

账号/卡号 0105710101210000215 Customer Code/Account Number

户名 吴晖 Name of Account Holder

种类 活期 Category

钞(汇) 现钞 Cash/Foreign Exchange

支取金额 5000.00 Amount　手续费　止息日

银行记录 For Bank's Record

册号　存期　余额

支取日　授权号　利率

利息　利息积数　支取方式

会计主管：　授权：　复核：　录入：

取款人对"客户审核"栏内容确认签名 吴晖

Customer's signature to confirm the contents of the 'For Customer's Verification' box

浙科银行

取款凭条（Withdrawal Slip）

户 名			
账号/卡号			
种 类		钞(汇)	
币 别		止息日	
取款金额：			元
手续费：			元
流水号：			
			银行签章

客户回单

户主姓名

户主证件名称

户主证件号码

代理人姓名

代理人证件名称

代理人证件号码

客户备填：To be filled in by the cunstomer.

取款金额 Amount

户 名 Name of Account Holder

账 号 Account Number

销户申请　返回

图 2–62

客户提交身份证、存折、销户申请书和取款凭条，交由柜员受理。

步骤 56，客户业务受理。柜员可点击工具栏中的  ，也可点击柜员桌面上的叫号器图标，弹出需受理业务窗口。选择需受理的业务，点击【受理】按钮，该业务已进行受理。

编号	业务类型	状态	受理柜员	操作
14	[0011]个人活期储蓄销户 [提交人：xs0002 xs0002]	待受理	——	受理

第1页/共1页 共1条 首页 上一页 下一页 尾页 转到 1 ∨

图 2-63

步骤 57，审核客户提交的凭证。柜员可点击工具栏中  ，进入客户提交的凭证审核页面。

销户申请书

客户填写	申请人姓名：	吴晖		编号：
	证件类型：	身份证	证件号码：	330122198610220027
	地址：	杭州市教工路	邮编：	310012
	联系电话：	0571-88902251		

本人于2012-11-22在浙科银行申请撤销0105710101210000215账号

账号：0105710101210000215 附属卡：

账户类型：

● 活期 ○ 整存整取 ○ 零存整取 ○ 存本取息 ○ 教育储蓄 ○ 一本通 ○ 通知存款 ○ 定活两便 ○ 借记卡 ○ 贷记卡

支取方式：通兑标志：通兑

因（　）原因向贵行申请销户。

账户余额处理方式：

图 2-64

显示客户提交的销户申请书、身份证、存折和取款凭条，销户申请书需填写开户行审核意见，点击【审核】按钮，审核完成。

步骤 58，输入业务数据。柜员点击柜员桌面上的显示器图标，弹出个人活

期存款销户业务数据输入窗口。输入账号后点击【显示信息】按钮，账号信息自动显示，并且业务数据输入窗口显示【授权】按钮，点击【授权】按钮，授权成功后显示【保存】按钮，点击【保存】，数据输入成功。

销户申请书—账号信息

账号：0105710101210000215

存款种类：活期

开户日期：2012-11-22

金额：0.00（元）

户主：吴晖

证件种类：身份证

号码：330122198610220027

授权

图 2–65

步骤 59，打印凭证。柜员可点击工具栏中报表打印机，也可点击柜员桌面上报表打印机图标，进入存折、取款凭条和存款利息清单打印页面。点击【打印】按钮，单据打印成功。

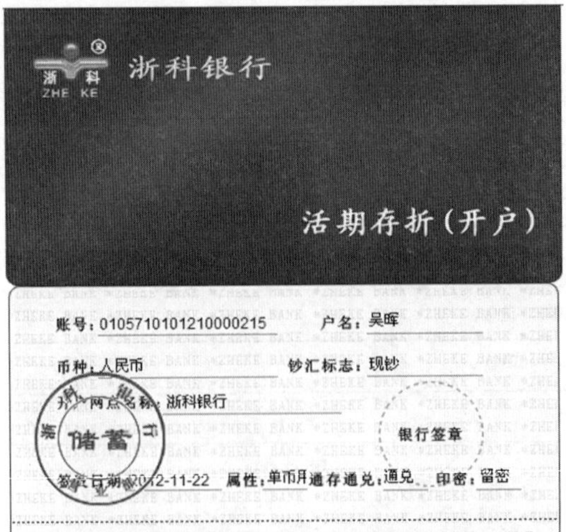

序号	日期	注释	支出（-）或存入（+）	结余	网点号	操作
1	2012-11-	开户	10000.00	10000.00	01	xs0002
2	2012-11-	汇款	-5000.00	5000.00	01	xs0002
3	2012-11-	取款	-5000.00	0.00	01	xs0002

图 2–66

步骤 60，盖章。柜员可点击工具栏中，也可点击柜员桌面上的印章图标，进入单据盖章页面。点击盖章弹出窗口最下面的【盖章】按钮，销户申请书、存折、取款凭条和存款利息清音盖章完成。

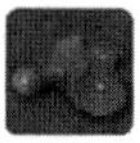

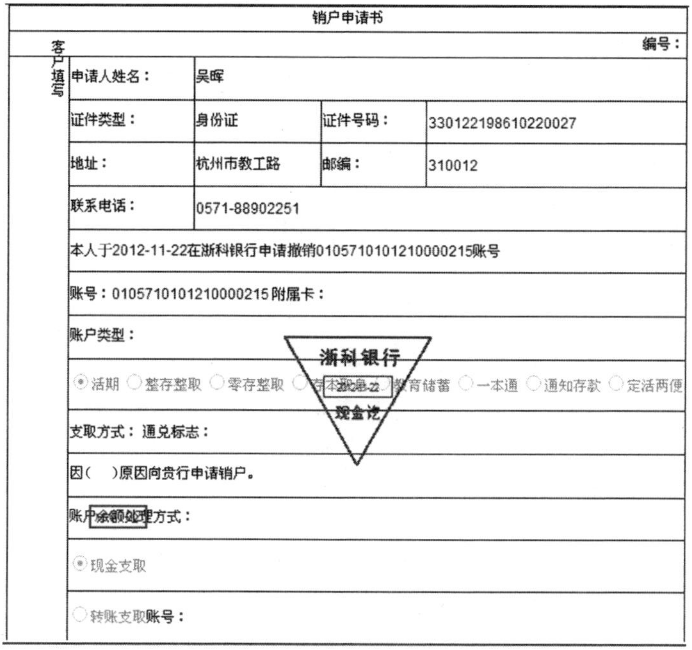

图 2–67

步骤 61，从尾箱取出钱钞。柜员可点击工具栏中，也可点击柜员桌面上的尾箱图标，进入尾箱取钱页面。根据取款金额，填写取出钱钞的数量。点击【取出】按钮，取钱成功。

验证从尾箱中取出的钱钞。柜员可点击工具栏中的，也可点击柜员桌面上的点钞机图标，验证取出的钱钞是否正确。

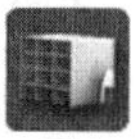

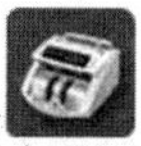

步骤 62，结束业务。柜员页面点击按钮，进入活期账户会计分录页面。

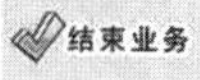

图 2-68

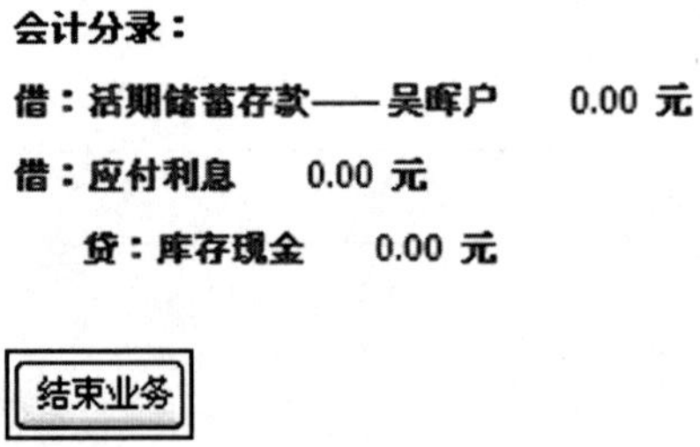

会计分录：

借：活期储蓄存款——吴晖户　　0.00 元

借：应付利息　　0.00 元

　　贷：库存现金　　0.00 元

结束业务

图 2-69

查看会计分录后点击【结束业务】按钮，个人活期储蓄销户业务操作完成。

（三）定期账户

在开始定期账户操作之前，先要在"存款业务—开户申请"中，开立一个定期账户。开户方法可参考个人活期储蓄开户。本系统旨在模拟整存整取、零存整取、教育储蓄、存本取息、通知存款、定活两便六类定期账户的实践操作。

1. 整存整取

步骤 63，在客户窗口，点击存款业务下的【定期账户】按钮，进入定期账户操作页面。整存整取储种，点击【操作】按钮，弹出整存整取储种可操作的业务（提前支取、密码挂失、修改密码、口头挂失、正式挂失、换单、销户）。

图 2-70

步骤 64，客户提交储蓄存单提前支取。提前支取是还未到取款期限，提交取出定期存款。点击【提前支取】按钮，进入客户选择银行页面。选择银行后进入单据提交页面。

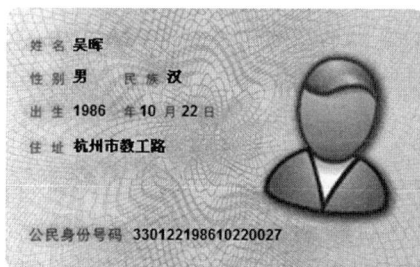

图 2-71

可选择现金支取或转账支取。选择现金支取弹出取款凭条；选择转账支取弹出转账凭条。填写单据后点击【取款】按钮，单据提交成功，交由柜员受理。

步骤65，客户受理。柜员可点击工具栏中的 ![叫号器]，也可点击柜员桌面上的叫号器图标，弹出需受理业务窗口。

编号	业务类型	状态	受理柜员	操作
16	[0013]个人整存整取提前支取 [提交人：xs0002 xs0002]	待受理	——	受理

第1页/共1页 共1条　首页 上一页 下一页 尾页 转到 1 ∨

图 2-72

选择需受理的业务，点击【受理】按钮，该业务已进行受理。

步骤66，审核客户提交的凭证。柜员可点击工具栏中 ![桌面凭证]，进入客户提交的凭证审核页面。

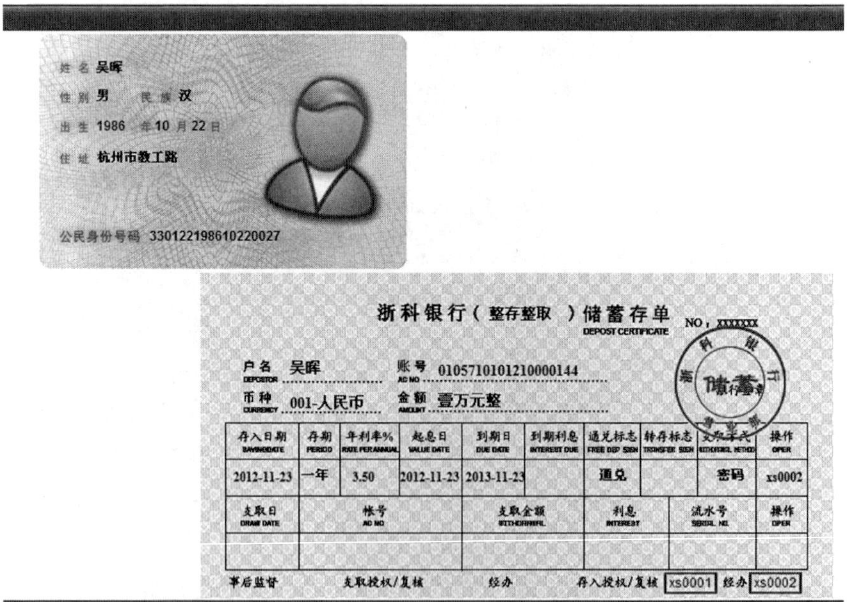

图 2-73

客户提交了身份证、储蓄存单和取款凭条。点击【审核】按钮，凭证审核成功。

步骤 67，输入业务数据。柜员点击柜员桌面上的显示器图标，弹出个人整存整取提前支取业务数据输入窗口。输入账号和金额后点击【显示信息】按钮，账号信息自动显示，输入密码后显示授权操作。点击【授权】按钮，授权成功后点击【提交】按钮，业务数据输入操作完成。

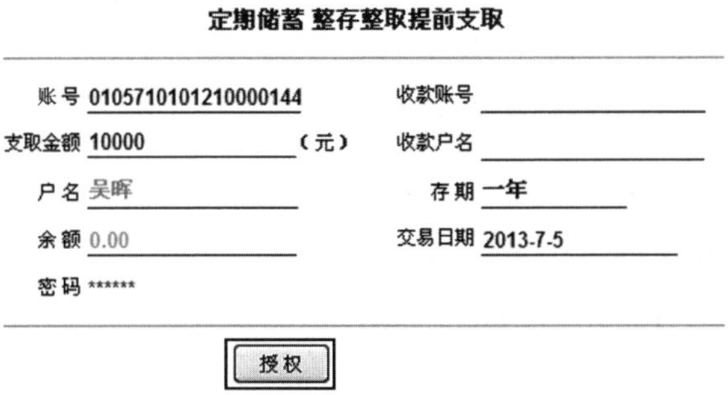
定期储蓄 整存整取提前支取
账号 0105710101210000144
收款账号
支取金额 10000 （元）
收款户名
户名 吴晖
存期 一年
余额 0.00
交易日期 2013-7-5
密码 ******
授权

图 2–74

步骤 68，打印凭证。柜员可点击工具栏中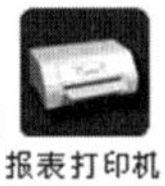
报表打印机
，也可点击柜员桌面上报表打印机图标，弹出储蓄存单、利息清单和取款凭条打印页面，点击【打印】按钮，打印完成。

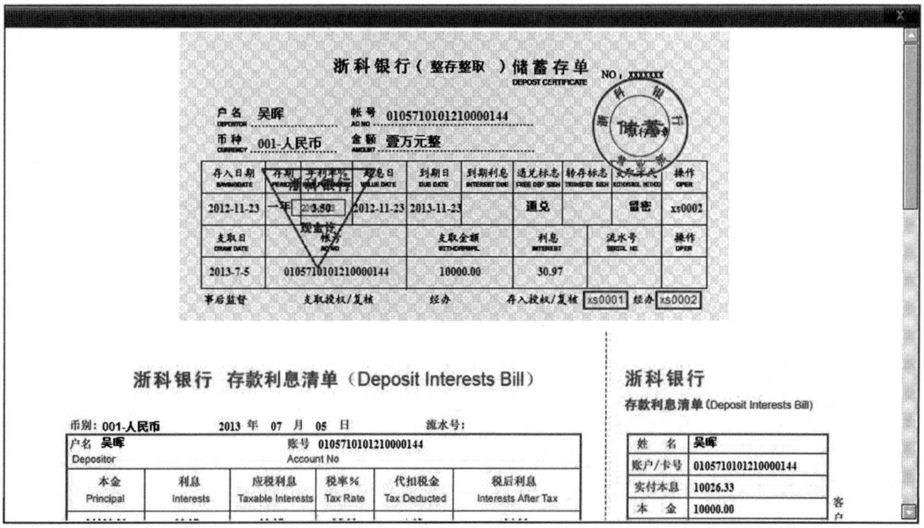
浙科银行（整存整取）储蓄存单
DEPOSIT CERTIFICATE
户名 吴晖
帐号 0105710101210000144
币种 001-人民币
金额 壹万元整
2012-11-23
2013-11-23
通兑
留密
xs0002
2013-7-5
0105710101210000144
10000.00
30.97
事后监督
支取授权/复核
经办
存入授权/复核
xs0001
xs0002
浙科银行 存款利息清单（Deposit Interests Bill）
币别：001-人民币
2013 年 07 月 05 日
流水号：
户名 吴晖
Depositor
账号 0105710101210000144
Account No
本金 Principal
利息 Interests
应税利息 Taxable Interests
税率% Tax Rate
代扣税金 Tax Deducted
税后利息 Interests After Tax
浙科银行
存款利息清单（Deposit Interests Bill）
姓名 吴晖
账户/卡号 0105710101210000144
实付本息 10026.33
本金 10000.00

图 2–75

步骤69，盖章。柜员可点击工具栏中  ，也可点击柜员桌面上的印章图标，进入单据盖章页面。点击【盖章】按钮，储蓄存单、存款利息清单和取款凭条盖章完成。

步骤70，结束业务。盖章完成后提前支取业务基本完成，柜员页面点击按钮，进入定期账户会计分录页面。查看定期账户会计分录后点击【结束业务】按钮，整存整取账户提前支取操作完成。提前支取操作完成后，客户在定期账户列表中不显示已支取的整存整取账户记录。

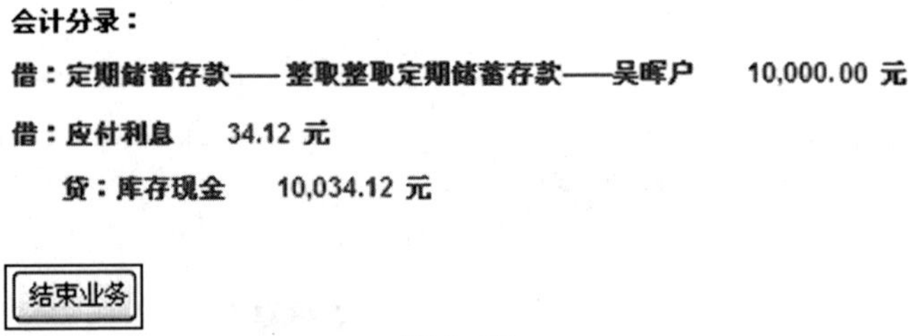

会计分录：

借：定期储蓄存款——整取整取定期储蓄存款——吴晖户   10,000.00 元

借：应付利息   34.12 元

     货：库存现金   10,034.12 元

结束业务

图 2-76

整存整取账户密码挂失、修改密码、口头挂失、正式挂失、换单、销户可参考活期账户进行操作，此处不再详细描述。

2. 零存整取

零存整取在开户时需要提交存款凭条和设置月存入额，根据月存入额每月存款。

步骤71，零存整取账户点击【操作】按钮，弹出可操作的业务。

图 2-77

零存整取在存款时，客户提交的存款凭条中存款金额默认为开户时设置的月存入金额。零存整取的有折存款、无折存款、密码挂失、修改密码、口头挂失、正式挂失、换折和销户业务都可参考活期账户的操作，这里不再详细描述。

3. 教育储蓄

教育储蓄客户在开户时和零存整取相同，需要设置月存入额。

步骤72，教育储蓄账户点击【操作】按钮，弹出可操作的业务。

图 2-78

教育储蓄在存款时，客户提交的存款凭条中存款金额默认为开户时设置的月存入金额。教育储蓄的有折存款、无折存款、密码挂失、修改密码、口头挂失、正式挂失、换折和销户业务都可参考活期账户的操作，这里不再详细描述。

4. 存本取息

存本取息在开户时起存金额不能小于10000，并且需要设置支取次数。

步骤73，存本取息账户点击【操作】按钮，弹出可操作的业务。

图 2-79

存本取息可操作取款、密码挂失、修改密码、口头挂失、正式挂失、换折和销户。存本取息客户在取款操作时支取金额根据开户时存入金额和支取次数自动计算，支取方式可选择现金支取和转账支取。根据开户时设置的支取数据，可操作该存本取息账户的取款次数，到期后支取本金。

存本取息的业务操作可参考活期账户，这里不再赘述。

5. 通知存款

通知存款开户时存入金额不能低于 50000 元，可分多次支取，支取时需先通知银行，预定支取日期和金额方能支取。

步骤 74，通知存款账户点击【操作】按钮，弹出可操作的业务。

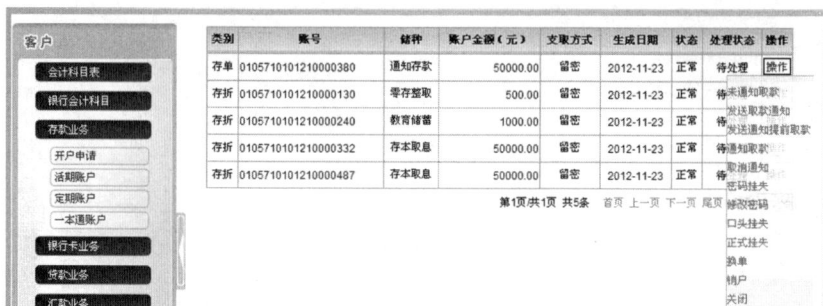

图 2–80

（1）发送取款通知。

步骤 75，客户提交存款通知书。定期账户列表页面，通知存款操作点击【发送取款通知】，进入银行选择页面，选择银行后客户需填写个人通知存款通知书，客户需选择通知存款种类，签约金额，账户自动显示。签约金额不能少于 50000 元，若取款后账户余额小于 50000 元，必须同时全部取出。

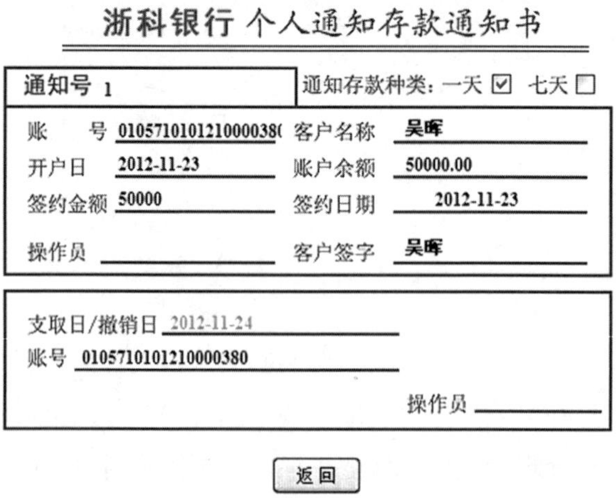

浙科银行 个人通知存款通知书

通知号 1　　通知存款种类：一天 ☑ 七天 ☐

账　　号	010571010121000038(	客户名称	吴晖
开户日	2012-11-23	账户余额	50000.00
签约金额	50000	签约日期	2012-11-23
操作员		客户签字	吴晖

第一联：客户留存

支取日/撤销日 2012-11-24

账号 010571010121000380

操作员

返回

图 2–81

步骤 76，业务受理。柜员可点击工具栏中的 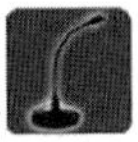 ，也可点击柜员桌面上的
叫号器图标，弹出需受理业务窗口。选择需受理的业务，点击【受理】按钮，该
业务已进行受理。

编号	业务类型	状态	受理柜员	操作
23	[0052]个人通知存款取款通知 [提交人：xs0002 xs0002]	待受理	——	受理

第1页/共1页 共1条　　首页 上一页 下一页 尾页　转到 1 ▾

图 2-82

步骤 77，审核客户提交的凭证。柜员可点击工具栏中 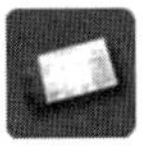 ，弹出客户提交
的凭证审核页面。点击【审核】按钮，个人通知存款通知书审核成功。

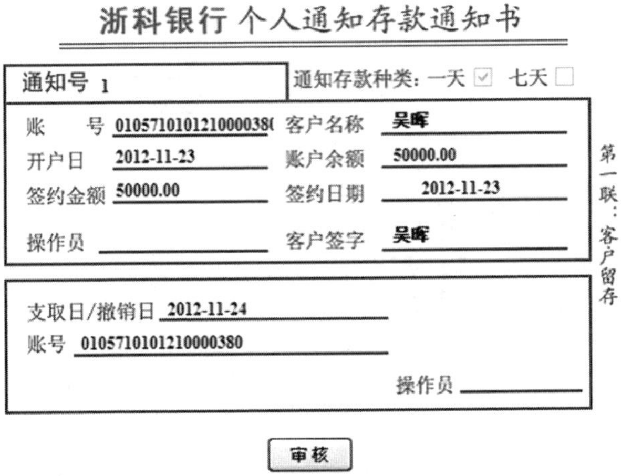

图 2-83

步骤 78，输入业务数据。柜员点击柜员桌面上的显示器图标，弹出个人定
期通知存款业务数据输入窗口。输入存款人账号后点击【显示信息】按钮，账户
信息自动显示。点击【保存】按钮，数据输入完成。

步骤 79，盖章。柜员可点击工具栏中 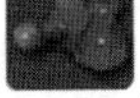 ，也可点击柜员桌面上的印章图
标，进入单据盖章页面。点击【盖章】按钮，个人通知存款通知书盖章完成。

储蓄业务 通知

存款人账号: 0105710101210000380
户名: 吴晖
通知书编号: 1
通知存款种类: 一天通知
实际金额: 50000.00
支取金额: 50000.00
开户日期: 2012-11-23
支取/撤销日: 2012-11-24
签约日期: 2012-11-23

保存

图 2-84

浙科银行 个人通知存款通知书

通知号 1		通知存款种类: 一天 ☑ 七天 □
账 号 0105710101210000380	客户名称	吴晖
开户日 2012-11-23	账户余额	50000.00
签约金额 50000.00	签约日期	2012-11-23
操作员 xs0002	客户签字	吴晖

第一联::客户留存

支取日/撤销日 2012-11-24
账号 0105710101210000380

操作员 xs0002

图 2-85

步骤 80, 结束业务。盖章完成后通知取款业务基本完成, 柜员页面点击

⬨结束业务 按钮, 进入定期账户会计分录页面, 点击【结束业务】按钮, 个人通知存款取款通知业务完成。

(2) 取消通知。

步骤 81, 发送取款通知后暂时不想取款, 可在操作列中选择【取消通知】按钮, 进入个人通知取款取消通知页面。

输入取消通知原因后点击【取消通知】按钮, 个人通知取款取消通知操作完成, 柜员不需要进行受理。

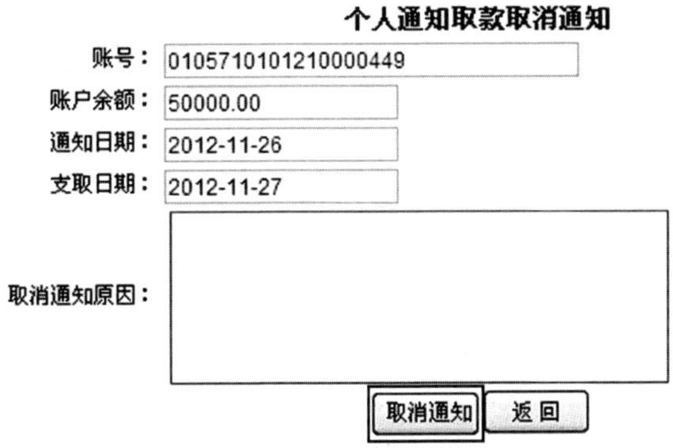

个人通知取款取消通知

账　号：0105710101210000449

账户余额：50000.00

通知日期：2012-11-26

支取日期：2012-11-27

取消通知原因：

取消通知　返　回

图 2-86

（3）发送通知提前支取。

步骤 82，客户提交单据提前支取。定期账户列表页面，通知存款操作点击【发送通知提前取款】，进入银行选择页面，选择银行后客户需提交个人通知存款通知书、储蓄存单、取款凭条和身份证，填写取款凭条的金额应等于取款通知单中的金额。选择支取方式后点击【取款】按钮，单据提交成功，由柜员受理。

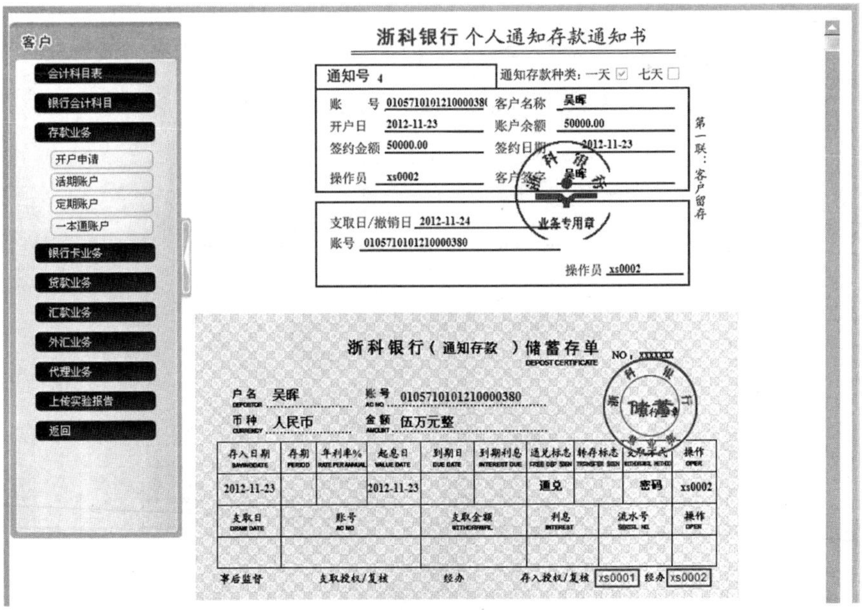

图 2-87

步骤83，客户受理业务。柜员可点击工具栏中的 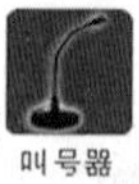 ，也可点击柜员桌面上的叫号器图标，弹出需受理业务窗口。选择需受理的业务，点击【受理】按钮，该业务已进行受理。

编号	业务类型	状态	受理柜员	操作
24	[0053]个人通知存款取款通知提前取款 [提交人：xs0002 xs0002]	待受理	——	受理

第1页/共1页 共1条　首页 上一页 下一页 尾页　转到 1

图 2-88

步骤84，审核客户提交的桌面凭证。柜员可点击工具栏中 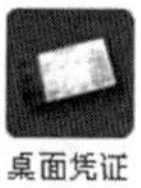 ，进入客户提交的凭证审核页面。

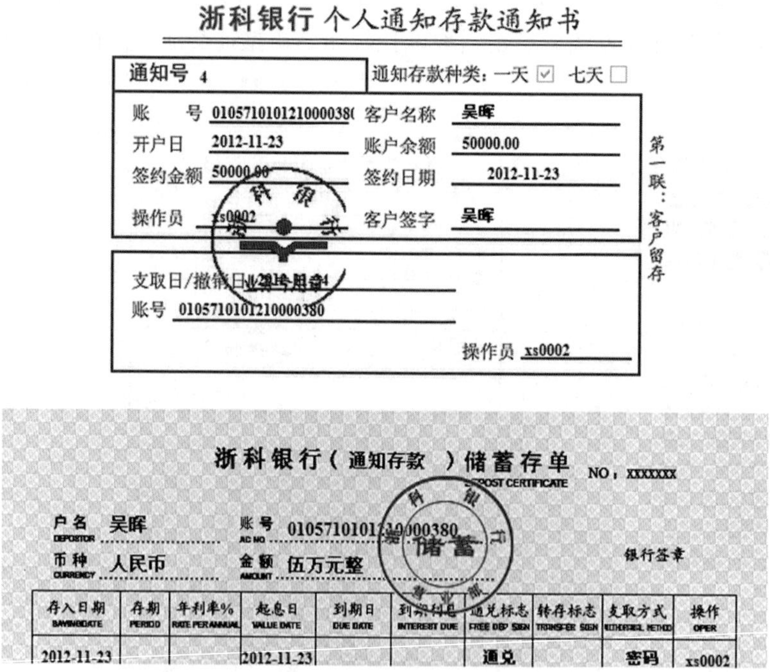

图 2-89

显示客户提交的个人通知存款通知书、储蓄存单和取款凭条，点击【审核】按钮，单据审核成功。

步骤85，输入业务数据。柜员点击柜员桌面上的显示器图标，弹出通知存款取款业务数据输入窗口。输入账号和支取金额后点击【显示信息】按钮，显示输入密码功能，输入密码后点击【提交】按钮，业务数据输入完成。

储蓄业务 通知存款取款

账 号 0105710101210000380

户 名 吴晖

支取金额 50000

余 额 0.00　　　　　　交易日期 2012-11-23

密 码

输入密码

图 2-90

步骤86，打印凭证。柜员可点击工具栏中  ，也可点击柜员桌面上报表打印机图标，进入储蓄存单、取款凭条和存款利息清单打印页面。点击【打印】按钮，单据打印成功。

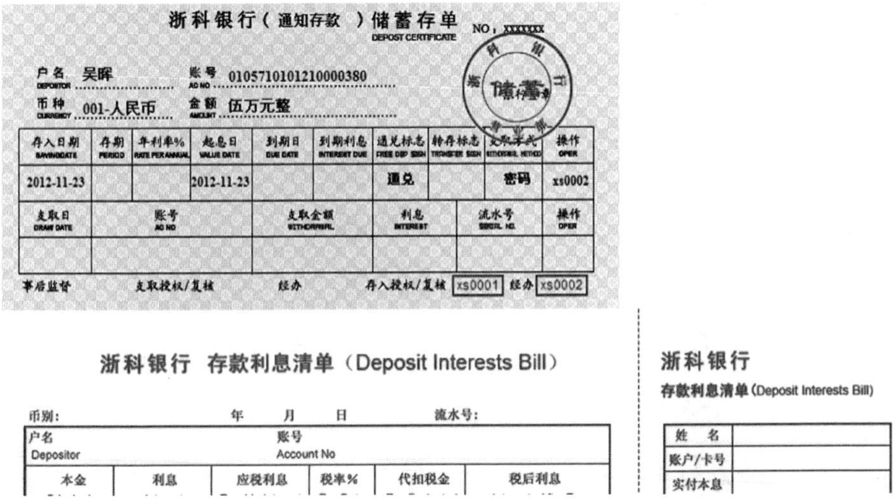

浙科银行（通知存款　）储蓄存单
DEPOSIT CERTIFICATE　　NO：XXXXXXX

户 名 DEPOSITOR	吴晖	账 号 AD NO	0105710101210000380			
币 种 CURRENCY	001-人民币	金 额 AMOUNT	伍万元整			
存入日期 SAVINGDATE	存期 PERIOD	年利率% RATE PER ANNUAL	起息日 VALUE DATE	到期日 DUE DATE	到期利息 INTEREST DUE	通兑标志 FREE DEP SIGN	转存标志 TRSFER SIGN	支取方式 WITHDRAWL METHOD	操作 OPER
2012-11-23			2012-11-23			通兑		密码	xs0002
支取日 DRAW DATE		账号 AD NO		支取金额 WITHDRAWAL		利息 INTEREST	流水号 SERIAL NO.		操作 OPER
事后监督		支取授权/复核		经办		存入授权/复核 xs0001		经办 xs0002	

浙科银行　存款利息清单（Deposit Interests Bill）

币别：　　　　　　年　月　日　　　　　流水号：

| 户名 Depositor | | 账号 Account No | | | |
| 本金 | 利息 | 应税利息 | 税率% | 代扣税金 | 税后利息 |

浙科银行

存款利息清单（Deposit Interests Bill）

姓　名	
账户/卡号	
实付本息	

图 2-91

步骤87，盖章。柜员可点击工具栏中  ，也可点击柜员桌面上的印章图

标，进入单据盖章页面。点击盖章弹出窗口最下面的【盖章】按钮，储蓄存单、取款凭条和存款利息清单盖章完成。

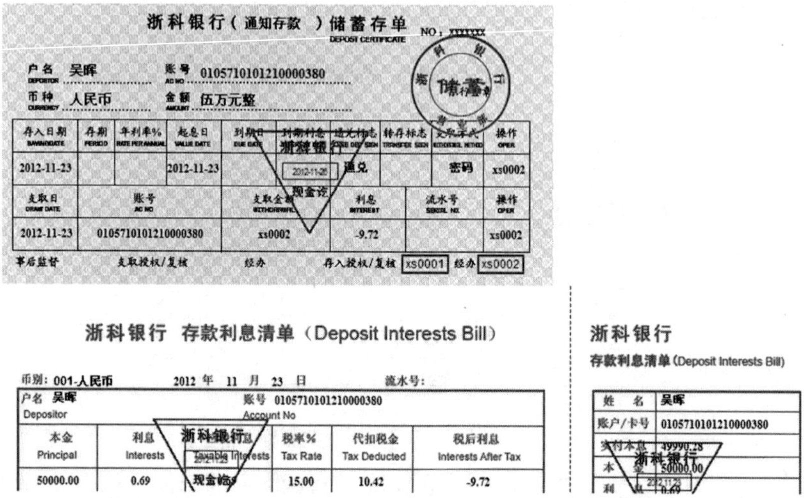

图 2-92

步骤 88，从尾箱内取出钱钞。柜员可点击工具栏中  ，也可点击柜员桌面上的尾箱图标，进入尾箱取钱页面。根据取款金额，填写取出钱钞的数量。点击【取出】按钮，取钱成功。

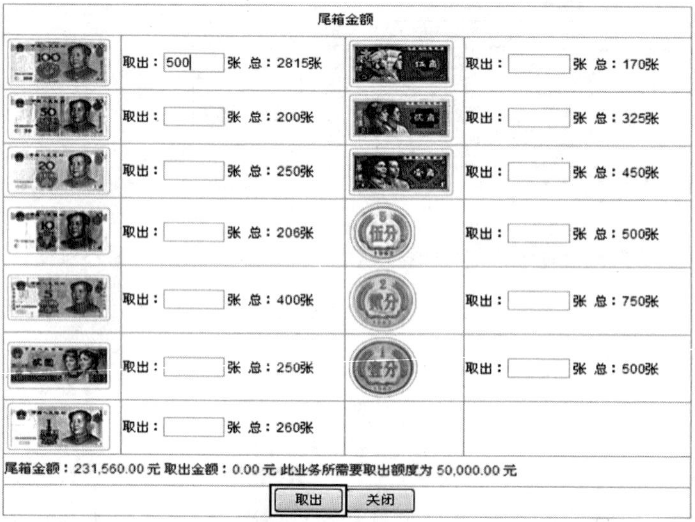

图 2-93

步骤 89，验钞。柜员可点击工具栏中的  ，也可点击柜员桌面上的点钞机图标，验证取出的钱钞是否正确。

步骤 90，结束业务。柜员页面点击  结束业务 按钮，进入活期账户会计分录页面。点击【结束业务】按钮，发送通知提前支付业务完成。

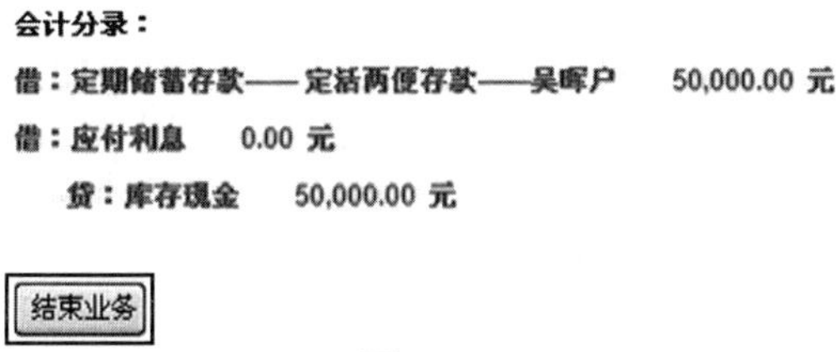

会计分录：

借：定期储蓄存款——定活两便存款——吴晖户　50,000.00 元

借：应付利息　0.00 元

　　贷：库存现金　50,000.00 元

结束业务

图 2-94

通知存款业务中未通知取款和通知取款业务操作可参考发送通知提前取款业务，密码挂失、修改密码、口头挂失、正式挂失、换单和销户操作可参考活期账户，这里不再赘述。

6.定活两便

定活两便是指客户在存款时，不约定存期，可以随时支取，利率随存期的长短而变化的储蓄存款。

步骤 91，定活两便账户点击【操作】按钮，弹出可操作的业务。

客户	类别	账号	储种	账户金额（元）	支取方式	生成日期	状态	处理状态	操作
会计科目表	存单	0105710101210000589	定活两便	10000.00	留密	2012-11-26	正常	待处理	操作
银行会计科目	存单	0105710101210000449	通知存款	50000.00	留密	2012-11-26	正常	待	密码挂失
存款业务	存折	0105710101210000130	零存整取	500.00	留密	2012-11-23	正常	待	修改密码 口头挂失
开户申请	存折	0105710101210000240	教育储蓄	1000.00	留密	2012-11-23	正常	待	正式挂失
活期账户	存折	0105710101210000332	存本取息	50000.00	留密	2012-11-23	正常	待	换单 销户
定期账户	存折	0105710101210000487	存本取息	50000.00	留密	2012-11-23	正常	待关闭	

图 2-95

定活两便销户后直接取款，不能部分支取。

密码挂失、修改密码、口头挂失、正式挂失、换单和销户操作可参考个人活期账户，这里不再赘述。

（四）一本通账户

一本通是指以存折方式开立的定期储蓄账户。即在同一户名、账号的账户中，开立多个子账户，存储多笔不同存款日期、不同存款金额、不同存期及利率的人民币和外币的定期储蓄存款。在本系统中，客户在输入一本通账户开户业务的同时，会自动开通一本通活期业务，而客户需要自己提交一本通定期业务办理申请，经柜员受理之后，才能开通定期一本通业务。

一本通账户开户操作与个人活期账户开户操作流程相同，只是柜员在领取空白凭证时领取的是一本通存折。一本通账户开户不再详细描述。

步骤92，存款业务一本通账户页面，点击【操作】显示一本通账户可操作项。

图 2-96

1. 查看

步骤93，点击操作弹出列中的【查看】按钮，进入一本通存款折查看页面。

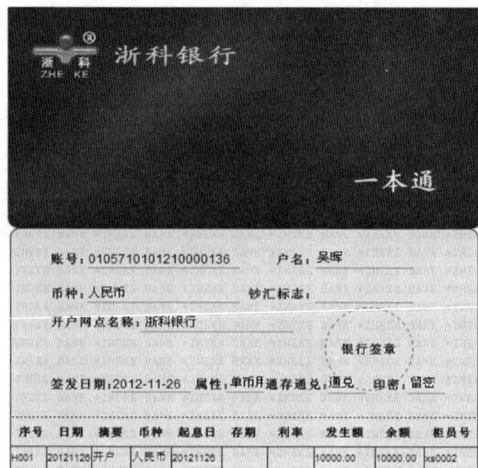

图 2-97

点击【返回】按钮，返回一本通账户列表页面。

2. 开存

步骤94，客户提交一本通开存申请单。点击操作弹出列中的【开存】按钮，进入存款银行选择页面，选择银行后进入一本通开存申请单填写页面。

一本通开存申请单页面储种和存期需通过下拉列表的方式进行选择。储种可选择：整存整取、零存整取、教育储蓄、存本取息、定活两便和通知存款；存期有三个月、半年、一年、两年、三年、五年。可通过现金存入也可通过转账的方式存入。现金存入需填写存入金额；转账存入该客户需要有正常的并且有一定金额的活期账户。

一本通开存申请单填写完成后点击【开存】按钮，提交柜员受理。

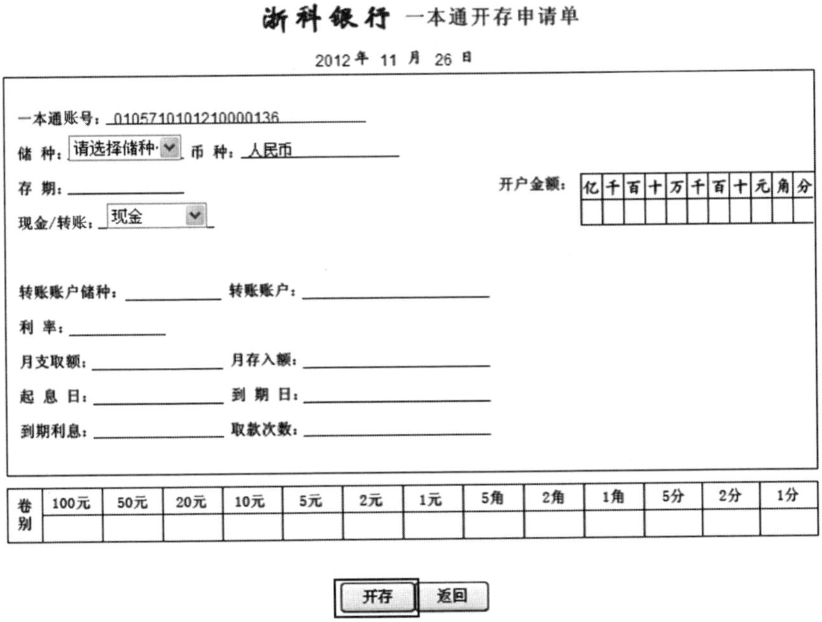

浙科银行 一本通开存申请单

2012 年 11 月 26 日

一本通账号：0105710101210000136

储　种：请选择储种　　币　种：人民币

存　期：

现金/转账：现金

开户金额： | 亿 | 千 | 百 | 十 | 万 | 千 | 百 | 十 | 元 | 角 | 分 |

转账账户储种：　　　　　转账账户：

利　率：

月支取额：　　　　　月存入额：

起 息 日：　　　　　到 期 日：

到期利息：　　　　　取款次数：

卷别	100元	50元	20元	10元	5元	2元	1元	5角	2角	1角	5分	2分	1分

开存　　返回

图 2-98

步骤95，柜员受理业务。柜员可点击工具栏中的 　　　，也可点击柜员桌面上的叫号器图标，弹出需受理业务窗口。选择需受理的业务，点击【受理】按钮，该业务已进行受理。

编号	业务类型	状态	受理柜员	操作
29	[0072]个人一本通开存 [提交人：xs0002 xs0002]	待受理	——	受理

图 2-99

步骤 96，查收客户提交的钱钞。柜员可点击工具栏中的 [点钞机]，也可点击柜员桌面上的点钞机图标，检查客户提交的钱钞。

步骤 97，审核客户提交的凭证。柜员可点击工具栏中 [桌面凭证]，进入客户提交的凭证审核页面。

浙科银行 一本通开存申请单

2012 年 11 月 26 日

一本通账号：010571010121000136

储 种：整存整取　　币 种：人民币

存 期：一年

现金/转账：现金

开户金额：

亿	千	百	十	万	千	百	十	元	角	分
					1	0	0	0	0	0

转账账户储种：　　　　转账账户：

利 率：

月支取额：　　　　月存入额：

起 息 日：　　　　到 期 日：

到期利息：　　　　取款次数：

券别	100元	50元	20元	10元	5元	2元	1元	5角	2角	1角	5分	2分	1分
	10												

图 2-100

显示客户提交的一本通开存申请单、身份证和一本通存折，点击【审核】按钮，审核成功。

步骤 98，输入业务数据。柜员点击柜员桌面上的显示器图标，弹出一本通开存业务数据输入窗口。输入账号和存取金额后点击【显示信息】按钮，账户基本信息自动显示。点击【保存】按钮，业务数据输入成功。

一本通开存

账号：**0105710101210000136**

存取金额：**1000**

户名：**吴晖**

交易日期：**2012-11-26**

摘要：**开存**

现钞/转账：**现金**

开存储种：**整存整取**

保存

图 2-101

步骤 99，打印凭证。柜员可点击工具栏中  报表打印机，也可点击柜员桌面上报表打印机图标，进入一本通开存申请单、一本通存折和业务收费凭证打印页面。点击页面中【打印】按钮，单据打印成功。

浙科银行 一本通开存申请单

2012 年 11 月 26 日

一本通账号：0105710101210000136

储 种：整存整取 币 种：人民币

存 期：一年

现金/转账：现金

开户金额	亿	千	百	十	万	千	百	十	元	角	分
						1	0	0	0	0	0

转账账户储种： 转账账户：

利 率：3.50

月支取额： 月存入额：

起 息 日：2012-11-26 到 期 日：2013-11-26

到期利息： 取款次数：

券别	100元	50元	20元	10元	5元	2元	1元	5角	2角	1角	5分	2分	1分
	10												

图 2-102

步骤 100，盖章。柜员可点击工具栏中  印章，也可点击柜员桌面上的印章图

标，进入单据盖章页面。点击盖章弹出窗口最下面的【盖章】按钮，一本通开存申请单和业务收费凭证盖章完成。

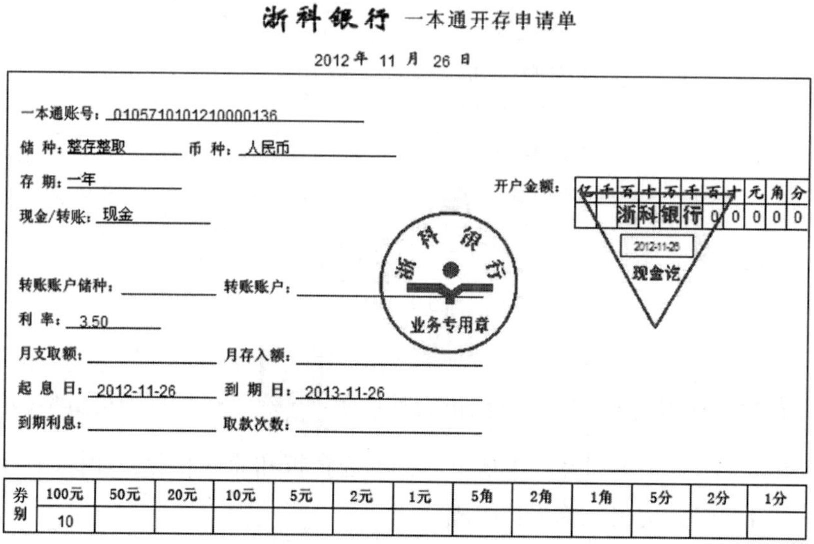

图 2-103

步骤 101，结束业务。盖章完成后一本通开存业务基本完成，柜员页面点击 结束业务 按钮，进入活期账户会计分录页面，点击【结束业务】按钮，一本通开存业务受理完成。

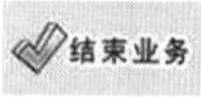

3. 子账号

步骤 102，操作弹出列中的【子账号】按钮，进入子账号页面。

账号	储种	币种	存期	账户金额	现金/现汇	生成日期	操作
H001	活期	001人民币		10000.00	现钞	2012-11-26	操作
Z002	整存整取	001人民币	一年	1000.00	现钞	2012-11-26	操作

返回　　　　　　　　　　第1页/共1页 共2条 首页 上一页 下一页 尾页 转到 1 ▾

图 2-104

一本通账户的"子账号"操作方法，请参阅活期账户或定期账户中的相关操作。一本通账户密码挂失、修改密码、口头挂失、正式挂失、换折和销户业务可参考活期账户进行操作，此处不再赘述。

实验项目三
个人银行卡业务和贷款业务实验

一、实验目标

银行卡是由商业银行向社会发行的具有消费信用、转账结算、存取现金等全部或部分功能的信用支付工具。通过银行卡业务和贷款业务实验的操作，能更深入地了解银行卡方便客户消费、结算等优点；并且了解贷款业务是商业银行最重要的资产业务，通过放款收回本金和利息，扣除成本后获得利润，所以信贷是商业银行的主要盈利手段，通过对实验的操作，了解银行在住房贷款和综合消费贷款中盈利的方式。

二、实验任务

（1）了解银行卡的分类和各类型银行卡的功能。

（2）了解银行卡的申办流程。

（3）了解个人住房贷款申请、调查、回访、还款等过程。

（4）了解个人综合贷款通过物质抵押担保的贷款过程。

三、背景知识

（一）银行卡的分类

依据清偿方式分类，可分为信用卡和借记卡。

（1）信用卡（具有消费信用功能）。按是否向发卡银行交存备用金，信用卡分为贷记卡和准贷记卡两类。

（2）借记卡。借记卡是一种不具备透支功能的银行卡。借记卡按功能不同分为转账卡、专用卡、储值卡。

转账卡是实时扣账的借记卡，具有转账结算、存取现金和消费功能；

专用卡是具有专门用途，在特定区域使用的借记卡，具有转账结算、存取现金功能；

储值卡是发卡银行根据持卡人要求将到期资金转至卡内存储，交易时直接从卡内扣款和预付钱包式借记卡。

（二）银行卡业务管理办法

第一章　总则

第一条　为加强银行卡业务的管理，防范银行卡业务风险，维护商业银行、持卡人、特约单位及其他当事人的合法权益，依据《中华人民共和国中国人民银行法》、《中华人民共和国商业银行法》、《中华人民共和国外汇管理条例》及有关行政法规制订本办法。

第二条　本办法所称银行卡，是指由商业银行（含邮政金融机构，下同）向社会发行的具有消费信用、转账结算、存取现金等全部或部分功能的信用支付工具。

商业银行未经中国人民银行批准不得发行银行卡。

第三条　凡在中华人民共和国境内办理银行卡业务的商业银行、持卡人、商户及其他当事人均应遵守本办法。

第四条　商业银行应在协商、互利的基础上开展信息共存、商户共存、机具共享等类型的银行卡业务联合。

第二章　分类及定义

第五条　银行卡分为信用卡和借记卡。

银行卡按币种不同分为人民币卡、外币卡；按发行对象不同分为单位卡（商务卡）、个人卡；按信息载体不同分为磁条卡、芯片（IC）卡。

第六条　信用卡按是否向发卡银行交存备用金分为贷记卡、准贷记卡两类。

贷记卡是指发卡银行给予持卡人一定的信用额度，持卡人可在信用额度内先消费、后还款的信用卡。

准贷记卡是指持卡人须先按发卡银行要求交存一定金额的备用金，当备用金账户余额不足支付时，可在发卡银行规定的信用额度内透支的信用卡。

第七条　借记卡按功能不同分为转账卡（含储蓄卡，下同）、专用卡、储值卡。借记卡不具备透支功能。

第八条　转账卡是实时扣账的借记卡。具有转账计算、存取现金和消费功能。

第九条　专用卡是具有专门用途、在特定区域使用的借记卡。具有转账计算、存取现金功能。

专门用途是指在百货、餐饮、饭店、娱乐行业以外的用途。

第十条　储值卡是发卡银行根据持卡人要求将其资金转至卡内储存，交易时直接从卡内扣款的预付钱包式借记卡。

第十一条　联名/认同卡是商业银行与营利性机构/非营利机构合作发行的银行卡附属产品，其所依附的银行卡品种必须是已经中国人民银行批准的品种，并应当遵守相应品种的业务章程或管理办法。

发卡银行和联名单位应当为联名持卡人在联名单位信用卡提供一定比例的折扣优惠或特殊服务；持卡人领用认同卡表示对认同单位事业的支持。

第十二条　芯片（IC）卡既可应用于单一的银行卡品种，又可应用于组合的银行卡品种。

第三章　银行卡业务审批

第十三条　商业银行开办银行卡业务应当具备下列条件：

（一）开业 3 年以上，具有办理零售业务的良好业务基础；

（二）符合中国人民银行颁布的资产负债比例管理监控指标，经营状况良好；

（三）已就该项业务建立了科学完善的内部控制制度，有明确的内部授权审批程序；

（四）合格的管理人员和技术人员、相应的管理机构；

（五）安全、高效的计算机处理系统；

（六）发行外币卡还须具备经营外汇业务的资格和相应的外汇业务经营管理水平；

（七）中国人民银行规定的其他条件。

第十四条 符合上述条件的商业银行，可向中国人民银行申请开办银行卡业务，并提交下列材料：

（一）申请报告：论证必要性、可行性，进行市场预测；

（二）银行卡章程或管理办法、卡样设计草案；

（三）内部控制制度、风险防范措施；

（四）由中国人民银行科技主管部门出具的有关系统安全性和技术标准合格的测试报告；

（五）中国人民银行要求提供的其他材料。

第十五条 发卡银行各类银行卡章程应载明下列事项：

（一）卡的名称、种类、功能、用途；

（二）卡的发行对象、申领条件、申领手续；

（三）卡的使用范围（包括使用方面的限制）及使用方法；

（四）卡的账户适用的利率，面向持卡人的收费项目及标准；

（五）发卡银行、持卡人及其他有关当事人的权利、义务；

（六）中国人民银行要求的其他事项。

第十六条 银行卡的管理权限和审批程序：

（一）商业银行开办各类银行卡业务，应当按照中国人民银行有关加强内部控制和授权授信管理的规定，分别制定统一的章程或业务管理办法，报中国人民银行总行审批。

商业银行总行不在北京的，应当先向中国人民银行当地中心支行申报，经审查同意后，由中国人民银行分行转报中国人民银行总行审批。

（二）已开办信用卡或转账卡业务的商业银行可向中国人民银行申请发行联名/认同卡、专用卡、储值卡；已开办人民币信用卡业务的商业银行可向中国人民银行申请发行外币信用卡。

（三）商业银行发行全国使用的联名卡、IC 卡、储值卡应当报中国人民银行总行审批。

（四）商业银行分支行机构办理经中国人民银行总行批准的银行卡业务应当持中国人民银行批准文件和其总行授权文件向中国人民银行当地行备案。

商业银行分支机构发行区域使用的专用卡、联名卡应当持商业银行总行授权文件、联名双方的协议书报中国人民银行当地中心支行备案。

（五）商业银行变更银行卡名称、修改银行卡章程应当报中国人民银行审批。

第十七条　外资金融机构经营银行卡收单业务应当报中国人民银行总行批准。

银行卡收单业务是指签约银行向商户提供的本外币资金结算服务。

第四章　计息和收费标准

第十八条　银行卡的计息包括计收利息和计付利息，均按照《金融保险企业财务制度》的规定进行核算。

第十九条　发卡银行对准贷记卡及借记卡（不含储值卡）账户内的存款，按照中国人民银行规定的同期同档次存款利率及计息办法计付利息。

发卡银行对贷记卡账户的存款、储值卡（含 IC 卡的电子钱包）内的币值不计付利息。

第二十条　贷记卡持卡人非现金交易享受如下优惠条件：

（一）免息还款期待遇。银行记账日至发卡银行规定的到期还款日之间为免息还款期。免息还款期最长为 60 天。持卡人在到期还款日前偿还所使用全部银行款项即可享受免息还款期待遇，无须支付非现金交易的利息。

（二）最低还款额待遇。持卡人在到期还款日前偿还所使用全部银行款项有困难的，可按照发卡银行规定的最低还款额还款。

第二十一条　贷记卡持卡人选择最低还款额方式或超过发卡银行批准的信用额度用卡时，不再享受免息还款期待遇，应当支付未偿还部分自银行记账日起，按规定利率计算的透支利息。

贷记卡持卡人支取现金、准贷记卡透支，不享受免息还款期和最低还款额待遇，应当支付现金交易额或透支额自银行记账日起，按规定利率计算的透支利息。

第二十二条　发卡银行对贷记卡持卡人未偿还最低还款额和超信用额度用卡的行为，应当分别按最低还款额未还部分、超过信用额度部分的 5% 收取滞纳金和超限费。

第二十三条 贷记卡透支按月计收复利，准贷记卡透支按月计收单利，透支利率为日利率万分之五，并根据中国人民银行的此项利率调整而调整。

第二十四条 商业银行办理银行卡收单业务应当按下列标准向商户收取结算手续费：

（一）宾馆、餐饮、娱乐、旅游等行业不得低于交易额的 2%；

（二）其他行业不得低于交易金额的 1%。

第二十五条 跨行交易执行下列分润比率：

（一）未建信息交换中心的城市，从商户所得结算手续费，按发卡行 90%，收单行 10% 的比例进行分配。

商业银行也可以通过协商，实行机具分摊、相互代理、互不收费的方式进行跨行交易。

（二）已建信息交换中心的城市，从商户所得结算手续费，按发卡行 80%，收单行 10%，信息交换中心 10% 的比例进行分配。

第二十六条 持卡人在 ATM 机跨行取款的费用由其本人承担，并执行如下收费标准：

（一）持卡人在其领卡城市之内取款，每笔收费不得超过 2 元人民币；

（二）持卡人在其领卡城市以外取款，每笔收费不得低于 8 元人民币。

从 ATM 机跨行取款所得的手续费，按机具所有行 70%，信息交换中心 30% 的比例进行分配。

第二十七条 商业银行代理境外银行卡收单业务应当向商户收取结算手续费，其手续费标准不得低于交易金额的 4%。

境内银行与境外机构签订信用卡代理收单协议，其分润比率按境内银行与境外机构分别占商户所交手续费的 37.5% 和 62.5% 执行。

第五章　账户及交易管理

第二十八条 个人申领银行卡（储值卡除外），应当向发卡银行提供公安部门规定的本人有效身份证件，经发卡银行审查合格后，为其开立记名账户；

凡在中国境内金融机构开立基本存款账户的单位，应当凭中国人民银行核发的开户许可证申领单位卡；

银行卡及其账户只限经发卡银行批准的持卡人本人使用，不得出租和转借。

第二十九条　单位人民币卡账户的资金一律从其基本存款账户存入，不得存取现金，不得将销货收入存入单位卡账户。

第三十条　单位外币卡账户的资金应从其单位的外汇账户转账存入，不得在境内存取外币现钞。其外汇账户应符合下列条件：

（一）按照中国人民银行境内外汇账户管理的有关规定开立；

（二）其外汇账户收支范围内具有相应的支付内容。

第三十一条　个人人民币卡账户的资金以其持有的现金存入或以其工资性款项、属于个人的合法的劳务报酬、投资回报等收入转账存入。

第三十二条　个人外币卡账户的资金以其个人持有的外币现钞存入或从其外汇账户（含外钞账户）转账存入。该账户的转账及存款均按国家外汇管理局《个人外汇管理办法》办理。

个人外币卡在境内提取外币现钞时应按照我国个人外汇管理制度办理。

第三十三条　除国家外汇管理局指定的范围或区域外，外币卡原则上不得在境内办理外币计价结算。

第三十四条　持卡人在还清全部交易款项、透支本息和有关费用后，可申请办理销户。销户时，单位人民币卡账户的资金应当转入其基本存款账户，单位外币卡账户的资金应当转回相应的外汇账户，不得提取现金。

第三十五条　单位人民币卡可办理商品交易和劳务供应款项的结算，但不得透支；超过中国人民银行规定起点的，应当经中国人民银行当地分行办理转汇。

第三十六条　发卡银行对贷记卡的取现应当每笔授权，每卡每日累计取现不得超过 2000 元人民币。

发卡银行应当对持卡人在自动柜员机（ATM 机）取款设定交易上限。每卡每日累计提款不得超过 5000 元人民币。

第三十七条　储值卡的面值或卡内币值不得超过 1000 元人民币。

第三十八条　商业银行发行认同卡时，不得从其收入中向认同卡单位支付、捐赠等费用。

第三十九条　发卡银行依据密码等电子信息为持卡人办理的存取款、转账结算等各类交易所产生的电子信息记录，均为该项交易的有效凭据。发卡银行可凭交易明细记录或清单作为记账凭证。

第四十条　银行卡通过联网的各类终端交易的原始单据至少保留二年备查。

第六章 银行卡风险管理

第四十一条 发卡银行应当认真审查信用卡申请人的资信状况，根据申请人的资信状况确定有效担保及担保方式。

发卡银行应当对信用卡的持卡人的资信状况进行定期复查，并应当根据资信状况的变化调整其信用额度。

第四十二条 发卡银行应当建立授权审批制度，明确对不同级别内部工作人员的授权权限和授权限额。

第四十三条 发卡银行应当加强对止付名单的管理，及时接收和发送止付名单。

第四十四条 通过借记卡办理的各项代理业务，发卡银行不得为持卡人或委托单位垫付资金。

第四十五条 发卡银行应当遵守下列信用卡业务风险控制指标：

（一）同一持卡人单笔透支发生额个人卡不得超过 2 万元（含等值外币）、单位卡不得超过 5 万元（含等值外币）。

（二）同一账户月透支余额个人卡不得超过 5 万元（含等值外币），单位卡不得超过发卡银行对该单位综合授信额度的 3%。无综合授信额度可参照的单位，其月透支余额不得超过 10 万元（含等值外币）。

（三）外币卡的透支额度不得超过持卡人保证金（含储蓄存单质押金额）的 80%。

（四）从本办法实施之日起新发生的 180 天（含 180 天，下同）以上的月均透支余额不得超过月均总透支余额的 15%。

第四十六条 准贷记卡的透支期限最长为 60 天。贷记卡的首月最低还款额不得低于其当月透支余额的 10%。

第四十七条 发卡银行通过下列途径追偿透支款项和诈骗款项：

（一）扣减持卡人保证金、依法处理抵押物和质物；

（二）向保证人追索透支款项；

（三）通过司法机关的诉讼程序进行追偿。

第四十八条 发卡银行采取了第四十七条所列措施后仍不足以弥补的，将按照财政部《呆账准备金管理办法》执行。

第四十九条 对已核销的透支款项又收回的，本金和利息作增加"呆账准备金"处理。

第五十条　商业银行分支机构出资加入所在城市的银行卡信息交换中心，应当报经其总行批准。

第七章　银行卡当事人之间的职责

第五十一条　发卡银行的权利：

（一）发卡银行有权审查申请人的资信状况、索取申请人的个人资料，并有权决定是否向申请人发卡及确定信用卡持卡人的透支额度。

（二）发卡银行对持卡人透支有追偿权。对持卡人不在规定期限内归还透支款项的，发卡银行有权申请法律保护并依法追究持卡人或有关当事人的法律责任。

（三）发卡银行对不遵守其章程规定的持卡人，有权取消其持卡人资格，并可授权有关单位收回其银行卡。

（四）发卡银行对储值卡和 IC 卡内的电子钱包可不予挂失。

第五十二条　发卡银行的义务：

（一）发卡银行应当向银行卡申请人提供有关银行卡的使用说明资料，包括章程、使用说明及收费标准。现有持卡人亦可索取上述资料。

（二）发卡银行应当设立针对银行卡服务的公平、有效的投诉制度，并公开投诉程序和投诉电话。发卡银行对持卡人关于账务情况的查询和改正要求应当在30 天内给予答复。

（三）发卡银行应当向持卡人提供对账服务。按月向持卡人提供账户结单，在下列情况下发卡银行可不向持卡人提供账户结单：

1. 已向持卡人提供存折或其他交易记录；

2. 自上一份月结单后，没有进行任何交易，账户没有任何未偿还余额；

3. 已与持卡人另行商定。

（四）发卡银行向持卡人提供的银行卡对账单应当列出以下内容：

1. 交易金额、账户余额（贷记卡还应列出到期还款日、最低还款额、可用信用额度）；

2. 交易金额记入有关账户或自有关账户扣除的日期；

3. 交易日期与类别；

4. 交易记录号码；

5. 作为支付对象的商户名称或代号（异地交易除外）；

6. 查询或报告不符账务的地址或电话号码。

（五）发卡银行应当向持卡人提供银行卡挂失服务，应当设立 24 小时挂失服务电话，提供电话和书面两种挂失方式，书面挂失为正式挂失方式。并在章程或有关协议中明确发卡银行与持卡人之间的挂失责任。

（六）发卡银行应当在有关卡的章程或使用说明中向持卡人说明密码的重要性及丢失的责任。

（七）发卡银行对持卡人的资信资料负有保密的责任。

第五十三条 持卡人的权利：

（一）持卡人享有发卡银行对其银行卡所承诺的各项服务的权利，有权监督服务质量并对不符服务质量投诉。

（二）申请人、持卡人有权知悉其选用的银行卡的功能、使用方法、收费项目、收费标准、适用利率及有关的计算公式。

（三）持卡人有权在规定时间内向发卡银行索取对账单，并有权要求对不符账务进行查询或改正。

（四）借记卡的挂失手续办妥后，持卡人不再承担相应卡账户资金变动的责任，司法机关、仲裁机关另有判决的除外。

（五）持卡人有权索取信用卡领用合约，并应妥善保管。

第五十四条 持卡人的义务：

（一）申请人应当向发卡银行提供真实的资料并按照发卡银行规定向其提供符合条件的担保。

（二）持卡人应当遵守发卡银行的章程及《领用合同》的有关条款。

（三）持卡人或保证人通讯地址、职业等发生变化，应当及时书面通知发卡银行。

（四）持卡人不得以和商户发生纠纷为由拒绝支付所欠银行款项。

第五十五条 商业银行发展受理银行卡的商户，应当与商户签订受理合约，受理合约不得包括排他性条款。受理合约中的手续费率标准低于本办法规定标准的不受法律保护。

第五十六条 银行卡申请表、领用和合同是发卡银行向银行持卡人提供的明确双方权责的契约性文件，持卡人签字，即表示接受其中各项约定。发卡银行应当本着权利与义务对等的原则制定银行卡申请表及信用卡领用合约。

第八章 罚则

第五十七条 商业银行有下列情形之一的，中国人民银行应当责令改正，有违法所得的，处以违法所得一倍以上三倍以下的罚款，但最高不超过 30000 元；没有违法所得的，按有关法律、规章处以罚款；情节严重的，应当追究直接负责的主管人员和有关直接责任人员的行政责任，情节严重的追究有关领导人的责任：

（一）擅自发行银行卡或在申请开办银行卡业务过程中弄虚作假的；

（二）违反本办法规定的计息和收费标准的；

（三）违反本办法规定的银行卡账户及交易管理规定的。

第五十八条 发卡银行未遵守本办法规定的风险管理措施和控制指标的，中国人民银行应当责令改正，并给以通报批评。

第五十九条 持卡人出租或转借其信用卡及其账户的，发卡银行应当责令其改正，并对其处以 1000 元人民币以内的罚款（由发卡银行在申请表、领用合约等契约性文件中事先约定）。

第六十条 持卡人将单位的现金存入单位卡账户或将单位的款项存入个人卡账户的，中国人民银行应责令改正，并对单位卡所属单位及个人卡持卡人处以 1000 元人民币以内的罚款。

第六十一条 任何单位和个人有下列情形之一的，根据《中华人民共和国刑法》及相关法规进行处理：

（一）骗领、冒用信用卡的；

（二）伪造、变造银行卡的；

（三）恶意透支的；

（四）利用银行卡及其机具欺诈银行资金的。

第六十二条 外资金融机构擅自经营信用卡收单业务的，中国人民银行应当责令改正，并按照《外资金融机构管理条例》的有关规定予以处罚。

第六十三条 非金融机构、金融机构的代表机构经营银行卡业务的，由中国人民银行依法予以取缔。

第九章 附则

第六十四条 中华人民共和国和国境内的商业银行（或金融机构）发行的各类银行卡，应当执行国家规定的技术标准，但发行带有国际信用卡组织标记的银行卡除外。

单位卡应当在卡面左下方的适当位置凸印"DWK"字样。

银行卡卡面应当载有以下要素：发卡银行一级法人名称、统一品牌名称、品牌标识（专用卡除外）、卡号（IC 卡除外）、持卡人使用注意事项、客户服务电话、持卡人签名条（IC 卡除外）等。

第六十五条　经中国人民银行批准办理银行卡业务的其他金融机构、境外机构发行的银行卡在境内流通适用本办法。

第六十六条　本办法由中国人民银行负责解释。

第六十七条　本办法从 1999 年 3 月 1 日起施行，发卡银行应当在半年内达到本办法有关要求。中国人民银行 1996 年颁布的《信用卡业务管理办法》（银发〔1996〕27 号）同时废除；中国人民银行在本办法颁布之前制订的银行卡管理规定与本办法相抵触的，以本办法为准。

（三）商业银行信用卡业务监督管理办法

第一章　总则

第一条　为规范商业银行信用卡业务，保障客户及银行的合法权益，促进信用卡业务健康有序发展，根据《中华人民共和国银行业监督管理法》、《中华人民共和国商业银行法》、《中华人民共和国外资银行管理条例》等法律法规，制定本办法。

第二条　商业银行经营信用卡业务，应当严格遵守国家法律、法规、规章和有关政策规定，遵循平等、自愿和诚实信用的原则。

第三条　商业银行经营信用卡业务，应当依法保护客户合法权益和相关信息安全。未经客户授权，不得将相关信息用于本行信用卡业务以外的其他用途。

第四条　商业银行经营信用卡业务，应当建立健全信用卡业务风险管理和内部控制体系，严格实行授权管理，有效识别、评估、监测和控制业务风险。

第五条　商业银行经营信用卡业务，应当充分向持卡人披露相关信息，揭示业务风险，建立健全相应的投诉处理机制。

第六条　中国银监会及其派出机构依法对商业银行信用卡业务实施监督管理。

第二章　定义和分类

第七条　本办法所称信用卡，是指记录持卡人账户相关信息，具备银行授信额度和透支功能，并为持卡人提供相关银行服务的各类介质。

第八条　本办法所称信用卡业务，是指商业银行利用具有授信额度和透支功能的银行卡提供的银行服务，主要包括发卡业务和收单业务。

第九条　本办法所称发卡业务，是指发卡银行基于对客户的评估结果，与符合条件的客户签约发放信用卡并提供的相关银行服务。

发卡业务包括营销推广、审批授信、卡片制作发放、交易授权、交易处理、交易监测、资金结算、账务处理、争议处理、增值服务和欠款催收等业务环节。

第十条　本办法所称发卡银行，是指经中国银监会批准开办信用卡发卡业务，并承担发卡业务风险管理相关责任的商业银行。

第十一条　本办法所称发卡业务服务机构，是指与发卡银行签约协助其提供信用卡业务服务的法人机构或其他组织。

第十二条　本办法所称收单业务，是指商业银行为商户等提供的受理信用卡，并完成相关资金结算的服务。

收单业务包括商户资质审核、商户培训、受理终端安装维护管理、获取交易授权、处理交易信息、交易监测、资金垫付、资金结算、争议处理和增值服务等业务环节。

第十三条　本办法所称收单银行，是指依据合同为特约商户提供信用卡收单业务服务或为信用卡收单业务提供结算服务，并承担收单业务风险管理相关责任的商业银行。

第十四条　本办法所称收单业务服务机构，是指与收单银行或收单业务的结算银行签约协助其提供信用卡收单业务服务的法人机构或其他组织。

第十五条　商业银行发行的信用卡按照发行对象不同，分为个人卡和单位卡。其中，单位卡按照用途分为商务差旅卡和商务采购卡。

商务差旅卡，是指商业银行与政府部门、法人机构或其他组织签订合同建立差旅费用报销还款关系，为其工作人员提供日常商务支出和财务报销服务的信用卡。

商务采购卡，是指商业银行与政府部门、法人机构或其他组织签订合同建立采购支出报销还款关系，为其提供办公用品、办公事项等采购支出相关服务的信用卡。

第十六条　本办法所称学生，是指在教育机构脱产就读的学生。

第三章　业务准入

第十七条　商业银行申请开办信用卡业务，应当满足以下基本条件：

（一）公司治理良好，主要审慎监管指标符合中国银监会有关规定，具备与业务发展相适应的组织机构和规章制度，内部控制、风险管理和问责机制健全有效；

（二）信誉良好，具有完善、有效的内控机制和案件防控体系，最近3年内无重大违法违规行为和重大恶性案件；

（三）具备符合任职资格条件的董事、高级管理人员和合格从业人员，高级管理人员中应当具备有信用卡业务专业知识和管理经验的人员至少1名，具备开展信用卡业务必需的技术人员和管理人员，并全面实施分级授权管理；

（四）具备与业务经营相适应的营业场所、相关设施和必备的信息技术资源；

（五）已在境内建立符合法律法规和业务管理要求的业务系统，具有保障相关业务系统信息安全和运行质量的技术能力；

（六）开办外币信用卡业务的，应当具有经国务院外汇管理部门批准的结汇、售汇业务资格和中国银监会批准的外汇业务资格（或外汇业务范围）；

（七）符合中国银监会规定的其他审慎性条件。

第十八条　商业银行开办信用卡发卡业务除符合第十七条规定的条件外，还应当符合以下条件：

（一）注册资本为实缴资本，且不低于人民币5亿元或等值可兑换货币；

（二）具备办理零售业务的良好基础，最近3年个人存贷款业务规模和业务结构稳定，个人存贷款业务客户规模和客户结构良好，银行卡业务运行情况良好，身份证件验证系统和征信系统的连接和使用情况良好；

（三）具备办理信用卡业务的专业系统，在境内建有发卡业务主机、信用卡业务申请管理系统、信用评估管理系统、信用卡账户管理系统、信用卡交易授权系统、信用卡交易监测和伪冒交易预警系统、信用卡客户服务中心系统、催收业务管理系统等专业化运营基础设施，相关设施通过了必要的安全检测和业务测试，能够保障客户资料和业务数据的完整性和安全性；

（四）符合商业银行业务经营总体战略和发展规划，有利于提高总体业务竞争能力，能够根据业务发展实际情况持续开展业务成本计量、业务规模监测和基本盈亏平衡测算等工作。

第十九条　商业银行开办信用卡收单业务除符合第十七条规定的条件外，还应当符合以下条件：

（一）注册资本为实缴资本，且不低于人民币 1 亿元或等值可兑换货币；

（二）具备开办收单业务的良好业务基础。最近 3 年企业贷款业务规模和业务结构稳定，企业贷款业务客户规模和客户结构较为稳定，身份证件验证系统和征信系统连接和使用情况良好；

（三）具备办理收单业务的专业系统支持，在境内建有收单业务主机、特约商户申请管理系统、特约商户信用评估管理系统、商户结算账户管理系统、账务管理系统、收单交易监测和伪冒交易预警系统、交易授权系统等专业化运营基础设施，相关设施通过了必要的安全检测和业务测试，能够保障客户资料和业务数据的完整性和安全性；

（四）符合商业银行业务经营总体战略和发展规划，有利于提高业务竞争能力，能够根据业务发展实际情况持续开展业务成本计量、业务规模监测和基本盈亏平衡测算等工作。

第二十条　商业银行开办发卡和收单业务应当按规定程序报中国银监会及其派出机构审批。

全国性商业银行申请开办信用卡业务，由其总行（公司）向中国银监会申请审批。

按照有关规定只能在特定城市或地区从事业务经营活动的商业银行，申请开办信用卡业务，由其总行（公司）向注册地监管机构提出申请，经初审同意后，由注册地监管机构上报中国银监会审批。

外资法人银行申请开办信用卡业务，应当向注册地监管机构提出申请，经初审同意后，由注册地监管机构上报中国银监会审批。

第二十一条　商业银行申请开办信用卡发卡或收单业务之前，应当根据需要就拟申请的业务与中国银监会及其相关派出机构沟通，说明拟申请的信用卡业务运营模式、各环节业务流程和风险控制流程设计、业务系统和基础设施建设方案，并根据沟通情况，对有关业务环节进行调整和完善。

第二十二条　商业银行申请开办信用卡业务，可以在一个申请报告中同时申请不同种类的信用卡业务，但在申请中应当注明所申请的信用卡业务种类。

第二十三条　商业银行向中国银监会及其派出机构申请开办信用卡业务，应当提交以下文件资料（一式三份）：

（一）开办信用卡业务的申请书；

（二）信用卡业务可行性报告；

（三）信用卡业务发展规划和业务管理制度；

（四）信用卡章程，内容应当至少包括信用卡的名称、种类、功能、用途、发行对象、申领条件、申领手续、使用范围（包括使用方面的限制）及使用方法、信用卡账户适用的利率、面向持卡人的收费项目和收费水平、商业银行、持卡人及其他有关当事人的权利、义务等；

（五）信用卡卡样设计草案或可受理信用卡种类；

（六）信用卡业务运营设施、业务系统和灾备系统介绍；

（七）相关身份证件验证系统和征信系统连接和使用情况介绍；

（八）信用卡业务系统和灾备系统测试报告和安全评估报告；

（九）信用卡业务运行应急方案和业务连续性计划；

（十）信用卡业务风险管理体系建设和相应的规章制度；

（十一）信用卡业务的管理部门、职责分工、主要负责人介绍；

（十二）申请机构联系人、联系电话、联系地址、传真、电子邮箱等联系方式；

（十三）中国银监会及其派出机构按照审慎性原则要求提供的其他文件和资料。

第二十四条 商业银行应当由内部专门机构或委托其他专业机构进行独立的安全评估。安全评估报告应当至少包括董事会或总行（总公司）高级管理层对信用卡业务风险管理体系建设和相关规章制度的审定情况、各业务环节信息资料的保护措施设置情况、持续监测记录和追踪预警异常业务行为（含入侵事故或系统漏洞）的流程设计、外挂系统或外部接入系统的安全措施设置、评估期等方面的内容。

第二十五条 全国性商业银行筹建信用卡中心等分行级专营机构的，应当由其总行（公司）向中国银监会提出申请。

按照有关规定只能在特定城市或地区从事业务经营活动的商业银行，筹建信用卡中心等分行级专营机构，应当由其总行（公司）向注册地中国银监会派出机构提出申请，经初审同意后，由注册地中国银监会派出机构报中国银监会审批。

外资法人银行筹建信用卡中心等分行级专营机构，应当向其注册地中国银监会派出机构提出申请，经初审同意后，由注册地中国银监会派出机构报中国银监会审批。

信用卡中心等分行级专营机构的开业申请由其注册地中国银监会派出机构受理和批准。

第二十六条　商业银行信用卡中心等分行级专营机构的分支机构，筹建和开业应当按照规定程序报其拟设地中国银监会派出机构审批。拟设地中国银监会派出机构作出批准或不批准的书面决定，并抄送分行级专营机构注册地中国银监会派出机构。

第二十七条　注册地中国银监会派出机构自收到完整申请材料之日起 20 日内审查完毕并将审查意见及完整申请材料报中国银监会。

中国银监会自收到完整的信用卡业务申请材料之日起 3 个月内，做出批准或不批准的书面决定；决定不批准的，应当说明理由。

对于中国银监会或其派出机构未批准的信用卡业务类型，商业银行在达到相关要求后可以按照有关规定重新申请。

第二十八条　商业银行新增信用卡业务产品种类、增加信用卡业务功能、增设信用卡受理渠道等，或接受委托，作为发卡业务服务机构和收单业务服务机构开办相关业务，应当参照第二十三条的有关规定，在开办业务之前一个月，将相关材料（一式两份）向中国银监会及其相关派出机构报告。

第二十九条　已实现业务数据集中处理的商业银行，获准开办信用卡业务后，可以授权其分支机构开办部分或全部信用卡业务。获得授权的分支机构开办相关信用卡业务，应当提前 30 个工作日持中国银监会批准文件、总行授权文件及其他相关材料向注册地中国银监会派出机构报告。

第三十条　商业银行为其他机构（非特约商户）开展收单业务提供结算服务，应当提前 30 个工作日持中国银监会批准文件、总行授权文件、合作机构营业执照和法人详细信息、合作机构相关业务情况和财务状况、业务流程设计材料、书面合同、负责对合作机构进行合规管理的承诺书、风险事件和违法活动的应急处理制度、其他相关材料向当地中国银监会派出机构报告。

第三十一条　已开办信用卡业务的商业银行按照规划决定终止全部或部分类型的信用卡业务应当参照申请开办该业务的程序报中国银监会及其派出机构审批。

商业银行决定终止全部或部分类型的信用卡业务之前，应当根据需要就拟申请停办的业务与中国银监会或其相关派出机构沟通，说明拟申请终止业务的原因、风险状况、公告内容和渠道、应急预案等，并根据沟通情况进行调整和完善。

第三十二条 商业银行向中国银监会及其派出机构申请终止信用卡业务，应当提交以下文件资料（一式三份）：

（一）拟终止信用卡业务的申请书；

（二）终止信用卡业务的风险评估报告；

（三）终止信用卡业务的公告方案；

（四）终止业务过程中重大问题的应急预案；

（五）负责终止业务的部门、职责分工和主要负责人；

（六）申请机构联系人、联系电话、联系地址、传真、电子邮箱等联系方式；

（七）中国银监会及其派出机构按照审慎性原则要求提供的其他文件和资料。

经中国银监会及其相关派出机构同意后，商业银行应当通过网点公告、银行网站、客户服务热线、电子银行、其他媒体等多种渠道予以公告，公告持续期限自公告之日起不得少于 90 天。

第三十三条 商业银行终止信用卡业务或停止提供部分类型信用卡业务后，需要重新开办信用卡业务或部分类型信用卡业务的，按相关规定重新办理申请、审批、报告等手续。

第四章 发卡业务管理

第三十四条 发卡银行应当建立信用卡卡片管理制度，明确卡片、密码、函件、信封、制卡文件以及相关工作人员操作密码的生成、交接、保管、保密、使用监控、检查等环节的管理职责和操作规程，防范重大风险事故的发生。

第三十五条 商业银行应当建立信用卡业务申请材料管理系统，由总行（总公司、外资法人银行）对信用卡申请材料统一编号，并对申请材料信息录入、使用、销毁等实施登记制度。

第三十六条 信用卡卡面应当对持卡人充分披露以下基本信息：发卡银行法人名称、品牌标识及防伪标志、卡片种类（信用卡、贷记卡、准贷记卡等）、卡号、持卡人姓名拼音（外文姓名）、有效期、持卡人签名条、安全校验码、注意事项、客户服务电话、银行网站地址。

第三十七条 发卡银行印制的信用卡申请材料文本应当至少包含以下要素：

（一）申请人信息：编号、申请人姓名、有效身份证件名称、证件号码、单位名称、单位地址、住宅地址、账单寄送地址、联系电话、联系人姓名、联系人电话、联系人验证信息、其他验证信息等；

（二）合同信息：领用合同（协议）、信用卡章程、重要提示、合同信息变更的通知方式等；

（三）费用信息：主要收费项目和收费水平、收费信息查询渠道、收费信息变更的通知方式等；

（四）其他信息：申请人已持有的信用卡及其授信额度、申请人声明、申请人确认栏和签名栏、发卡银行服务电话和银行网站、投诉渠道等。

"重要提示"应当在信用卡申请材料中以醒目方式列示，至少包括申请信用卡的基本条件、所需基本申请资料、计结息规则、年费/滞纳金/超限费收取方式、阅读领用合同（协议）并签字的提示、申请人信息的安全保密提示、非法使用信用卡行为相关的法律责任和处理措施的提示、其他对申请人信用和权利义务有重大影响的内容等信息。

申请人确认栏应当载明以下语句，并要求客户抄录后签名："本人已阅读全部申请材料，充分了解并清楚知晓该信用卡产品的相关信息，愿意遵守领用合同（协议）的各项规则。"

第三十八条　发卡银行应当公开、明确告知申请人需提交的申请材料和基本要求，申请材料必须由申请人本人亲自签名，不得在客户不知情或违背客户意愿的情况下发卡。

发卡银行受理的信用卡附属卡申请材料必须由主卡持卡人以亲自签名、客户服务电话录音、电子签名或持卡人和发卡银行双方均认可的方式确认。

第三十九条　发卡银行应当建立信用卡营销管理制度，对营销人员进行系统培训、登记考核和规范管理，不得对营销人员采用单一以发卡数量计件提成的考核方式。信用卡营销行为应当符合以下条件：

（一）营销宣传材料真实准确，不得有虚假、误导性陈述或重大遗漏，不得有夸大或片面的宣传。应当由持卡人承担的费用必须公开透明，风险提示应当以明显的、易于理解的文字印制在宣传材料和产品（服务）申请材料中，提示内容的表述应当真实、清晰、充分，示范的案例应当具有代表性。

（二）营销人员必须佩戴所属银行的标识，明示所属发卡银行及客户投诉电话，使用统一印制的信用卡产品（服务）宣传材料，对信用卡收费项目、计结息政策和业务风险等进行充分的信息披露和风险提示，确认申请人提交的重要证明材料无涂改痕迹，确认申请人已经知晓和理解上述信息，确认申请人已经在申请材料上签名，并留存相关证据，不得进行误导性和欺骗性的宣传解释。遇到客户对宣传材料的真实性和可靠性有任何疑问时，应当提供相关信息查询渠道。

（三）营销人员应当公开明确告知申请信用卡需提交的申请资料和基本要求，督促信用卡申请人完整、正确、真实地填写申请材料，并审核身份证件（原件）和必要的证明材料（原件）。营销人员不得向客户承诺发卡，不得以快速发卡、以卡办卡、以名片办卡等名义营销信用卡。

（四）营销人员应当严格遵守对客户资料保密的原则，不得泄露客户信息，不得将信用卡营销工作转包或分包。发卡银行应当严格禁止营销人员从事本行以外的信用卡营销活动，并对营销人员收到申请人资料和送交审核的时间间隔和保密措施作出明确的制度规定，不得在未征得信用卡申请人同意的情况下，将申请人资料用于其他产品和服务的交叉销售。

（五）营销人员开展电话营销时，除遵守（一）至（四）条的相关规定外，必须留存清晰的录音资料，录音资料应当至少保存 2 年备查。

第四十条 发卡银行应当建立健全信用卡申请人资信审核制度，明确管理架构和内部控制机制。

第四十一条 发卡银行应当对信用卡申请人开展资信调查，充分核实并完整记录申请人有效身份、财务状况、消费和信贷记录等信息，并确认申请人拥有固定工作、稳定的收入来源或可靠的还款保障。

第四十二条 发卡银行应当根据总体风险管理要求确定信用卡申请材料的必填（选）要素，对信用卡申请材料出现漏填（选）必填信息或必选选项、他人代办（单位代办商务差旅卡和商务采购卡、主卡持卡人代办附属卡除外）、他人代签名、申请材料未签名等情况的，不得核发信用卡。

对信用卡申请材料出现疑点信息、漏填审核意见、各级审核人员未签名（签章、输入工作代码）或系统审核记录缺失等情况的，不得核发信用卡。

第四十三条 对首次申请本行信用卡的客户，不得采取全程系统自动发卡方式核发信用卡。

信用卡申请人有以下情况时，应当从严审核，加强风险防控：

（一）在身份信息系统中留有相关可疑信息或违法犯罪记录；

（二）在征信系统中无信贷记录；

（三）在征信系统中有不良记录；

（四）在征信系统中有多家银行贷款或信用卡授信记录；

（五）单位代办商务差旅卡和商务采购卡；

（六）其他渠道获得的风险信息。

第四十四条 发卡银行不得向未满十八周岁的客户核发信用卡（附属卡除外）。

第四十五条 向符合条件的同一申请人核发学生信用卡的发卡银行不得超过两家（附属卡除外）。

在发放学生信用卡之前，发卡银行必须落实第二还款来源，取得第二还款来源方（父母、监护人或其他管理人等）愿意代为还款的书面担保材料，并确认第二还款来源方身份的真实性。在提高学生信用卡额度之前，发卡银行必须取得第二还款来源方（父母、监护人或其他管理人等）表示同意并愿意代为还款的书面担保材料。

商业银行应当按照审慎原则制定学生信用卡业务的管理制度，根据业务发展实际情况评估、测算和合理确定本行学生信用卡的首次授信额度和根据用卡情况调整后的最高授信额度。学生信用卡不得超限额使用。

第四十六条 发卡银行应当在银行网站上公开披露与教育机构以向学生营销信用卡为目的签订的协议。

发卡银行在任何教育机构的校园内向学生开展信用卡营销活动，必须就开展营销活动的具体地点、日期、时间和活动内容提前告知相关教育机构并取得该教育机构的同意。

第四十七条 发卡银行应当提供信用卡申请处理进度和结果的查询渠道。

第四十八条 发卡银行发放信用卡应当符合安全管理要求，卡片和密码应当分别送达并提示持卡人接收。信用卡卡片发放时，应当向持卡人书面告知信用卡账单日期、信用卡章程、安全用卡须知、客户服务电话、服务和收费信息查询渠道等信息，以便持卡人安全使用信用卡。

第四十九条 发卡银行应当建立信用卡激活操作规程，激活前应当对信用卡持卡人身份信息进行核对。不得激活领用合同（协议）未经申请人签名确认、未经激活程序确认持卡人身份的信用卡。对新发信用卡、挂失换卡、毁损换卡、到期换卡等必须激活后才能为持卡人开通使用。

信用卡未经持卡人激活，不得扣收任何费用。在特殊情况下，持卡人以书面、客户服务电话录音、电子签名、持卡人和发卡银行双方均认可的方式单独授权扣收的费用，以及换卡时已形成的债权债务关系除外。

信用卡未经持卡人激活并使用，不得发放任何礼品或礼券。

第五十条　发卡银行应当建立信用卡授信管理制度，根据持卡人资信状况、用卡情况和风险信息对信用卡授信额度进行动态管理，并及时按照约定方式通知持卡人，必要时可以要求持卡人落实第二还款来源或要求其提供担保。

发卡银行应当对持卡人名下的多个信用卡账户授信额度、分期付款总体授信额度、附属卡授信额度、现金提取授信额度等合并管理，设定总授信额度上限。商务采购卡的现金提取授信额度应当设置为零。

第五十一条　在已通过信用卡领用合同（协议）、书面协议、电子银行记录或客户服务电话录音等进行约定的前提下，发卡银行可以对超过 6 个月未发生交易的信用卡调减授信额度，但必须提前 3 个工作日按照约定方式明确告知持卡人。

第五十二条　发卡银行应当建立信用卡业务风险管理制度。发卡银行从公安机关、司法机关、持卡人本人、亲属、交易监测或其他渠道获悉持卡人出现身份证件被盗用、家庭财务状况恶化、还款能力下降、预留联系方式失效、资信状况恶化、有非正常用卡行为等风险信息时，应当立即停止上调额度、超授信额度用卡服务授权、分期业务授权等可能扩大信用风险的操作，并视情况采取提高交易监测力度、调减授信额度、止付、冻结或落实第二还款来源等风险管理措施。

第五十三条　信用卡未经持卡人申请并开通超授信额度用卡服务，不得以任何形式扣收超限费。持卡人可以采用口头（客户服务电话录音）、电子、书面的方式开通或取消超授信额度用卡服务。

发卡银行必须在为持卡人开通超授信额度用卡服务之前，提供关于超限费收费形式和计算方式的信息，并明确告知持卡人具有取消超授信额度用卡服务的权利。发卡银行收取超限费后，应当在对账单中明确列出相应账单周期中的超限费金额。

第五十四条　经持卡人申请开通超授信额度用卡服务后，发卡银行在一个账单周期内只能提供一次超授信额度用卡服务，在一个账单周期内只能收取一次超限费。如果在两个连续的账单周期内，持卡人连续要求支付超限费以完成超过授信额度的透支交易，发卡银行必须在第二个账单周期结束后立即停止超授信额度用卡服务，直至信用卡未结清款项减少到信用卡原授信额度以下才能根据持卡人的再次申请重新开通超授信额度用卡服务。

第五十五条　发卡银行不得为信用卡转账（转出）和支取现金提供超授信额度用卡服务。信用卡透支转账（转出）和支取现金的金额两者合计不得超过信用卡的现金提取授信额度。

第五十六条　发卡银行应当制定信用卡交易授权和风险监测管理制度，配备必要的设备、系统和人员，确保 24 小时交易授权和实时监控，对出现可疑交易的信用卡账户应当及时采取与持卡人联系确认、调整授信额度、锁定账户、紧急止付等风险管理措施。

发卡银行应当对可疑交易采取电话核实、调单或实地走访等方式进行风险排查并及时处理，必要时应当及时向公安机关报案。

第五十七条　发卡银行应当在信用卡领用合同（协议）中明确规定以持卡人相关资产偿还信用卡贷款的具体操作流程，在未获得持卡人授权的情况下，不得以持卡人资产直接抵偿信用卡应收账款。国家法律法规另有规定的除外。

发卡银行收到持卡人还款时，按照以下顺序对其信用卡账户的各项欠款进行冲还：逾期 1~90 天（含）的，按照先应收利息或各项费用、后本金的顺序进行冲还；逾期 91 天以上的，按照先本金、后应收利息或各项费用的顺序进行冲还。

第五十八条　发卡银行通过自助渠道提供信用卡查询和支付服务必须校验密码或信用卡校验码。对确实无法校验密码或信用卡校验码的，发卡银行应当根据交易类型、风险性质和风险特征，确定自助渠道信用卡服务的相关信息校验规则，以保障安全用卡。

第五十九条　发卡银行应当提供 24 小时挂失服务，通过营业网点、客户服务电话或电子银行等渠道及时受理持卡人挂失申请并采取相应的风险管控措施。

第六十条　发卡银行应当提供信息查询服务，通过银行网站、用卡手册、电子银行等多种渠道向持卡人公示信用卡产品和服务、使用说明、章程、领用合同（协议）、收费项目和标准、风险提示等信息。

第六十一条　发卡银行应当提供对账服务。对账单应当至少包括交易日期、交易金额、交易币种、交易商户名称或代码、本期还款金额、本期最低还款金额、到期还款日、注意事项、发卡银行服务电话等要素。对账服务的具体形式由发卡银行和持卡人自行约定。

发卡银行向持卡人提供对账单及其他服务凭证时，应当对信用卡卡号进行部分屏蔽，不得显示完整的卡号信息。银行柜台办理业务打印的业务凭证除外。

第六十二条　发卡银行应当提供投诉处理服务，根据信用卡产品（服务）特点和复杂程度建立统一、高效的投诉处理工作程序，明确投诉处理的管理部门，公开披露投诉处理渠道。

第六十三条　发卡银行应当提供信用卡到期换卡服务，为符合到期换卡条件的持卡人换卡。持卡人提出到期不续卡、不换卡、销户的除外。

对持卡人在信用卡有效期内未激活的信用卡账户，发卡银行不得提供到期换卡服务。

第六十四条　发卡银行应当提供信用卡销户服务，在确认信用卡账户没有未结清款项后及时为持卡人销户。信用卡销户时，商务采购卡账户余额应当转回其对应的单位结算账户。

在通过信用卡领用合同（协议）或书面协议对通知方式进行约定的前提下，发卡银行应当提前 45 天以上采用明确、简洁、易懂的语言将信用卡章程、产品服务等即将发生变更的事项通知持卡人。

第六十五条　信用卡业务计结息操作，遵照国家有关部门的规定执行。

第六十六条　发卡银行应当建立信用卡欠款催收管理制度，规范信用卡催收策略、权限、流程和方式，有效控制业务风险。发卡银行不得对催收人员采用单一以欠款回收金额提成的考核方式。

第六十七条　发卡银行应当及时就即将到期的透支金额、还款日期等信息提醒持卡人。持卡人提供不实信息、变更联系方式未通知发卡银行等情况除外。

第六十八条　发卡银行应当对债务人本人及其担保人进行催收，不得对与债务无关的第三人进行催收，不得采用暴力、胁迫、恐吓或辱骂等不当催收行为。对催收过程应当进行录音，录音资料至少保存 2 年备查。

第六十九条　信用卡催收函件应当对持卡人充分披露以下基本信息：持卡人姓名和欠款余额，催收事由和相关法规，持卡人相关权利和义务，查询账户状态、还款、提出异议和提供相关证据的途径，发卡银行联系方式，相关业务公章，监管机构规定的其他内容。

发卡银行收到持卡人对信用卡催收提出的异议，应当及时对相关信用卡账户进行备注，并开展核实处理工作。

第七十条 在特殊情况下，确认信用卡欠款金额超出持卡人还款能力、且持卡人仍有还款意愿的，发卡银行可以与持卡人平等协商，达成个性化分期还款协议。个性化分期还款协议的最长期限不得超过 5 年。

个性化分期还款协议的内容应当至少包括：

（一）欠款余额、结构、币种；

（二）还款周期、方式、币种、日期和每期还款金额；

（三）还款期间是否计收年费、利息和其他费用；

（四）持卡人在个性化分期还款协议相关款项未全部结清前，不得向任何银行申领信用卡的承诺；

（五）双方的权利义务和违约责任；

（六）与还款有关的其他事项。

双方达成一致意见并签署分期还款协议的，发卡银行及其发卡业务服务机构应当停止对该持卡人的催收，持卡人不履行分期还款协议的情况除外。达成口头还款协议的，发卡银行必须留存录音资料。录音资料留存时间至少截至欠款结清日。

第七十一条 发卡银行不得将信用卡发卡营销、领用合同（协议）签约、授信审批、交易授权、交易监测、资金结算等核心业务外包给发卡业务服务机构。

第五章 收单业务管理

第七十二条 收单银行应当明确收单业务的牵头管理部门，承担协调处理特约商户资质审核、登记管理、机具管理、垫付资金管理、风险管理、应急处置等的职责。

第七十三条 收单银行应当加强对特约商户资质的审核，实行商户实名制，不得设定虚假商户。特约商户资料应当至少包括营业执照、税务登记证件或相关纳税证明、法定代表人或负责人身份证件、财务状况或业务规模、经营期限等。收单银行应当对特约商户进行定期或不定期现场调查，认真核实并及时更新特约商户资料。

收单银行不得因与特约商户有其他业务往来而降低资质审核标准和检查要求，对批发类、咨询类、投资类、中介类、公益类、低扣率商户或可能出现高风险的商户应当从严审核。

第七十四条 收单银行不得将个人银行结算账户设置为特约商户的单位结算账户，已纳入单位银行结算账户管理的除外。

收单银行应当为特约商户、特约商户服务机构等提供安全的结算服务，并承担相应的监督管理职责，确保所服务机构受理信用卡的业务合法合规。

第七十五条 收单银行签约的特约商户应当至少满足以下基本条件：

（一）合法设立的法人机构或其他组织；

（二）从事的业务和行业符合国家法律、法规和政策规定；

（三）未成为本行或他行发卡业务服务机构；

（四）商户、商户负责人（或法定代表人）未在征信系统、银行卡组织的风险信息共享系统、同业风险信息共享系统中留有可疑信息或风险信息。

第七十六条 收单银行对从事网上交易的商户，应当进行严格的审核和评估，以技术手段确保数据安全和资金安全。商业银行不得与网站上未明确标注如下信息的网络商户或第三方支付平台签订收单业务相关合同：

（一）客户服务电话号码及邮箱地址；

（二）安全管理的声明；

（三）退货（退款）政策和具体流程；

（四）保护客户隐私的声明；

（五）客户信息使用行为的管理要求；

（六）其他商业银行相关管理制度要求具备的信息。

收单银行应当按照外包管理要求对签约的第三方支付平台进行监督管理，并有责任对与第三方支付平台签约的商户进行不定期的资质审核情况或交易行为抽查，以确保为从事合法业务的商户提供服务。

第七十七条 收单银行应当严格按照国家法律法规、相关行业规范和业务规则设置商户名称、商户编码、商户类别码、商户服务类别码等，留存真实完整的商户地址、受理终端安装地点和使用范围、受理终端绑定通讯方式和号码、法人（或负责人）、联系人、联系电话等信息，加强特约商户培训和交易检查工作，并真实、准确、完整地传递信用卡交易信息，为发卡银行开展信用卡交易授权和风险监测提供准确的信息。

收单银行要求第三方支付平台提供的交易明细信息，必须包括交易对象在第三方支付平台上的识别编号，以便协助持卡人保护自身合法权益。

第七十八条　收单银行应当确保特约商户按照联网通用原则受理信用卡，不得出现商户拒绝受理符合联网通用管理要求的信用卡、或因持卡人使用信用卡而向持卡人收取附加费用等行为。

第七十九条　收单银行应当建立特约商户管理制度，根据商户类型和业务特点对商户实行分类管理，严格控制交易处理程序和退款程序，不得因与特约商户有其他业务往来而降低对特约商户交易的检查要求。

第八十条　收单银行应当对特约商户的风险进行综合评估和分类管理，及时掌握其经营范围、场所、法定代表人或负责人、银行卡受理终端装机地址和使用范围等重要信息的变更情况，不断完善交易监控机制。收单银行应当对特约商户建立不定期现场核查制度，重点核对其银行卡受理终端使用范围、装机地址、装机编号是否与已签订的协议一致。

对通过邮寄、电话、电视和网络等方式销售商品或服务的特约商户，收单银行应当采取特殊的风险控制措施，加强交易情况监测，增加现场核查频度。

第八十一条　收单银行应当根据特约商户的业务性质、业务特征、营业情况，对特约商户设定动态营业额上限。对特约商户交易量突增、频繁出现大额交易、整数金额交易、交易额与经营状况明显不符、争议款项过高、退款交易过多、退款额过高、拖欠退款额过高、出现退款欺诈、非法交易、商户经营内容与商户类别码不符或收到发卡银行风险提示等情况，收单银行应当及时调查处理，并及时采取有效措施，降低出现收单业务损失的风险。

第八十二条　对确认已出现虚假申请、信用卡套现、测录客户数据资料、泄露账户和交易信息、恶意倒闭等欺诈行为的特约商户，收单银行应当及时采取撤除受理终端、妥善留存交易记录等相关证据并提交公安机关处理、列入黑名单、录入银行卡风险信息系统、与相关银行卡组织共享风险信息等有效的风险控制措施。

第八十三条　收单银行应当建立相互独立的市场营销和风险管理机制，负责市场拓展、商户资质审核、服务和授权、异常交易监测、受理终端密钥管理、受理终端密钥下载、受理终端程序灌装等职能的人员和岗位，不得相互兼岗。

第八十四条　收单银行应当建立健全收单业务受理终端管理机制，设立管理台账，及时登记和更新受理终端安装地点、使用情况和不定期检查情况。

对特约商户提出的新增、更换、维护受理终端的要求，收单银行应当履行必要的核实程序，发现特约商户有移机使用、出租、出借或超出其经营范围使用受理终端的情况，应当立即采取撤除受理终端、妥善留存交易记录相关证据等有效的风险管理措施，并将特约商户、商户法定代表人（负责人）姓名、商户法定代表人（负责人）身份证件等有关信息录入银行卡风险信息共享系统。

第八十五条　收单银行应当加强对收单业务移动受理终端的管理，确保不同的终端设备使用不同的终端主密钥并定期更换。收单银行应当严格审核特约商户安装移动受理终端的申请，除航空、餐饮、交通罚款、上门收费、移动售货、物流配送确有使用移动受理终端需求的商户外，其他类型商户未经收单银行总行审核批准不得安装移动受理终端。

第八十六条　收单银行应当采用严格的技术手段对收单业务移动受理终端的使用进行监控，并不定期进行回访，确保收单业务移动受理终端未超出签约范围跨地区使用。

第八十七条　收单银行应当确保对收单业务受理终端所有打印凭条上的信用卡号码进行部分屏蔽，转账交易的转入卡号、预授权交易预留卡号和 IC 卡脱机交易除外。

收单银行和收单服务机构应当确保业务系统只能存储用于交易清分、资金结算、差错处理所必需的最基本的账户信息，不得以任何形式存储信用卡磁道信息、卡片验证码、个人标识码等信息。

第八十八条　收单银行应当与特约商户签订收单业务合同。收单业务合同至少应当明确以下事项：双方的权利义务关系；业务流程、收单业务管理主体、法律责任和经济责任；移动受理终端和无卡交易行为的管理主体、法律责任和经济责任；协助调查处理的责任和内容；保证金条款；保密条款；数据安全条款；其他条款。

第八十九条　收单银行、收单业务服务机构合作应当与特约商户签订收单业务合同，至少应当明确以下事项：收单业务营销主体；收单业务管理主体各方的权利义务关系；各方的法律责任和经济责任；移动受理终端相关法律责任和经济责任、无卡交易相关法律责任和经济责任；协助调查处理的责任和内容；保密条款；数据安全条款等。

第九十条　收单银行不得将特约商户审核和签约、资金结算、后续检查和抽查、受理终端密钥管理和密钥下载工作外包给收单业务服务机构。

第六章 业务风险管理

第九十一条 商业银行应当制定明确的信用卡业务发展战略和风险管理规划，建立健全信用卡业务内部控制、授权管理和风险管理体系、组织、制度、流程和岗位，明确分工和相关职责。

商业银行可以基于自愿和保密原则，对信用卡业务中出现不良行为的营销人员、持卡人、特约商户、服务机构等有关风险信息进行共享，加强在风险管理方面的合作。

第九十二条 商业银行应当对信用卡风险资产实行分类管理，分类标准如下：

（一）正常类：持卡人能够按照事先约定的还款规则在到期还款日前（含）足额偿还应付款项。

（二）关注类：持卡人未按事先约定的还款规则在到期还款日足额偿还应付款项，逾期天数在1~90天（含）。

（三）次级类：持卡人未按事先约定的还款规则在到期还款日足额偿还应付款项，逾期天数为91~120天（含）。

（四）可疑类：持卡人未按事先约定的还款规则在到期还款日足额偿还应付款项，逾期天数在121~180天（含）。

（五）损失类：持卡人未按事先约定的还款规则在到期还款日足额偿还应付款项，逾期天数超过180天。

在业务系统能够支持、分类操作合法合规、分类方法和数据测算方式已经中国银监会及其相关派出机构审批同意等前提下，鼓励商业银行采用更为审慎的信用卡资产分类标准，持续关注和定期比对与之相关的准备金计提、风险资产计量等环节的重要风险管理指标，并采取相应的风险控制措施。

第九十三条 商业银行应当建立健全信用卡业务操作风险的防控制度和应急预案，有效防范操作风险。以下风险资产应当直接列入相应类别：

（一）持卡人因使用诈骗方式申领、使用信用卡造成的风险资产，一经确认，应当直接列入可疑类或损失类。

（二）因内部作案或内外勾结作案造成的风险资产应当直接列入可疑类或损失类。

（三）因系统故障、操作失误造成的风险资产应当直接列入可以疑类或损失类。

（四）签订个性化分期还款协议后尚未偿还的风险资产应当直接列入次级类或可疑类。

第九十四条 发卡银行应当对信用卡风险资产质量变动情况进行持续监测，相关准备金计提遵照国家有关部门的规定执行。

第九十五条 发卡银行应当加强信用卡风险资产认定和核销管理工作，及时确认并核销。信用卡业务的呆账认定依据、认定范围、核销条件等遵照国家有关部门的规定执行。

第九十六条 发卡银行应当建立科学合理的风险监测指标，适时采取相应的风险控制措施。

第九十七条 发卡银行应当根据信用卡业务发展情况，使用计量模型辅助开展信用卡业务风险管理工作，制定模型开发、测试、验证、重检、调整、监测、维护、审计等相关管理制度，明确计量模型的使用范围。

第九十八条 发卡银行应当严格执行资本充足率监管要求，将未使用的信用卡授信额度，纳入承诺项目中的"其他承诺"子项计算表外加权风险资产，适用50%的信用转换系数和根据信用卡交易主体确定的相应风险权重。

第九十九条 商业银行应当对单位卡实施单一客户授信集中风险管理，定期集中计算单位卡授信和垫款额度总和，持续监测单位卡合同签约方在本行所有贷款授信额度及其使用情况，并定期开展单位卡相关交易真实性和用途适用性的检查工作，防止出现以虚假交易套取流动资金贷款的行为。

第七章 监督管理

第一百条 中国银监会及其派出机构依法对信用卡业务实施非现场监管和现场检查，对信用卡业务风险进行监测和评估，并对信用卡业务相关行业自律组织进行指导和监督。

在实施现场检查和风险评估的过程中，相关检查和评估人员应当遵守商业银行信用卡业务安全管理的有关规定。

第一百零一条 商业银行开办信用卡业务应当按照有关规定向中国银监会报送信用卡业务统计数据和管理信息。

第一百零二条 商业银行应当定期对信用卡业务发展与管理情况进行自我评估，按年编制《信用卡业务年度评估报告》。

第一百零三条 商业银行《信用卡业务年度评估报告》应当至少包括以下内容：

（一）本年度信用卡业务组织架构和高管人员配置总体情况；

（二）全年信用卡业务基本经营情况分析；

（三）信用卡业务总体资产结构和资产质量；

（四）不同类型的信用卡业务资产结构和资产质量；

（五）信用卡业务主要风险分析和风险管理情况；

（六）信用卡业务合规管理和内控管理情况；

（七）已外包的各项信用卡业务经营管理情况；

（八）投诉处理情况；

（九）下一年度信用卡业务发展规划；

（十）监管机构要求报告的其他事项。

第一百零四条 全国性商业银行《信用卡业务年度评估报告》应当于下一年度的3月底之前报送中国银监会（一式两份），抄送总行（公司）或外资法人银行注册地中国银监会派出机构。

按照有关规定只能在特定城市或地区从事业务经营活动的商业银行、商业银行授权开办部分或全部信用卡业务的分支机构（含营运中心等）应当于下一年度的3月底之前参照第一百零三条的规定将相关材料报送当地中国银监会派出机构。

第一百零五条 商业银行应当建立信用卡业务重大安全事故和风险事件报告制度，与中国银监会及其派出机构保持经常性沟通。出现重大安全事故和风险事件后24小时内应当向中国银监会及其相关派出机构报告，并随时关注事态发展，及时报送后续情况。

第一百零六条 中国银监会对信用卡业务实施现场检查时，应当按照现场检查有关规定组成检查工作组并进行相关业务培训，应当邀请相关商业银行的信用卡业务管理和技术人员介绍其信用卡业务总体框架、运营管理模式、重要业务运营系统和重要电子设备管理要求等。

第一百零七条 商业银行不符合本办法规定的条件，擅自开办信用卡业务的，中国银监会及其相关派出机构应当责令商业银行立即停止开办的信用卡业务，并依据《中华人民共和国银行业监督管理法》第四十五条规定采取相关监管措施。

第一百零八条 商业银行违反本办法规定经营信用卡业务的，中国银监会及其相关派出机构应当责令商业银行限期改正。商业银行逾期未改正的，中国银监会及其派出机构依据《中华人民共和国银行业监督管理法》第三十七条、第四十六条、第四十七条规定采取相关监管措施。

第一百零九条 商业银行在开展信用卡业务过程中，违反审慎经营原则导致信用卡业务存在较大风险隐患、合作的机构从事或被犯罪分子利用从事违法违规活动1年内达到2次的，由中国银监会及其派出机构立即暂停该商业银行相关新发卡业务或发展新特约商户的资格，责令限期改正；逾期未改正或安全隐患在短时间内难以解决的，中国银监会及其派出机构除采取《中华人民共和国银行业监督管理法》第四十六条规定的监管措施外，还可以视情况分别采取以下措施：

（一）责令商业银行、相关分支机构或相关专营机构限制（或暂停）信用卡发卡业务或收单业务；

（二）责令商业银行、相关分支机构或相关专营机构限制（或暂停）发展新的信用卡业务持卡人；

（三）责令商业银行、相关分支机构或相关专营机构限制（或暂停）发展新的信用卡业务特约商户；

（四）责令停止批准增设营运中心等；

（五）责令停止开办新业务；

（六）其他审慎性监管措施。

第一百一十条 商业银行、相关分支机构或相关营运中心整改后，应当向银监会或其相关派出机构提交整改情况报告。银监会或其相关派出机构验收确认符合审慎经营规则和本办法相关规定的，自验收完毕之日起三日内解除对其采取的有关监管措施。

第一百一十一条 商业银行在开展信用卡业务过程中，违反其他有关法律、行政法规和规章的，由中国银监会及其派出机构依据相关法律、行政法规和规章督促整改，并采取相应的监管措施。

第八章 附则

第一百一十二条 本办法由中国银监会负责解释。

第一百一十三条 本办法颁布之前制定的相关信用卡管理规定与本办法不一致的，以本办法为准。

第一百一十四条　在中华人民共和国境内经中国银监会批准设立的其他银行业金融机构开展信用卡业务，适用本办法的有关规定。

第一百一十五条　本办法自公布之日起施行。此前已开办相关业务且不符本办法规定的，半年内要调整完毕。

（四）贷款种类

1. 据贷款主体的不同，贷款可分为自营贷款、委托贷款和特定贷款三种。其中委托贷款指委托人提供资金，银行作为受托人按委托人指定的对象、用途、金额、期限和利率等条件办理贷款的手续，只收取手续费，不承担贷款的风险。特定贷款是指经国务院批准并对贷款可能造成的损失采取相应的补救措施后，责成国有独资银行发放的贷款。

2. 根据借款人信用的不同，贷款还可分为信用贷款、担保贷款（保证贷款、抵押贷款、质押贷款）、票据贴现等种类。

3. 根据贷款用途的不同，可分为流动资金贷款、固定资产贷款、工业贷款、农业贷款和商业贷款等种类。无论何种贷款，除了经贷款人审查、评估、确认借款人资信良好，确能偿还贷款的，可以不提供担保外，其他的借款人均应提供担保。

（五）借款合同

合同是明确各方权利义务关系的协议，借款合同是银行和借款人订立的约定借款的条件提供资金给借款方使用，借款方按约定的用途使用该资金，并按时偿还本息的协议。借款合同是确定银行和借款人权利义务的法律依据，其主要内容包括：贷款种类，借款用途，金额，利息，期限，还款资金来源及还款方式，保证条款，违约责任，双方当事人商定的其他条款。借款合同的内容相当于当事人之间的法律，任何一方违反任何一款都构成违约，都应承担相应的违约责任。

四、实验步骤

（一）银行卡业务（开户申请、银行卡账户）

1. 开户申请

步骤1，客户填写借贷记卡开卡申请书。客户窗口页面，银行卡业务选项中点击【开户申请】按钮，进入选择银行页面。

银行名称	银行类别	银行级别	地区编号	网点编号	操作
浙科银行	全国性	总行	0571	01	选择
浙科银行浙江省杭州市分行	全国性	分行	0571	02	选择

第1页/共1页 共2条　首页 上一页 下一页 尾页　转到 1 ∨

图 3-1

点击【选择】按钮，进入已选银行页面，点击【添加】按钮，填写银行借贷记卡开卡申请书页面。

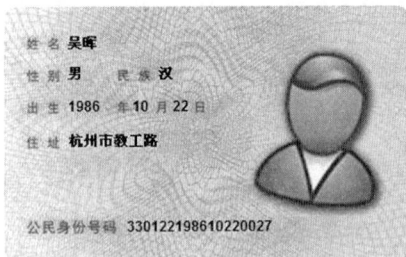

姓　名　吴晖

性　别　男　　民　族　汉

出　生　1986　年 10 月 22 日

住　址　杭州市教工路

公民身份号码 330122198610220027

图 3-2

浙科银行借贷记卡开卡申请书

2012 年 11 月 26 日

借贷类别 □借 □贷

姓名 **吴晖**　　　　　拼音或英文姓名 ＿＿＿＿＿　　性别 **男**

币别 **人民币**　　　开户金额 **0**　　　　　　　钞汇标志 ☑钞 □汇

证件类型 **身份证**　　证件号码 330122198610220027

联系电话 ＿＿＿＿＿　　邮政编码 ＿＿＿＿＿

联系地址 ＿＿＿＿＿

银行打印

会计主管：　　　　授权：　　　　复核：　　　　录入：

是否有关联账号 □是 □否

提交　返回

图 3-2（续）

选择借贷类别；填写开户金额；是否有关联账号选择"是"，该客户下需有正常状态下的活期账户；选择"否"不需选择账户。填写完成后点击【提交】按钮，则交柜员受理。

步骤 2，柜员业务受理。柜员可点击工具栏中的  叫号器 ，也可点击柜员桌面上的叫号器图标，弹出需受理业务窗口。选择需受理的业务，点击【受理】按钮，该业务已进行受理。

编号	业务类型	状态	受理柜员	操作
30	[0266]借记卡开卡申请 [提交人：xs0002 xs0002]	待受理	——	受理

第1页/共1页 共1条　首页 上一页 下一页 尾页　转到 1 ∨

图 3-3

步骤 3，查收客户提交的钱钞。柜员可点击工具栏中的  点钞机 ，也可点击柜员桌面上的点钞机图标，查验客户提交的钱钞是否正确。

步骤 4，审核客户提交的凭证。柜员可点击工具栏中 桌面凭证 ，进入客户提交的凭证审核页面。需审核客户提交的身份证和借贷记卡开卡申请书，点击页面中的【审核】按钮，审核成功。

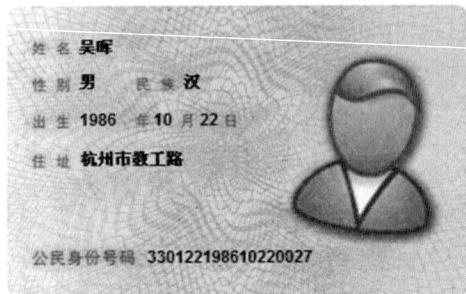

浙科银行借贷记卡开卡申请书

2012 年 11 月 26 日

借贷类别 ☑借 ☐贷
姓名 **吴晖** 　拼音或英文姓名 ＿＿＿＿＿＿＿ 　性别 **男**
币别 **人民币** 　开户金额 **10000.00** 　钞汇标志 ☑钞 　☐汇
证件类型 **身份证** 　证件号码 **330122198610220027**

图 3-4

步骤 5，输入业务数据。柜员点击柜员桌面上的显示器图标，弹出银行卡业务数据输入窗口。操作输入密码后再点击【保存】按钮，数据输入完成。

银行卡信息

卡号：0105710101210000123

户名：**吴晖**

申请书类型：**借记卡**

初始金额：10000.00(人民币)

卡号生成日期：2012-11-26

密码：

输入密码

图 3-5

步骤 6，取出相关重要空白凭证。柜员可点击工具栏中　空白凭证，也可点击柜员桌面上的空白凭证图标，弹出空白凭证取出窗口。选择"储蓄借记卡"点击【领取】按钮，银行卡领取成功。

选	凭证名称	数量	当前可用开始编号
☐	储蓄存单	0	00000015
☐	一本通存折	4	00000012
☐	定期存折	1	00000015
☐	活期存折	2	00000014
☐	储蓄借记卡(空白卡)	5	00000011
☐	信用卡(空白卡)	5	00000011
☐	现金支票	5	00000011

[领取] [关闭] [取出]

图 3-6

步骤 7，打印凭证。柜员可点击工具栏中 [报表打印机]，也可点击柜员桌面上报表打印机图标，显示银行卡、借贷记卡开卡申请书和业务收费凭证打印页面。点击【打印】按钮，凭证打印成功。

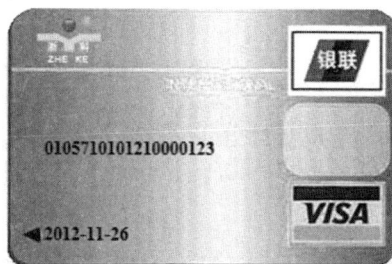

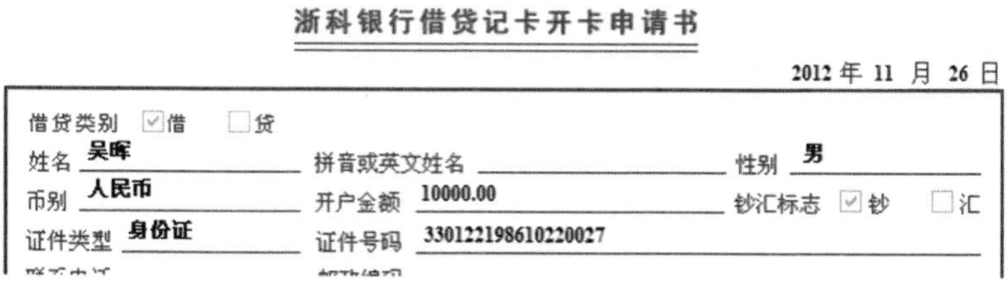

浙科银行借贷记卡开卡申请书

2012 年 11 月 26 日

借贷类别 ☑借 ☐贷
姓名 吴晖   拼音或英文姓名   性别 男
币别 人民币   开户金额 10000.00   钞汇标志 ☑钞 ☐汇
证件类型 身份证   证件号码 330122198610220027

图 3-7

步骤 8，盖章。柜员可点击工具栏中 [印章]，也可点击柜员桌面上的印章图

标，进入单据盖章页面。点击盖章弹出窗口最下面的【盖章】按钮，借贷记卡开卡申请书和业务收费凭证盖章完成。

浙科银行借贷记卡开卡申请书

2012 年 11 月 26 日

借贷类别 ☑借 □贷

姓名 **吴晖**	拼音或英文姓名	性别 **男**	
币别 **人民币**	开户金额 10000.00	钞汇标志 ☑钞 □汇	
证件类型 **身份证**	证件号码 330122198610220027		
联系电话	邮政编码		
联系地址			

银行打印	银行卡类别：借记卡	银行卡号：0105710101210000123
	姓名：吴晖	性别：男
	金额：10000.00	钞汇标志：现钞
	身份证号：330122198610220027	地址：

会计主管： 　　授权： 　　县辖001 　　书60002

是否有关联账号 □是 ☑否

浙科银行业务收费凭证

币别：人民币 　　2012 年 11 月 26 日 　　流水号：

付款人	吴晖	账号	0105710101210000123

图 3-8

步骤 9，结束业务。盖章完成后借贷卡开卡业务基本完成，柜员页面点击〔结束业务〕按钮，进入银行卡开户会计分录页面。点击【结束业务】按钮，银行卡开户业务受理完成。

会计分录：

借：库存现金　　10,000.00 元

　　贷：活期存款——吴晖户　　10,000.00 元

结束业务

图 3-9

2. 银行卡账户

步骤 10，银行卡账户页面。点击【操作】按钮，弹出银行卡可操作的业务。

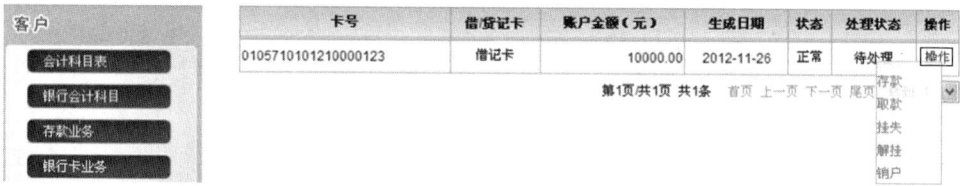

图 3-10

（1）存款。

步骤 11，客户提交银行卡存款信息。操作弹出列中选择【存款】按钮，进入银行选择页面，选择银行后填写银行卡存款信息单据。填写存款金额和客户签名后点击【提交】按钮，银行卡存款业务交由柜员受理。

图 3-11

步骤 12，柜员业务受理。柜员可点击工具栏中的 ，也可点击柜员桌面上的叫号器图标，弹出需受理业务窗口。选择需受理的业务，点击【受理】按钮，该业务已进行受理。

编号	业务类型	状态	受理柜员	操作
31	[0267]借贷记卡存现 [提交人：xs0002 xs0002]	待受理	——	受理

第1页/共1页 共1条 首页 上一页 下一页 尾页 转到 1

图 3-12

步骤 13，查收客户提交的钱钞。柜员可点击工具栏中的 ，也可点击柜员桌面上的点钞机图标，查验客户提交的钱钞是否正确。

步骤 14，审核客户提交的凭证。柜员可点击工具栏中 ，进入客户提交的凭证审核页面。点击【审核】按钮，桌面凭证审核成功。

银行卡存款信息											
户名：	吴晖					账号：		0105710101210000123			
存款类型：	现金存款					币种：		人民币			
存款金额：	[1000.00　　　]					大写金额：		[壹仟元整　　　]			
客户签名：	[吴晖　　　]					存款日期：		2012-11-26			
卷别	100元	50元	20元	10元	5元	2元	1元	5角	2角	1角	5分	2分	1分
	10												

审核

图 3-13

步骤 15，输入业务数据。柜员点击柜员桌面上的显示器图标，弹出个人活期存款业务数据输入窗口。输入银行卡号和存款金额后点击【显示信息】按钮，

银行卡存现信息	
银行卡号：	[0105710101210000123　]
存款金额：	[1000　　　]
用户名称：	吴晖
存款日期：	2012-11-26
密码：	

输入密码

图 3-14

显示用户名称和存款日期。点击【输入密码】按钮，输入密码后点击【提交】按钮，数据输入完成。

步骤 16，打印凭证。柜员可点击工具栏中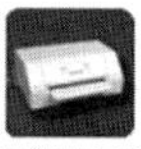报表打印机，也可点击柜员桌面上报表打印机图标，进入银行卡存款凭条打印页面。点击【打印】按钮，银行卡存款凭条打印成功。

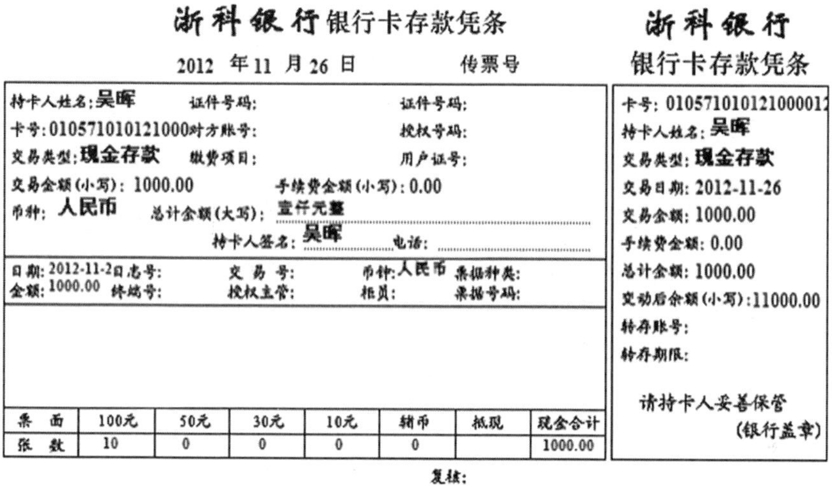

浙科银行银行卡存款凭条

2012 年11 月26 日　　传票号

持卡人姓名:吴晖　证件号码:　证件号码:
卡号:010571010121000对方账号:　授权号码:
交易类型:现金存款　缴费项目:　用户证号:
交易金额(小写): 1000.00　手续费金额(小写): 0.00
币种: 人民币　总计金额(大写): 壹仟元整
持卡人签名: 吴晖　电话:

日期: 2012-11-2日志号:　交易号:　币种:人民币　票据种类:
金额: 1000.00　终端号:　授权主管:　柜员:　票据号码:

票面	100元	50元	30元	10元	辅币	抵现	现金合计
张数	10	0	0	0	0		1000.00

复核:

浙科银行
银行卡存款凭条

卡号: 01057101012100001
持卡人姓名: 吴晖
交易类型: 现金存款
交易日期: 2012-11-26
交易金额: 1000.00
手续费金额: 0.00
总计金额: 1000.00
变动后余额(小写):11000.00
转存账号:
转存期限:

请持卡人妥善保管
(银行盖章)

图 3–15

步骤 17，盖章。柜员可点击工具栏中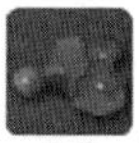印章，也可点击柜员桌面上的印章图标，进入单据盖章页面。点击盖章弹出窗口最下面的【盖章】按钮，银行卡存款凭条盖章成功。

步骤 18，结束业务。盖章完成后银行卡存款业务基本完成，柜员页面点击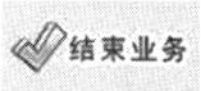

按钮，进入活期账户会计分录页面。点击【结束业务】按钮，银行卡存款业务受理完成。

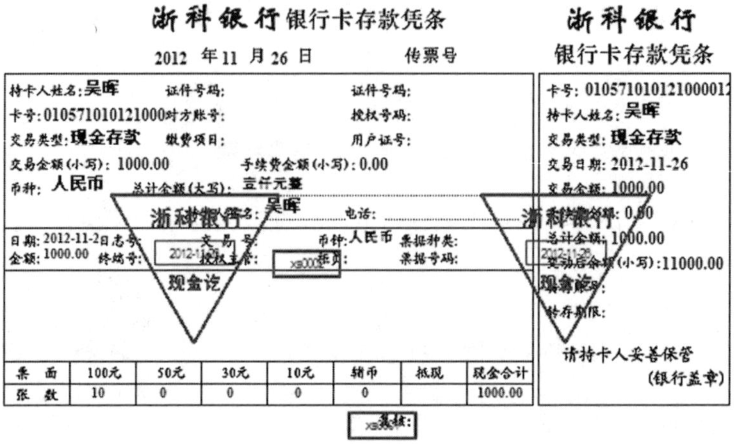
浙科银行银行卡存款凭条
2012 年11 月26 日 传票号
持卡人姓名:吴晖 证件号码: 证件号码:
卡号:010571010121000对方账号: 授权号码:
交易类型:现金存款 缴费项目: 用户证号:
交易金额(小写): 1000.00 手续费金额(小写): 0.00
币种: 人民币 总计金额(大写): 壹仟元整
日期: 2012-11-2 金额: 1000.00 终端号: 交易号: 币种:人民币 票据种类: 票据号码:
现金讫

券面	100元	50元	30元	10元	辅币	抵现	现金合计
张数	10	0	0	0	0		1000.00

浙科银行
银行卡存款凭条
卡号: 01057101012100001
持卡人姓名: 吴晖
交易类型: 现金存款
交易日期: 2012-11-26
交易金额: 1000.00
总计金额: 1000.00
变动后余额(小写):11000.00
请持卡人妥善保管
(银行盖章)

图 3–16

会计分录：

借：库存现金 1,000.00 元

贷：活期存款——吴晖户 1,000.00 元

结束业务

图 3–17

(2) 取款。

步骤 19，客户提交银行卡取款单。操作弹出列中选择【取款】按钮，进入银行选择页面，选择银行后填写银行卡取款单。填写取款金额和客户签名后点击

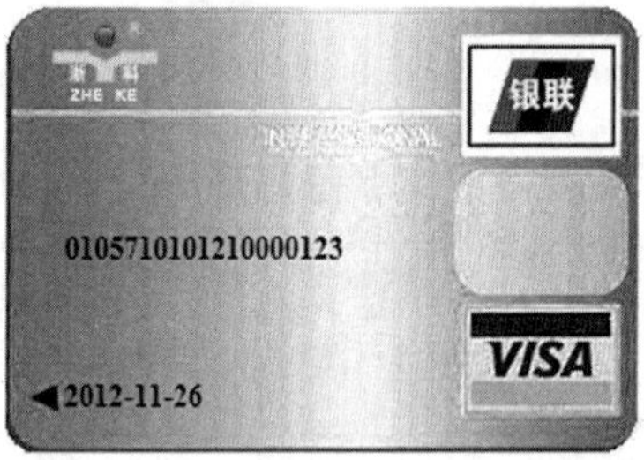

银行卡取款单

户名：	吴晖	帐号：	0105710101210000123
存款类型：	现金存款	币种：	人民币
取款金额：	[ ]	大写金额：	[ ]
客户签名：	[ ]	取款日期：	2012-11-26

卷别	100元	50元	20元	10元	5元	2元	1元	5角	2角	1角	5分	2分	1分

提交 返回

图 3–18

【提交】按钮，银行卡取款业务交由柜员受理。

步骤 20，柜员业务受理。柜员可点击工具栏中的 ![叫号器]，也可点击柜员桌面上的叫号器图标，弹出需受理业务窗口。选择受理业务，点击【受理】按钮，该业务已进行受理。

编号	业务类型	状态	受理柜员	操作
32	[0269]借贷记卡取现 [提交人：xs0002 xs0002]	待受理	——	受理

第1页/共1页 共1条　首页 上一页 下一页 尾页　转到 [1 ∨]

图 3-19

步骤 21，审核桌面凭证。柜员可点击工具栏中 ![桌面凭证]，进入客户提交的凭证审核页面。点击【审核】按钮，客户提交的凭证审核成功。

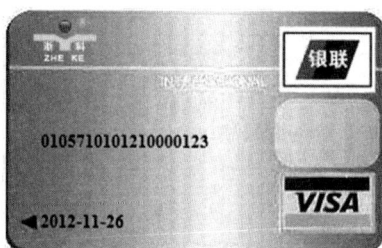

银行卡取款信息			
户名：	吴晖	账号：	0105710101210000123
存款类型：	现金存款	币种：	人民币
取款金额：	[2000.00]	大写金额：	[贰仟元整]
客户签名：	吴晖]	取款日期：	2012-11-26

券别	100元	50元	20元	10元	5元	2元	1元	5角	2角	1角	5分	2分	1分

审核

图 3-20

步骤 22，输入业务数据。柜员点击柜员桌面上的显示器图标，弹出个人活期存款业务数据输入窗口。输入银行卡号和取款金额后点击【提交】按钮，进入输入密码页面，点击【输入密码】按钮，输入密码成功后，点击【提交】按钮，业务数据输入完成。

银行卡取现信息

银行卡号：0105710101210000123

取款金额：2000

用户名称：吴晖

取款日期：2012-11-26

密码：

【输入密码】

图 3-21

步骤 23，打印空白凭证。柜员可点击工具栏中  ，也可点击柜员桌面上报表打印机图标，进入银行卡取款凭条打印页面。点击【打印】按钮，银行卡取款凭条打印成功。

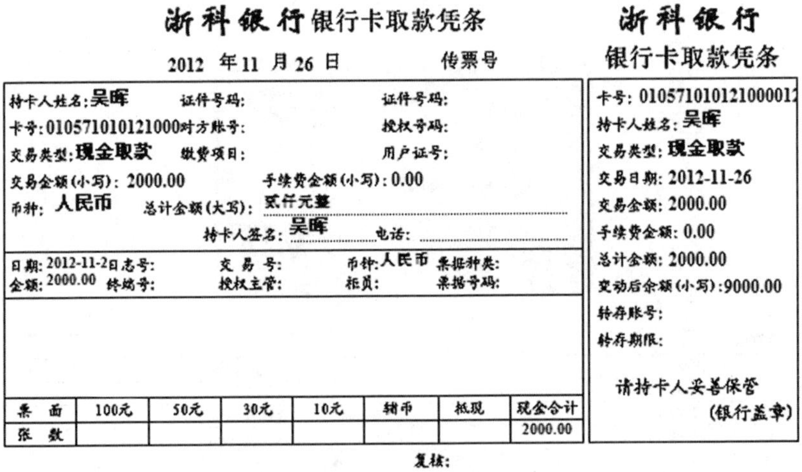

浙科银行 银行卡取款凭条

2012 年 11 月 26 日　　　传票号

持卡人姓名：吴晖	证件号码：	证件号码：
卡号：0105710101210000	对方账号：	授权号码：
交易类型：**现金取款**	缴费项目：	用户证号：
交易金额(小写)：2000.00	手续费金额(小写)：0.00	
币种：**人民币**	总计金额(大写)：贰仟元整	
	持卡人签名：吴晖	电话：

| 日期：2012-11-2志号： | 交易号： | 币种：人民币 | 票据种类： |
| 金额：2000.00 终端号： | 授权主管： | 柜员： | 票据号码： |

票　面	100元	50元	30元	10元	辅币	抵现	现金合计
张　数							2000.00

复核：

浙科银行
银行卡取款凭条

卡号：0105710101210000012
持卡人姓名：吴晖
交易类型：**现金取款**
交易日期：2012-11-26
交易金额：2000.00
手续费金额：0.00
总计金额：2000.00
变动后余额(小写)：9000.00
转存账号：
转存期限：

请持卡人妥善保管
(银行盖章)

图 3-22

步骤 24，盖章。柜员可点击工具栏中  ，也可点击柜员桌面上的印章图标，进入单据盖章页面。点击盖章弹出窗口最下面的【盖章】按钮，银行卡取款凭条盖章完成。

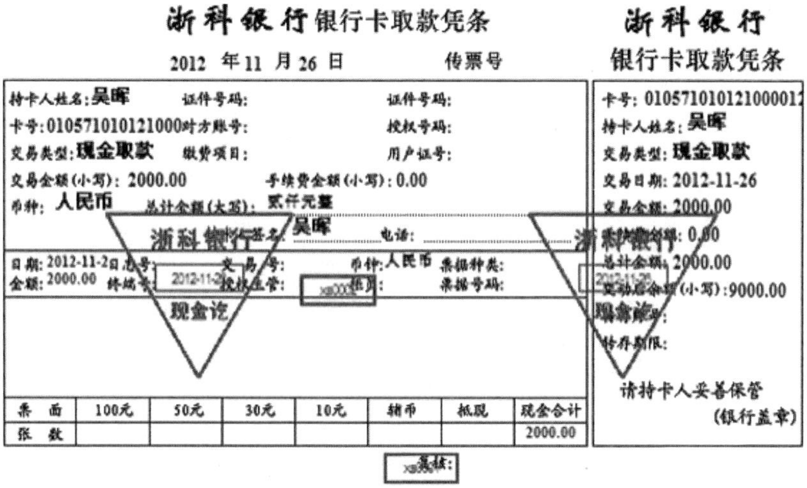

浙科银行 银行卡取款凭条

2012 年 11 月 26 日　　　传票号

持卡人姓名：**吴晖**　证件号码：　　　证件号码：
卡号：010571010121000时方账号：　　授权号码：
交易类型：**现金取款**　缴费项目：　　用户证号：
交易金额(小写)：2000.00　手续费金额(小写)：0.00
币种：**人民币**　总计金额(大写)：**贰仟元整**

浙科银行　行名：吴晖　　电话：

日期：2012-11-2日志号：　交易号：　币种：人民币　票据种类：
金额：2000.00　终端号：2012-11-2 授权主管：x3000056 出纳：　票据号码：

现金讫

浙科银行
银行卡取款凭条

卡号：010571010121000012
持卡人姓名：**吴晖**
交易类型：**现金取款**
交易日期：2012-11-26
交易金额：2000.00
手续费：0.00
总计金额：2000.00
交易后余额(小写)：9000.00
账户余额：
特殊期限：

请持卡人妥善保管
(银行盖章)

票　面	100元	50元	30元	10元	辅币	抵现	现金合计
张　数							2000.00

x3000056 复核：

图 3-23

步骤25，从尾箱取出钱钞。柜员可点击工具栏中，也可点击柜员桌面上的尾箱图标，进入尾箱取钱页面。根据取款金额，填写取出钱钞的数量。点击【取出】按钮，取钱成功。

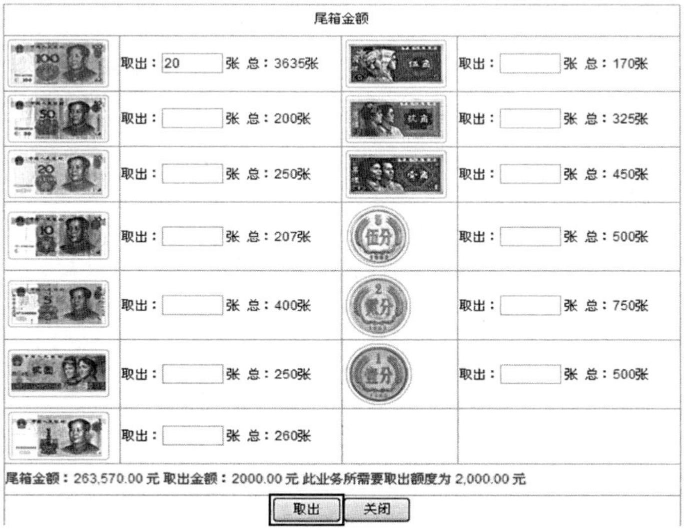

尾箱金额

	取出：20 张 总：3635张		取出：　张 总：170张
	取出：　张 总：200张		取出：　张 总：325张
	取出：　张 总：250张		取出：　张 总：450张
	取出：　张 总：207张		取出：　张 总：500张
	取出：　张 总：400张		取出：　张 总：750张
	取出：　张 总：250张		取出：　张 总：500张
	取出：　张 总：260张		

尾箱金额：263,570.00 元 取出金额：2000.00 元 此业务所需要取出额度为 2,000.00 元

取出　关闭

图 3-24

步骤26，验证从尾箱中取出的钱钞。柜员可点击工具栏中的，也可点

125

击柜员桌面上的点钞机图标，验证取出的钱钞是否正确。

步骤27，结束业务。柜员页面点击 <kbd>结束业务</kbd> 按钮，进入活期账户会计分录页面。点击【结束业务】按钮，银行卡取款业务受理完成。

会计分录：

借：活期存款　　11,000.00 元

　　贷：库存现金　　11,000.00 元

<kbd>结束业务</kbd>

图 3-25

（3）挂失。

步骤28，客户提交挂失业务申请书。操作弹出列中点击【挂失】按钮，进

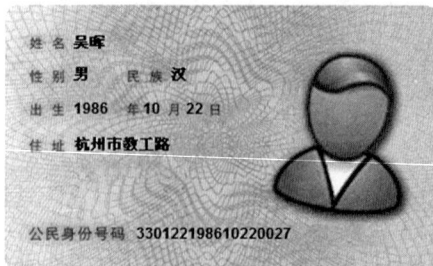

图 3-26

入银行选择页面，选择银行后填写个人挂失业务申请书。选择挂失种类后，点击
【提交申请】按钮，挂失业务申请书和客户身份证提交成功，交由柜员受理。

步骤29，柜员业务受理。柜员可点击工具栏中的 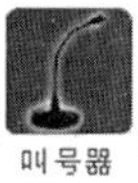 ，也可点击柜员桌面
上的叫号器图标，弹出需受理业务窗口。选择需受理的业务，点击【受理】按
钮，该业务已进行受理。

编号	业务类型	状态	受理柜员	操作
34	[0270]借贷记卡正式挂失申请 [提交人：xs0002 xs0002]	待受理	——	受理

第1页/共1页 共1条　首页 上一页 下一页 尾页　转到 1 ⌄

图 3-27

步骤30，审核客户提交的凭证。柜员可点击工具栏中 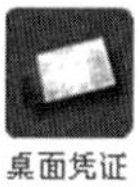 ，进入客户提交
的凭证审核页面。点击【审核】按钮，桌面凭证审核成功。

浙科银行 个人挂失业务申请书

2012 年 11 月 26 日　　挂失编号：

	存款种类	贷记卡		挂失种类：正式 ☑ 口头 ☐ 密码 ☐ 印鉴 ☐ 其他＿＿＿			
客户填写（口挂可免填）	账号/卡号	0105710101210000288		开户日期	2012-11-26	挂失金额	
	户　名	吴晖	代理人资料	户　名			
	证件种类	身份证　号码330122198610220027		证件种类	身份证　号码		
	地址			地址			
	电话			电话			

图 3-28

1. 存单/折口头挂失的有效期为五天；存单/折/卡正式挂失七天后可办理补领新存单/折/卡或者销户取现的手续。
2. 存单/折的印鉴挂失更换和密码挂失重置自挂失日起七天后有效；卡密码挂失重置自挂失日起五天后生效。
3. 密码挂失业务处理，存单、折、卡及印鉴挂失业务的后续处理必须由客户本人办理。

步骤31，输入业务数据。柜员点击柜员桌面上的显示器图标，弹出银行卡
挂失业务数据输入窗口。输入账号/卡号后点击【显示信息】按钮，银行卡信息

自动显示，点击【保存】按钮，银行卡挂失业务数据输入成功。

账户挂失申请书—账号信息

账号/卡号：**0105710101210000288**

存款种类：**货记卡**

挂失种类：**正式挂失**

开户日期：**2012-11-26**

挂失金额：**2000.00**

户主：**吴晖**

证件种类：**身份证**

号码：**330122198610220027**

保存

图 3-29

步骤 32，盖章。柜员可点击工具栏中  印章 ，也可点击柜员桌面上的印章图标，进入单据盖章页面。点击盖章弹出窗口最下面的【盖章】按钮，个人挂失业务申请书盖章完成。

浙科银行 个人挂失业务申请书

2012 年 11 月 26 日　　　　挂失编号：

客户填写（口挂可免填）	存款种类	货记卡	挂失种类：正式☑ 口头☐ 密码☐ 印鉴☐ 其他＿＿		代理人资料			第一联 申请人挂失受理回执 办理后续处理时交回银行窗存
	账号/卡号	0105710101210000288	开户日期	2012-11-26	挂失金额	2000.00		
	户　名	吴晖			户　名			
	证件种类 身份证 号码330122198610220027				证件种类 身份证 号码＿＿			
	地址				地址			
	电话				电话			
银行打印	受理挂失	业务专用章			以上申请事宜请按规定给予办理，倘日后发生纠葛，申请人及代理人愿付完全责任。 打印内容已核实无误 客签 户名 吴晖			
	处理结果				打印内容已核实无误 客签 户名 吴晖			

1. 存单/折口头挂失的有效期为五天；存单/折/卡正式挂失七天后可办理补领新存单/折/卡或者销户取现的手续。
2. 存单/折的印鉴挂失更换和密码挂失重置自挂失日起七天后有效；卡密码挂失重置自挂失日起五天后生效。
3. 密码挂失业务处理，存单、折、卡及印鉴挂失业务的后续处理必须由客户本人办理。

图 3-30

步骤33，结束业务。盖章完成后挂失业务基本完成，柜员页面点击 结束业务 按钮，进入活期账户会计分录页面。点击【结业业务】按钮，个人银行卡挂失业务受理完成。

（4）解挂。

注意：挂失状态中的银行卡才能进行解挂操作。

步骤34，客户解挂申请。操作弹出列中点击【解挂】按钮，进入解挂银行选择页面。客户需提交个人挂失业务申请书和身份证进行解挂。点击【解挂申请】按钮，交由柜员进行银行卡解挂受理。

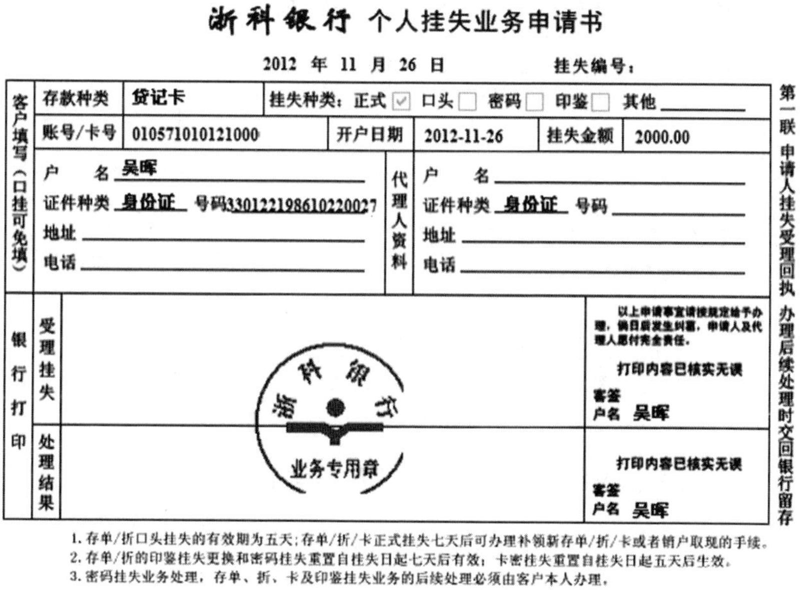

浙科银行 个人挂失业务申请书

2012 年 11 月 26 日　　　　挂失编号：

客户填写（口挂可免填）	存款种类	贷记卡	挂失种类：正式☑ 口头□ 密码□ 印鉴□ 其他____			
	账号/卡号	010571010121000	开户日期	2012-11-26	挂失金额	2000.00
	户　名 吴晖					
	证件种类 身份证 号码330122198610220027					
	地址					
	电话					

1. 存单/折口头挂失的有效期为五天；存单/折/卡正式挂失七天后可办理补领新存单/折/卡或者销户取现的手续。
2. 存单/折的印鉴挂失更换和密码挂失重置自挂失日起七天后有效；卡密挂失重置自挂失日起五天后生效。
3. 密码挂失业务处理，存单、折、卡及印鉴挂失业务的后续处理必须由客户本人办理。

图 3-31

步骤35，柜员业务受理。柜员可点击工具栏中的 叫号器，也可点击柜员桌面上的叫号器图标，弹出需受理业务窗口。选择需受理的业务，点击【受理】按钮，该业务已进行受理。

编号	业务类型	状态	受理柜员	操作
35	[0272]借贷记卡正式解挂申请 [提交人：xs0002 xs0002]	待受理	——	受理

第1页/共1页 共1条　首页 上一页 下一页 尾页 转到 1 ▾

图 3-32

步骤 36，审核客户提交的凭证。柜员可点击工具栏中 ，进入客户提交的凭证审核页面。显示客户提交的个人挂失业务申请书和身份证，点击【审核】按钮，桌面凭证审核成功。

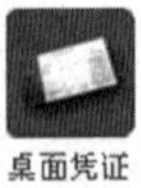

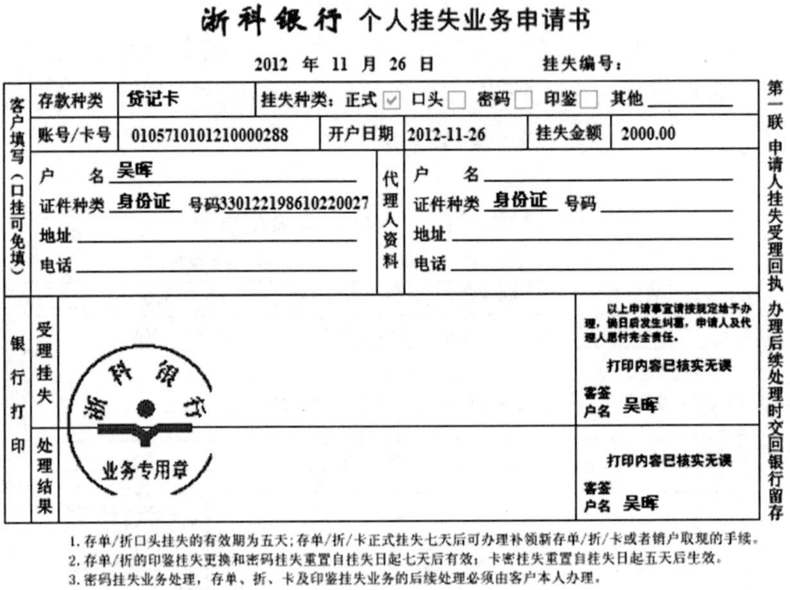

浙科银行 个人挂失业务申请书

2012 年 11 月 26 日　　　　挂失编号：

客户填写（口挂可免填）	存款种类	货记卡		挂失种类：正式 ☑ 口头 □ 密码 □ 印鉴 □ 其他 _____			第一联 申请人挂失受理回执 办理后续处理时交回银行留存

图 3-33

步骤 37，输入业务数据。柜员点击柜员桌面上的显示器图标，弹出个人活

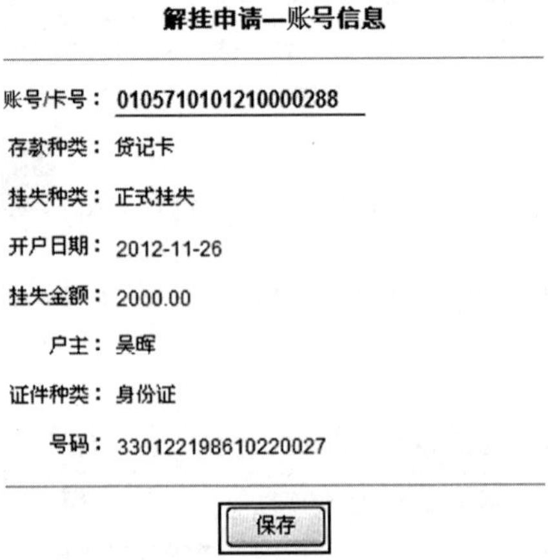

解挂申请—账号信息

账号/卡号：__0105710101210000288__

存款种类：货记卡

挂失种类：正式挂失

开户日期：2012-11-26

挂失金额：2000.00

户主：吴晖

证件种类：身份证

号码：330122198610220027

保存

图 3-34

期存款业务数据输入窗口。输入账号/卡号，点击【显示信息】按钮，银行卡信息自动显示。点击【保存】按钮，数据输入保存成功。

步骤38，盖章。柜员可点击工具栏中 ，也可点击柜员桌面上的印章图标，进入单据盖章页面。点击盖章弹出窗口最下面的【盖章】按钮，个人挂失业务申请书盖章成功。

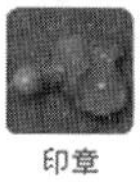

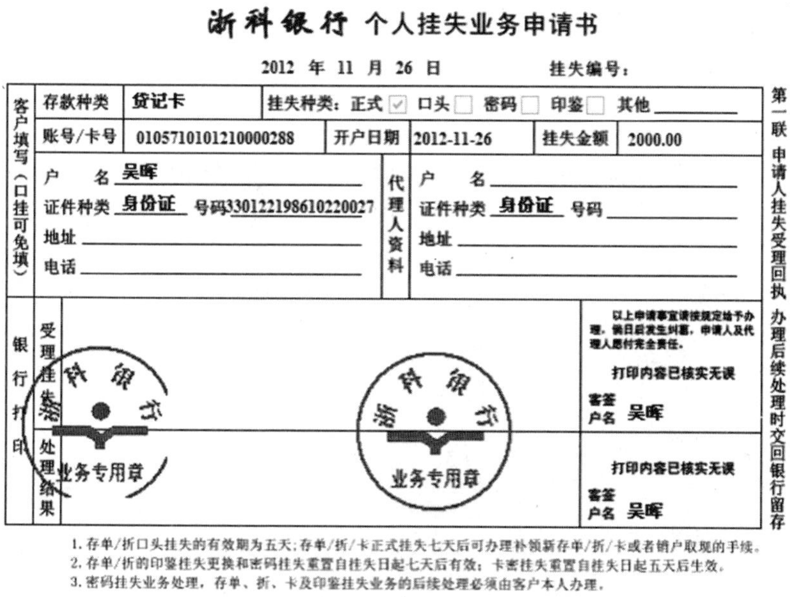

图 3-35

步骤39，结束业务。柜员页面点击 结束业务 按钮，进入活期账户会计分录页面，点击【结束业务】按钮，个人银行卡解挂业务受理完成。

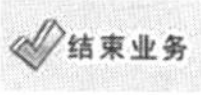

（5）销户。

步骤40，客户提交销户申请。操作弹出列中点击【销户】按钮，进入销户银行选择页面。客户需提交个人销户业务申请书、银行卡取款信息和身份证进行销户操作。银行卡取款信息需客户签名，完成后点击【销户申请】按钮，提交柜员受理。

销户申请书

			编号：	
客户填写	申请人姓名：[吴晖]			
	证件类型：[身份证]	证件号码：[330122198610220027]	
	联系电话：[0571-88902251]	邮编：[310012]	
	地址：[杭州市教工路]		
	本人于[2012-11-22]在[浙科银行]行申请开立[0105710101210000215]账号		
	账号：[0105710101210000215]	附属卡：[ ]	

图 3-36

银行卡取款信息

户名	吴晖	帐号：	0105710101210000288
存款类型	现金存款	币种：	人民币
取款金额	[2000.00]	大写金额：	[贰仟元整]
客户签名	[ ]	取款日期：	2012-11-26

卷别	100元	50元	20元	10元	5元	2元	1元	5角	2角	1角	5分	2分	1分

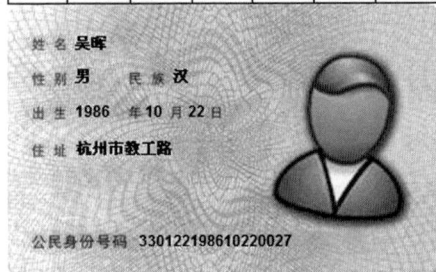

姓 名 吴晖
性 别 男 民 族 汉
出 生 1986 年 10 月 22 日
住 址 杭州市教工路
公民身份号码 330122198610220027

[销户申请] [返回]

图 3-37

步骤 41，柜员业务受理。柜员可点击工具栏中的 ![叫号器]，也可点击柜员桌面上的叫号器图标，弹出需受理业务窗口。选择需受理的业务，点击【受理】按钮，该业务已进行受理。

编号	业务类型	状态	受理柜员	操作
36	[0276]借贷记卡取款销户 [提交人：xs0002 xs0002]	待受理	——	受理

第1页/共1页 共1条 首页 上一页 下一页 尾页 转到 1 ▾

图 3-38

步骤 42，审核客户提交的凭证。柜员可点击工具栏中  ，进入客户提交的凭证审核页面。

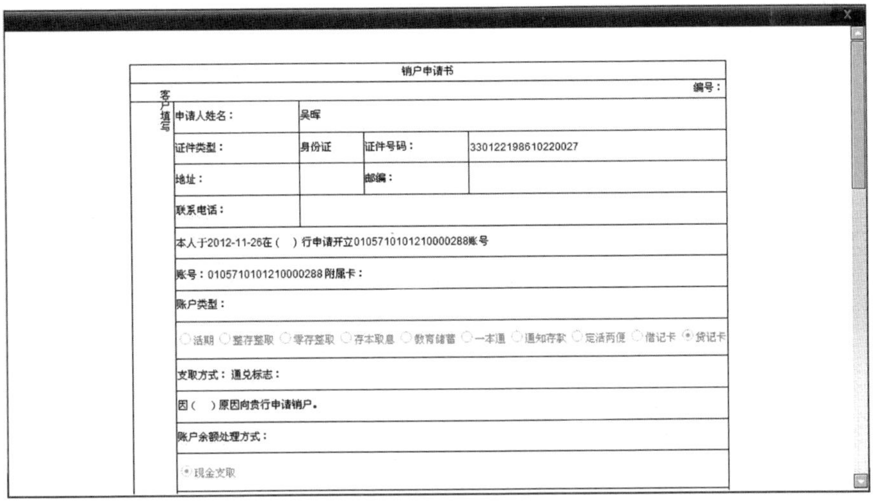

图 3-39

显示销户申请书、银行卡取款信息和身份证，销户申请书需填写开户行审核意见。点击【审核】按钮，桌面凭证审核完成。

步骤 43，输入业务数据。柜员点击柜员桌面上的显示器图标，弹出个人银行卡销户业务数据输入窗口。输入账号后点击【显示信息】按钮，自动显示该银行卡的基本信息。点击【授权】按钮，授权成功后可点击【保存】按钮，业务数据输入成功。

图 3-40

步骤44，打印凭证。柜员可点击工具栏中 ，也可点击柜员桌面上报表

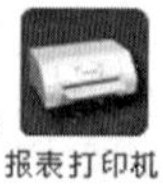

报表打印机

打印机图标，进入银行卡取款凭条打印页面，点击【打印】按钮，银行卡取款凭条打印成功。

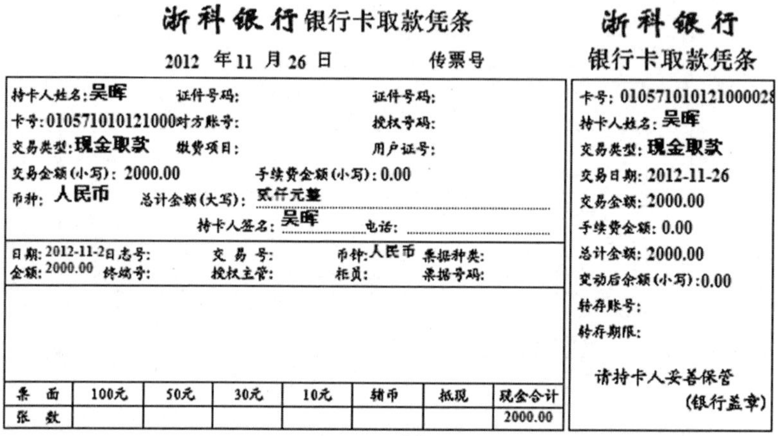

图 3-41

步骤45，盖章。柜员可点击工具栏中 ，也可点击柜员桌面上的印章图

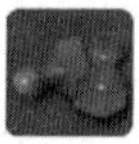

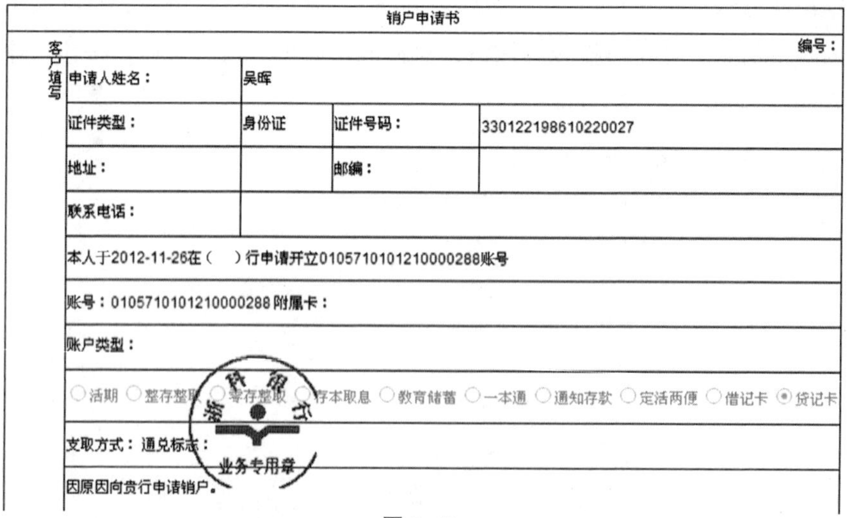

印章

图 3-42

标，进入单据盖章页面。点击盖章弹出窗口最下面的【盖章】按钮，销户申请书、银行卡取款凭条盖章完成。

步骤46，从尾箱中取出钱钞。柜员可点击工具栏中  ，也可点击柜员桌面上的尾箱图标，进入尾箱取钱页面。根据取款金额，填写取出钱钞的数量。点击【取出】按钮，取钱成功。

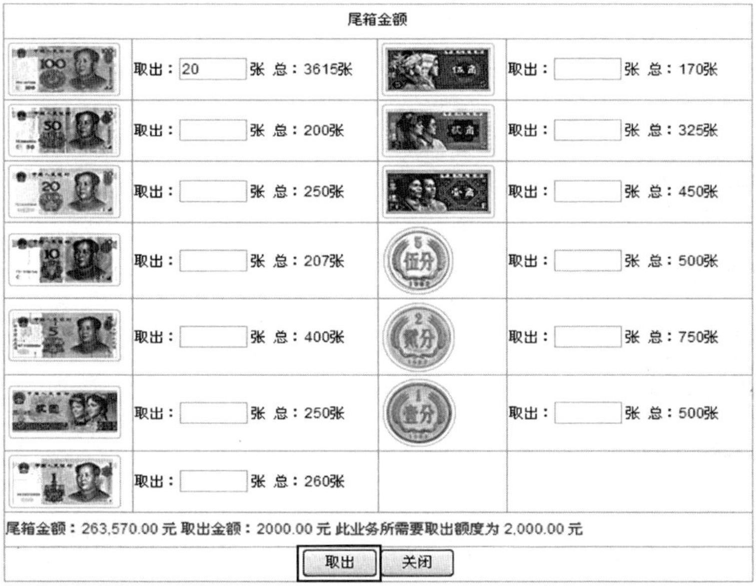

图 3–43

步骤47，验证从尾箱中取出的钱钞。柜员可点击工具栏中的  ，也可点击柜员桌面上的点钞机图标，验证取出的钱钞是否正确。

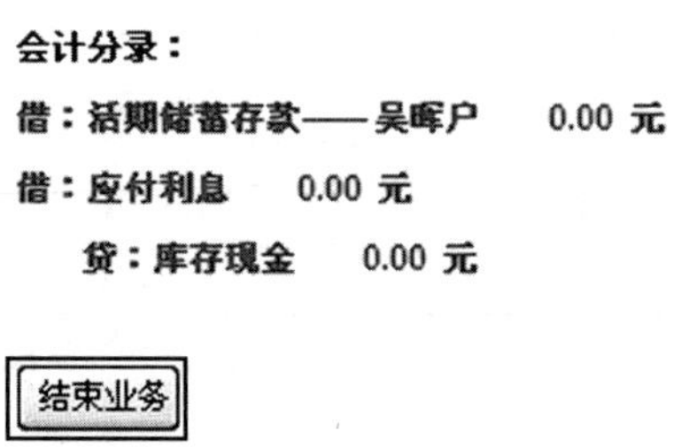

会计分录：

借：活期储蓄存款——吴晖户　　0.00 元

借：应付利息　　0.00 元

　　贷：库存现金　　0.00 元

结束业务

图 3–44

步骤48，结束业务。柜员页面点击 结束业务 按钮，进入活期账户会计分录页面。点击【结束业务】按钮，银行卡销户业务受理完成。

（二）贷款业务

1.住房贷款

（1）住房贷款申请。

步骤49，客户提交住房贷款申请。客户贷款业务中点击【住房贷款】按钮，进入住房贷款申请页面。

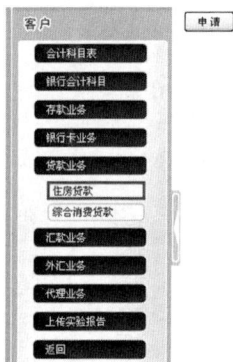

图 3-45

步骤50，点击【申请】按钮，进入住房贷款申请银行选择页面，选择银行后填写个人住房借款申请表。客户需填写拟购住房情况，填写完成后点击申请表最下面的【申请】按钮，个人住房借款申请交由柜员受理。

浙科银行个人住房借款申请表

贷款行：浙科银行			编号：	
一、申请人情况				
姓名	吴晖	性别	男	出生年月	1986-10-22
身份证：	330122198610220027		婚姻状况	□已婚 ☑未婚 □其他
户口所在地	杭州市教工路		现家庭地址	杭州市教工路
家庭电话	0571-88902251		手机号码	13588276510
工作单位	浙江航大科技开发有限公司		单位地址	杭州市文三路
单位电话			邮编：	
文化程度	本科		职务：	
月收入金额			个人公积金账号：	

图 3-46

步骤 51，综合角色添加个人贷款贷前问题。综合角色端，信贷部门模块中点击信贷试卷下的【贷款贷前问题】按钮，进入贷款贷前问题添加页面。点击【添加】按钮，进入问题添加页面。

图 3-47

输入问题后选择该问题是否必答，点击【添加】按钮，问题添加完成。添加后的问题保存到贷款贷前问题列表页面。

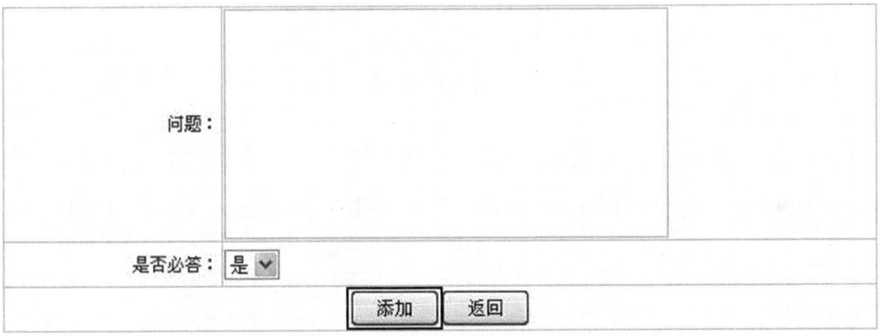

图 3-48

问题	是否必答	是否使用	操作
您的家庭年收入？	是	否	查看 修改 删除
您能接受的房价最……	是	否	查看 修改 删除
您想买的房子的户型？	是	否	查看 修改 删除
您会选择哪种付款……	是	否	查看 修改 删除
若您选择银行贷款……	否	否	查看 修改 删除

添加　　　　　　　第1页/共1页 共5条　首页 上一页 下一页 尾页　转到 1 ▾

图 3-49

步骤 52，综合角色添加贷前问卷。综合角色端，信贷部门模块中点击信贷试卷下的【贷前问卷】按钮，进入贷前问卷添加页面。

137

图 3-50

点击【添加】按钮，进入试卷添加页面。

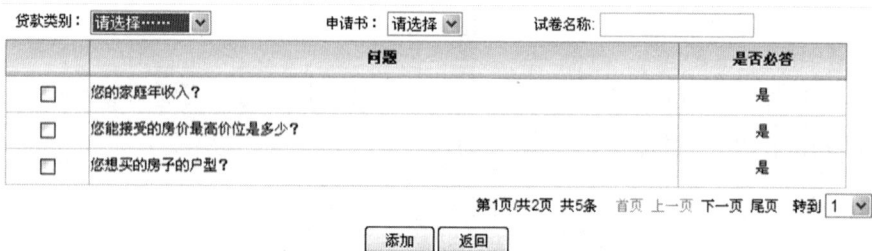

图 3-51

选择贷款类别为住房贷款；申请书通过下拉列表的方式进行选择；输入试卷
名称后选择问题。问卷信息填写完成后点击【添加】按钮，问卷添加到贷前问卷
列表页面。

图 3-52

步骤53，综合角色发布住房贷款调查。综合角色端，信贷部门模块中点击
个人贷款下的【住房贷款】按钮，进入住房贷款发布调查列表页面。点击列表中
【发布调查】按钮，住房贷款调查发布成功，由客户填写调查问卷。

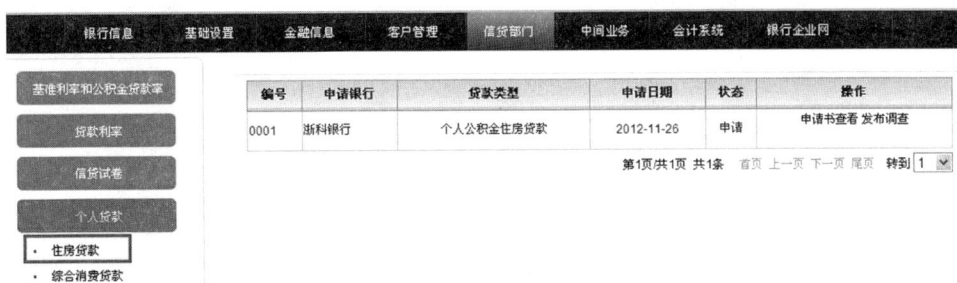

| 银行信息 | 基础设置 | 金融信息 | 客户管理 | 信贷部门 | 中间业务 | 会计系统 | 银行企业网 |

基准利率和公积金贷款率

贷款利率

信贷试卷

个人贷款
· 住房贷款
· 综合消费贷款

编号	申请银行	贷款类型	申请日期	状态	操作
0001	浙科银行	个人公积金住房贷款	2012-11-26	申请	申请书查看 发布调查

第1页/共1页 共1条 首页 上一页 下一页 尾页 转到 1 ∨

图 3-53

步骤 54，客户填写调查评价。客户住房贷款页面列表中点击【调查评价】按钮，进入住房贷款调查试卷填写页面。调查问卷填写完成后点击【保存】按钮，问卷填写完成。

住房贷款调查试卷

1. 您的家庭年收入？

2. 您能接受的房价最高价位是多少？

图 3-54

步骤 55，银行信贷部门调查审核和定制合同。客户申请住房贷款所在银行的"综合"角色，进入综合角色操作页面，信贷部门模块中点击个人贷款下的【住房贷款】按钮，进入住房贷款调查评价列表。综合角色查看客户填写的问卷后，点击【调查评价】按钮，进入银行调查页面。银行审核调查意见输入框中输入调查意见后点击下面【调查】按钮，调查成功。

编号	申请银行	贷款类型	申请日期	状态	操作
0001	浙科银行	个人公积金住房贷款	2012-11-26	回复调查	申请书查看 查看问卷 调查评价

第1页/共1页 共1条 首页 上一页 下一页 尾页 转到 1 ∨

图 3-55

浙科银行个人住房借款申请表

贷款行：浙科银行			编号：0001	
一、申请人情况				
姓名：吴晖		性别：男	出生年月：1986-10-22	
身份证：330122198610220027			婚姻状况：□已婚 ☑未婚 □其他	
户口所在地：杭州市教工路			现家庭地址：杭州市教工路	
家庭电话：0571-88902251			手机号码：13588276510	
工作单位：浙江航大科技开发有限公司			单位地址：杭州市文三路	
单位电话：			邮编：	
文化程度：本科			职务：	
月收入金额：			个人公积金账号：	
家庭基本情况	配偶姓名：		身份证号：	
	工作单位：		联系电话：	
	工作单位地址：		供养人数：0	
二、拟购住房情况				
详细地址：杭州市大关路302号			售房人（单位）名称：浙江航大科技开发有限公司	
地址：杭州市大关路302号			邮编：310012	
联系电话：88253321			拟购住房建筑面积：105.00	平方米
每平方米售价：8000.00	元/平方米		拟购住房总价格：840000.00	元
首付款金额：252000.00	元		申请借款金额：588000.00	元
申请借款期限：20	年		借款占总价格比例：70	%

图 3-56

再次进入个人贷款下的住房贷款页面，操作个人住房贷款审核。

编号	申请银行	贷款类型	申请日期	状态	操作
0001	浙科银行	个人公积金住房贷款	2012-11-26	已审核	申请书查看 审查

第1页共1页 共1条　首页 上一页 下一页 尾页　转到 1 ∨

图 3-57

列表中点击【审核】按钮，进入银行审核页面，填写审查意见后点击【审查】按钮，审查完成。

审查完成后，再次进入个人贷款下的住房贷款页面，操作个人住房贷款审批。银行填写审批意见后，点击【审批】按钮，个人住房贷款审批完成。

编号	申请银行	贷款类型	申请日期	状态	操作
0001	浙科银行	个人公积金住房贷款	2012-11-26	已审批	申请书查看 审批

第1页/共1页 共1条 首页 上一页 下一页 尾页 转到 1 ▾

图 3-58

审批完成后，住房贷款页面列表中状态为定制合同。操作列中点击【定制合同】按钮，进入个人住房贷款合同填写页面。

编号	申请银行	贷款类型	申请日期	状态	操作
0001	浙科银行	个人公积金住房贷款	2012-11-26	定制合同	申请书查看 定制合同

第1页/共1页 共1条 首页 上一页 下一页 尾页 转到 1 ▾

图 3-59

填写贷款合同后点击【定制合同】按钮，合同定制成功。

住房贷款　　　　借款合同

合同编号：

甲方（即借款人）：吴晖　　　　　乙方：浙科银行

身份证号码：330122198610220027　　地址：杭州市西湖区文三路2

家庭地址：杭州市教工路　　　　邮政编码：

邮政编码：310012　　　　　　负责人：xs0001

电话：0571-88902251　　　　电话：

甲方因　　　　　　的需要，向乙方申请贷款，甲乙双方根据国家有关法律，法规，经过充分协商，在平等自愿的基础上订立本合同条款，共同遵照执行。

第一条 贷款金额

乙方根据甲方申请，同意向甲方发放588000.00　元　贷款，总计金额为：588000.00　　元（大写：伍拾捌万捌仟元整）。

第二条 贷款用途

本合同项下的贷款用途　　　　（具体见贷款申请表）

第三条 贷款期限

20　　年，从贷款发放之日起240　　月，贷款总期数240

第四条 贷款利率

本合同项下的贷款利率按贷款发放日中国人民银行颁布的贷款利率执行。计息方法：利息从本合同项下的贷款发放之日起，按实际用款额和实际用款天数计算，计算基数为360天，当前月利率为0.00

图 3-60

步骤56，客户签订住房贷款合同。客户端，贷款业务下点击【住房贷款】按钮，进入签订合同列表页面。点击列表中【签订合同】按钮，进入住房贷款借款合同页面。甲方签字后点击【签订合同】按钮，住房贷款借款合同签订完成，客户还需填写贷款借款凭证。

编号	申请银行	贷款类型	申请日期	状态	操作
0001	浙科银行	个人公积金住房贷款	2012-11-26	等待客户签订合同	查看申请 签订合同

申请　　　　　　　　　　第1页/共1页 共1条　首页 上一页 下一页 尾页　转到 1 ▾

图 3-61

选择收款人账号和委托扣款账号后点击【保存】按钮，提交柜员受理贷款发放业务。

浙科银行 个人(住房)贷款借款凭证

2012 年 11 月 27 日

借 款 人	吴晖		收款人账号	0105710101210000186 ▾									
借款凭证号码	0001		委托扣款账号	0105710101210000186 ▾									
借款用途	购房	借款种类	住房贷款	借贷月利率‰	0.00								
借款日期	2012 年11月27日	到期日期	2032 年12月1日	还款方式	等额本息还								
借款金额(人民币大写)	伍拾捌万捌仟元整				千	百	十	万	千	百	十	元	角 分
							5	8	8	0	0	0	0 0

银行打印确认栏：

上列贷款已按合同约定转入收款人存款账户

银行会计部门转讫章

上列贷款按合同号（ 0001 ）农行＿＿＿＿字（　　）第（　　）号借款合同执行

保存　　返回

图 3-62

步骤57，柜员业务受理。柜员可点击工具栏中的  ，也可点击柜员桌面上的叫号器图标，弹出需受理业务窗口。选择需受理的业务，点击【受理】按钮，该业务已进行受理。

编号	业务类型	状态	受理柜员	操作
37	[0094]个人住房发放贷款 [提交人：xs0002 xs0002]	待受理	——	受理

第1页/共1页 共1条　首页 上一页 下一页 尾页　转到 1 ▾

图 3-63

步骤58，审核客户提交的凭证。柜员可点击工具栏中![桌面凭证]，进入客户提交的凭证审核页面。点击【审核】按钮，客户提交的贷款借款凭证审核成功。

浙科银行 个人(住房)贷款借款凭证

2012 年 11 月 27 日

借款人	吴晖		收款人账号	0105710101210000186												
借款凭证号码	0001		委托扣款账号	0105710101210000186												
借款用途	购房	借款种类	住房贷款	借贷月利率‰	0.00											
借款日期	2012 年 11月27日	到期日期	2032 年 12月 1 日	还款方式		等额本息还款										
借款金额 (人民币大写)	伍拾捌万捌仟元整					千	百	十	万	千	百	十	元	角	分	
								5	8	8	0	0	0	0	0	
银行打印确认栏：																
上列贷款已按合同约定转入收款人存款账户																
						银行会计部门转讫章										
上列贷款按合同号（ 0001 ）农行_____ 字（　）第（　）号借款合同执行																

审核

图 3-64

步骤59，输入业务数据。柜员点击柜员桌面上的显示器图标，弹出个人住房贷款拨款业务数据输入窗口。输入贷款金额后点击【保存】按钮，业务数据输入成功。

个人住房贷款 贷款

借款人：	吴晖	借款凭证号：	0001
收款账号：	0105710101210000186	还款账号：	0105710101210000186
借款金额：		月利率：	0.00 ％
借款日期：	2012-12-1	到期日期：	2032-12-1

保存

图 3-65

步骤 60，盖章。柜员可点击工具栏中 ![印章]，也可点击柜员桌面上的印章图标，进入单据盖章页面。点击盖章弹出窗口最下面的【盖章】按钮，个人贷款借款凭证盖章完成。

浙科银行 个人(住房)贷款借款凭证

2012 年 11 月 27 日

借款人	吴晖		收款人账号	0105710101210000186									
借款凭证号码	0001		委托扣款账号	0105710101210000186									
借款用途	购房	借款种类	住房贷款	借贷月利率‰	0.00								
借款日期	2012 年 11 月 27 日	到期日期	2032 年 12 月 1 日	还款方式	等额本息还								
借款金额 (人民币大写)	伍拾捌万捌仟元整			千	百	十	万	千	百	十	元	角	分
						5	8	8	0	0	0	0	0
银行打印确认栏：													
上列贷款已按合同约定转入收款人存款账户						浙科银行 2012-11-27 转讫 银行会计部门转讫章							
上列贷款按合同号（ 0001 ）农行_____字（　）第（　）号借款合同执行													

图 3-66

步骤 61，结束业务。柜员页面点击 ![结束业务] 按钮，进入活期账户会计分录页面。点击【结束业务】按钮，个人住房贷款拨款业务受理完成。

会计分录：

借：长期贷款——吴晖户　　588,000.00 元

　　贷：活期储蓄存款——吴晖户　　588,000.00 元

结束业务

图 3-67

（2）贷款回访。

步骤 62，银行进行贷后回访。综合角色页面，信贷部门模块中个人贷款下点击【住房贷款】按钮，进入贷后回访操作列表页面。然后点击【贷后回访】按钮，

进入回访信息添加页面。点击【添加】按钮，填写个人消费类贷款客户回访记录。

编号	申请银行	贷款类型	申请日期	状态	操作
0001	浙科银行	个人公积金住房贷款	2012-11-26	贷款已发放	申请书查看 贷后回访

第1页/共1页 共1条 首页 上一页 下一页 尾页 转到 1

银行信息　基础设置　金融信息　客户管理　信贷部门　中间业务　会计系统　银行企业网

基准利率和公积金贷款率
贷款利率
信贷试卷
个人贷款
· 住房贷款
· 综合消费贷款
企业贷款

图 3-68

回访记录填写完成后点击【保存】按钮，回访记录保存成功。

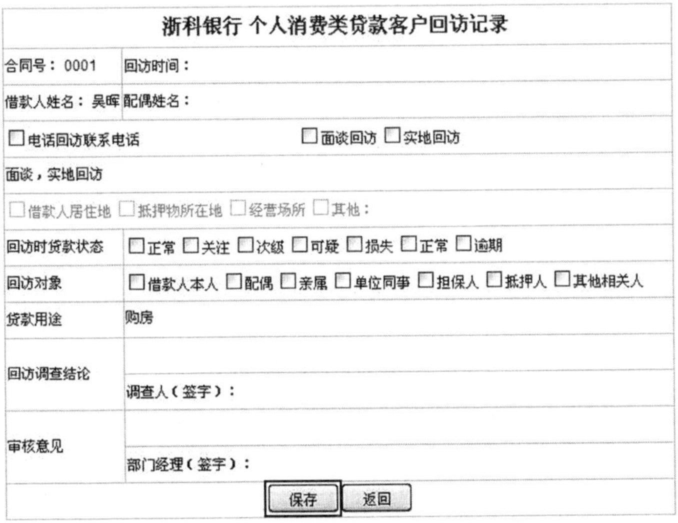

浙科银行 个人消费类贷款客户回访记录

合同号：0001　回访时间：

借款人姓名：吴晖 配偶姓名：

□电话回访联系电话　　　　　□面谈回访 □实地回访

面谈，实地回访

□借款人居住地 □抵押物所在地 □经营场所 □其他：

回访时贷款状态　□正常 □关注 □次级 □可疑 □损失 □正常 □逾期

回访对象　□借款人本人 □配偶 □亲属 □单位同事 □担保人 □抵押人 □其他相关人

贷款用途　购房

回访调查结论

　　　调查人（签字）：

审核意见

　　　部门经理（签字）：

保存　返回

图 3-69

步骤 63，添加回访问题。回访记录添加完成后，需添加回访问题。银行回访列表中点击【添加问题】按钮，进入问题添加列表页面，点击添加可进行添加回访问题。

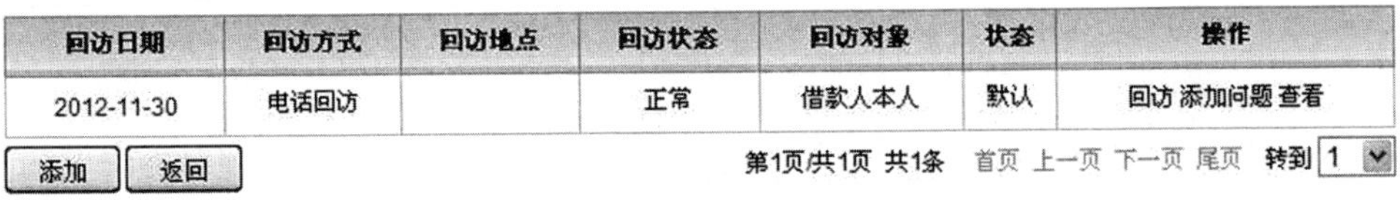

回访日期	回访方式	回访地点	回访状态	回访对象	状态	操作
2012-11-30	电话回访		正常	借款人本人	默认	回访 添加问题 查看

添加　返回

第1页/共1页 共1条 首页 上一页 下一页 尾页 转到 1

图 3-70

填写回访问题后点击【保存】按钮，回访问题添加完成。点击列表中【回访】按钮，银行向客户进行回访。

图 3-71

步骤64，客户回答回访问题。客户住房贷款页面，点击操作列中【贷款回访】按钮，进入回访问题回答列表页面。点击列表中【回答】按钮，进入个人贷款客户回访记录页面。

回访日期	回访方式	回访地点	回访状态	回访对象	操作
2012-11-30	电话回访		正常	借款人本人	回答

返回　　　　　　　　　　　　　　　　　第1页共1页 共1条　首页 上一页 下一页 尾页　转到 1

图 3-72

填写回访问题和回访调查结论后点击下面的【保存】按钮，客户回访回答完成。

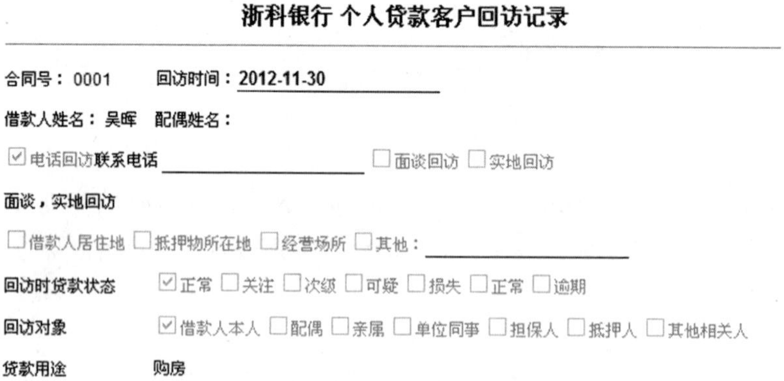

浙科银行 个人贷款客户回访记录

合同号：0001　　回访时间：2012-11-30

借款人姓名：吴晖　　配偶姓名：

☑电话回访**联系电话**＿＿＿＿＿＿＿＿＿　□面谈回访 □实地回访

面谈，实地回访

□借款人居住地 □抵押物所在地 □经营场所 □其他：＿＿＿＿＿＿＿

回访时贷款状态　☑正常 □关注 □次级 □可疑 □损失 □正常 □逾期

回访对象　　　　☑借款人本人 □配偶 □亲属 □单位同事 □担保人 □抵押人 □其他相关人

贷款用途　　　　购房

图 3-73

步骤65，银行回访评价。综合角色，住房贷款列表页面，点击【贷后回访】按钮，可进入回访评价列表页面。列表中点击【评价】按钮，进入回访记录银行经理审核页面。

回访日期	回访方式	回访地点	回访状态	回访对象	状态	操作
2012-11-30	电话回访		正常	借款人本人	已回访	评价 查看

添加　返回　　　　　　　　第1页/共1页 共1条　首页 上一页 下一页 尾页 转到 1 ∨

图 3-74

审核意见填写完成后，点击下面的【保存】按钮，回访记录审核完成。

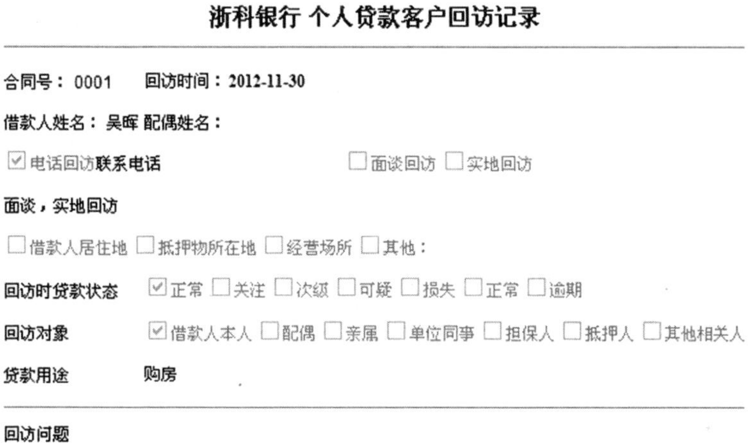

浙科银行 个人贷款客户回访记录

合同号：0001　　回访时间：2012-11-30

借款人姓名：吴晖 配偶姓名：

☑电话回访联系电话　　　　　□面谈回访 □实地回访

面谈，实地回访

□借款人居住地 □抵押物所在地 □经营场所 □其他：

回访时贷款状态　☑正常 □关注 □次级 □可疑 □损失 □正常 □逾期

回访对象　☑借款人本人 □配偶 □亲属 □单位同事 □担保人 □抵押人 □其他相关人

贷款用途　　购房

回访问题

图 3-75

（3）还款。

步骤66，客户提交还款申请。客户窗口，点击贷款业务下的【住房贷款】按钮，进入住房贷款操作页面。点击操作列中【还款】按钮，进入还贷列表页面，点击【还贷】，客户填写还贷凭证。

编号	申请银行	贷款类型	申请日期	状态	操作
0001	浙科银行	个人公积金住房贷款	2012-11-26	贷款已发放	查看申请 贷款回访 还款 提前还款申请书

申请　　　　　　　　　　第1页/共1页 共1条　首页 上一页 下一页 尾页 转到 1 ∨

图 3-76

点击【还款】按钮，交由柜员管理。

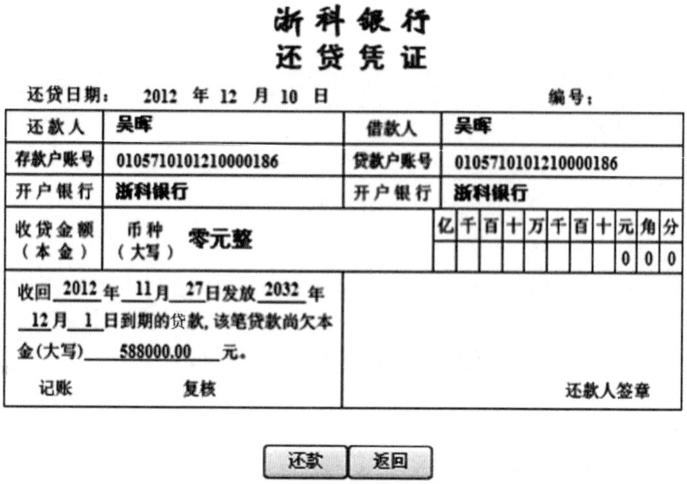

浙科银行

还贷凭证

还贷日期： 2012 年 12 月 10 日   编号：

还款人	吴晖		借款人	吴晖										
存款户账号	0105710101210000186		贷款户账号	0105710101210000186										
开户银行	浙科银行		开户银行	浙科银行										
收贷金额（本金）	币种（大写）	零元整			亿	千	百	十	万	千	百	十	元	角	分
												0	0	0

收回 2012 年 11 月 27 日发放 2032 年 12 月 1 日到期的贷款，该笔贷款尚欠本金(大写) 588000.00 元。

记账   复核   还款人签章

[还款] [返回]

图 3-77

步骤 67，柜员业务受理。柜员可点击工具栏中的  ，也可点击柜员桌面上的叫号器图标，弹出需受理业务窗口。选择需受理的业务，点击【受理】按钮，该业务已进行受理。

编号	业务类型	状态	受理柜员	操作
48	[0096]个人住房贷款现金还款 [提交人：xs0002 xs0002]	待受理	——	受理

第1页/共1页 共1条   首页 上一页 下一页 尾页   转到 1

图 3-78

步骤 68，审核客户提交的凭证。柜员可点击工具栏中 ，进入客户提交的凭证审核页面。点击【审核】按钮，还贷凭证审核成功。

步骤 69，输入业务数据。柜员点击柜员桌面上的显示器图标，弹出还贷业务数据输入窗口。输入还款人和还款金额后点击【显示信息】按钮，自动显示还贷信息。点击【保存】按钮，业务数据输入完成。

浙 科 银 行
还 贷 凭 证

还贷日期：　2012 年 12 月 10 日　　　　　　　　编号：

还款人	吴晖		借款人	吴晖										
存款户账号	0105710101210000186		贷款户账号	0105710101210000186										
开户银行	浙科银行		开户银行	浙科银行										
收贷金额 （本金）	币种 （大写）	零元整		亿	千	百	十	万	千	百	十	元	角	分
											0	0	0
收回 2012 年 11 月 27 日发放 2032 年 12 月 1 日到期的贷款，该笔贷款尚欠本金（大写）　588000.00　元。														
记账　　　复核			还款人签章											

审核

图 3-79

个人住房贷款 还款

还款人：_____

还款金额：_____

凭证编号：_____

还贷日期：_____

尚欠本金（大写）：_____

显示信息

图 3-80

步骤 70，盖章。柜员可点击工具栏中 ![印章]，也可点击柜员桌面上的印章图标，进入单据盖章页面。点击盖章弹出窗口最下面的【盖章】按钮，还贷凭证盖章完成。

步骤 71，结束业务。柜员页面点击 ![结束业务] 按钮，进入活期账户会计分录页面，点击【结束业务】按钮，还贷业务受理完成。

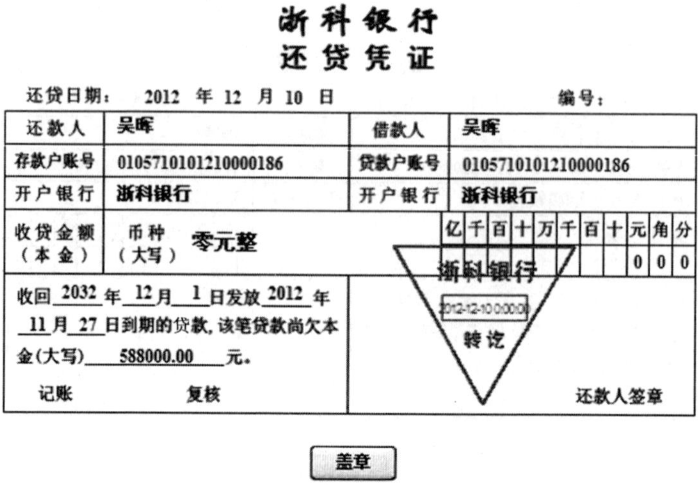

浙科银行
还贷凭证

还贷日期：　2012　年　12　月　10　日　　　　　　编号：

还款人	吴晖	借款人	吴晖
存款户账号	0105710101210000186	贷款户账号	0105710101210000186
开户银行	浙科银行	开户银行	浙科银行

收贷金额（本金）	币种（大写）	零元整	亿	千	百	十	万	千	百	十	元	角	分
												0	0	0

收回 __2032__ 年 __12__ 月 __1__ 日发放 __2012__ 年 __11__ 月 __27__ 日到期的贷款，该笔贷款尚欠本金（大写）___588000.00___ 元。

记账　　　复核　　　　　　　　　　　　还款人签章

浙科银行
2012-12-10 00000
转讫

盖章

图 3-81

2. 综合消费贷款

个人综合消费贷款指以借款人本人或第三人所有的依法有权处分的住房作抵押，或以银行接受的质物，或其他抵（质）押方式作担保，以个人综合消费为用途而发放的贷款，可用于购买房产、汽车、家具家电，也可用于装修、教育、旅游和医疗。

综合消费贷款操作可参考个人住房贷款业务，此处不再详细说明。

实验项目四
个人汇款业务和外汇业务实验

一、实验目标

汇款是指银行与银行之间或者跨地区的金额寄回，学生通过汇款业务和外汇业务的实验，可了解用户去银行汇款和退汇的所有流程；并且熟悉结汇、售汇、套汇三种外汇业务的过程和区别。

二、实验任务

（1）了解汇款是银行资金转移的一种方式。

（2）熟悉银行汇款和退汇的过程。

（3）了解外汇业务对银行的作用。

（4）熟悉外汇业务的受理过程。

三、背景知识

（一）汇款业务特点

1. 方便

如果你是农行网银的签约客户，或持有农行的银行卡（借记卡或准贷记卡），可任意选择网点、网上银行两种交易渠道。在网点汇出，在网点或网上银行兑付；或在网上银行汇出，在网点或网上银行兑付。前往农行任一网点均可兑付汇款、查询与汇款相关的信息。在网点办理漫游汇款，无须开立结算账户。在网上银行办理漫游汇款，不必排队等候，不受网点地理位置和营业时间的限制，操作简单，容易掌握。

2. 安全

汇款人只要准确知道收款人的姓名就能汇款，收款人无须将本人账号或卡号告诉汇款人，保证账户信息的安全。

兑付、查询汇款均凭密码。如密码当日累计三次输入错误，系统自动锁定该笔汇款，防止被他人破译，保证资金的安全。

3. 快捷

款项实时汇出，实时兑付，随时满足您用款的需要。

（二）外汇业务

代客外汇买卖：为满足银行同业对不同币种即期或远期的支付需求，工商银行可接受银行同业委托办理即期或远期外汇买卖。即期交易将于成交日后两个工作日内进行交割，远期交易将于约定的将来特定时间（成交日后两个工作日以上）、按照约定的币种、金额及汇率进行交割。工商银行可提供多币种的外汇买卖业务，包括美元、欧元、英镑、日元、瑞士法郎、澳大利亚元、新加坡元、丹麦克朗、瑞典克朗、挪威克朗、加拿大元、新西兰元等可自由兑换货币。

四、实验步骤

（一）汇款业务（人民币汇款、人民币退汇）

1. 人民币汇款

步骤 1，客户提交个人结算业务申请书。客户窗口，点击汇款业务下的【人民币汇款】按钮，进入人民币汇款银行选择页面。点击【选择】按钮，选择银行后进入个人结算业务申请书填写页面。

银行名称	银行类别	银行级别	地区编号	网点编号	操作
浙科银行	全国性	总行	0571	01	选择
浙科银行浙江省杭州市分行	全国性	分行	0571	02	选择

第1页/共1页　共2条　首页　上一页　下一页　尾页　转到 1 ▼

图 4-1

填写个人结算业务申请书后点击【提交】按钮，人民币汇款业务交由柜员受理。

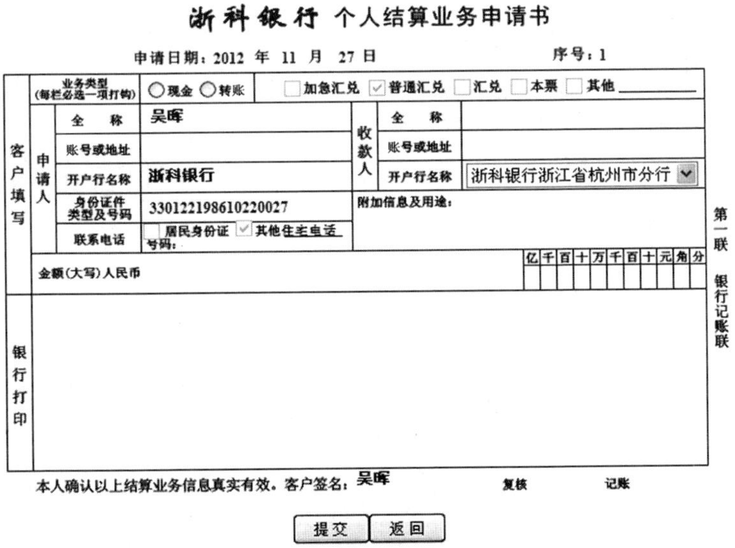

浙科银行 个人结算业务申请书

申请日期：2012 年 11 月 27 日　　　　序号：1

| 业务类型（每栏必选一项打钩） | ○现金 ○转账 | □加急汇兑 ☑普通汇兑 □汇兑 □本票 □其他_____ |

客户填写

申请人

全　称	吴晖	收款人	全　称	
账号或地址			账号或地址	
开户行名称	浙科银行		开户行名称	浙科银行浙江省杭州市分行 ▼
身份证件类型及号码	330122198610220027	附加信息及用途：		
联系电话	居民身份证 ☑其他住宅电话 号码：			

第一联　银行记账联

金额(大写)人民币　　　　　　　　　　亿千百十万千百十元角分

银行打印

本人确认以上结算业务信息真实有效。客户签名：吴晖　　　　复核　　　　记账

[提交] [返回]

图 4-2

步骤2，柜员业务受理。柜员可点击工具栏中的 ![叫号器]，也可点击柜员桌面上的叫号器图标，弹出需受理业务窗口。选择需受理的业务，点击【受理】按钮，该业务已进行受理。

编号	业务类型	状态	受理柜员	操作
38	[0263]人民币汇款 [提交人：xs0002 xs0002]	待受理	——	受理

第1页/共1页 共1条　首页 上一页 下一页 尾页　转到 1

图 4-3

步骤3，查收客户提交的钱钞。柜员可点击工具栏中的 ![点钞机]，也可点击柜员桌面上的点钞机图标，检验客户提交的钱钞。

步骤4，审核客户提交的凭证。柜员可点击工具栏中 ![桌面凭证]，进入客户提交的凭证审核页面。点击【审核】按钮，个人结算业务申请书审核成功。

浙科银行 个人结算业务申请书

申请日期：2012 年 11 月 27 日　　　　序号：1

	业务类型（每栏必选一项打钩）	●现金 ○转账	□加急汇兑 ☑普通汇兑 □汇兑 □本票 □其他_____

客户填写

申请人
全称 吴晖
账号或地址 0105710101210000186
开户行名称 浙科银行
身份证件类型及号码 330122198610220027
联系电话 □居民身份证 ☑其他住宅电话 号码：

收款人
全称 吴晖
账号或地址 0105710101210000589
开户行名称 浙科银行浙江省杭州市分行
附加信息及用途：

金额（大写）人民币 捌仟元整　　亿千百十万千百十元角分 8 0 0 0 0 0

银行打印

第一联 银行记账联

本人确认以上结算业务信息真实有效。客户签名：吴晖　　复核　　记账

图 4-4

步骤5，输入业务数据。柜员点击柜员桌面上的显示器图标，弹出人民币汇款业务数据输入窗口。点击【保存】按钮，业务数据输入成功。

个人结算业务信息

收款单据类型：现金	业务类型：普通汇兑
申请人：吴晖	收款人：吴晖
申请人开户行：浙科银行	收款人开户行：浙科银行浙江省杭州市分行
申请人证件号：330122198610220027	申请人联系方式：
转账金额：8000.00	（人民币）

保存

图 4-5

步骤 6，打印凭证。柜员可点击工具栏中  报表打印机 ，也可点击柜员桌面上报表打印机图标，进入银行业务收费凭证打印页面。点击【打印】按钮，银行业务收费凭证打印完成。

浙科银行业务收费凭证

币别：人民币　　　　　　　　　2012 年 11 月 27 日　　　　　　流水号：

付款人	吴晖		账号	
费率种类	单价	数量	合计金额	
人民币汇款业务	4.00	1	4.00（人民币）	
金额（大写）：肆元整				
付款方式	现金			
备注：			科目（贷） 双方科目（借）	

合计主管：　　　　　　授权：　　　　　　复核：　　　　　　录入：

图 4-6

步骤 7，盖章。柜员可点击工具栏中  印章 ，也可点击柜员桌面上的印章图标，进入单据盖章页面。点击盖章弹出窗口最下面的【盖章】按钮，银行业务收费凭证和个人结算业务申请书盖章完成。

浙科银行业务收费凭证

币别：人民币　　　　　　　2012 年 11 月 27 日　　　　　流水号：

付款人	吴晖		账号	
费率种类	单价	数量		合计金额
人民币汇款业务	4.00	1		4.00（人民币）
金额（大写）：肆元整				
付款方式	现金			
备注：				

浙科银行
2012.11.27
现金讫

科目（贷）
双方科目（借）

会计主管：　　　　　　授权：　　　　　　复核：　xs0001　　　录入：　xs0002

浙科银行 个人结算业务申请书

申请日期：2012 年 11 月 27 日　　　　　　　序号：1

业务类型 （每栏必选一项打钩）	⦿ 现金　○ 转帐	□ 加急汇兑　☑ 普通汇兑　□ 汇兑　□ 本票　□ 其他 _____

图 4-7

步骤 8，结束业务。柜员页面点击 ✅结束业务 按钮，进入活期账户会计分录页面。点击【结束业务】按钮，人民币汇款业务受理完成。

会计分录：

借：库存现金　　8,000.00 元

　　贷：应解汇款——吴晖　　8,000.00 元

借：应解汇款——吴晖　　8,000.00 元

　　贷：清算资金往来　　8,000.00 元

结束业务

图 4-8

2. 人民币退汇

步骤 9，客户提交退汇申请。客户窗口，点击汇款业务下的【人民币退汇】按钮，选择退汇银行后进入退汇申请填写页面。选择退汇申请书中个人结算申请书序号后自动显示个人结算业务申请书。填写退汇理由后点击【提交】按钮，退汇申请提交完成，由柜员管理人民币汇款业务。

步骤 10，柜员业务受理。柜员可点击工具栏中的叫号器，也可点击柜员桌面上的叫号器图标，弹出需受理业务窗口。选择需受理的业务，点击【受理】按钮，该业务已进行受理。

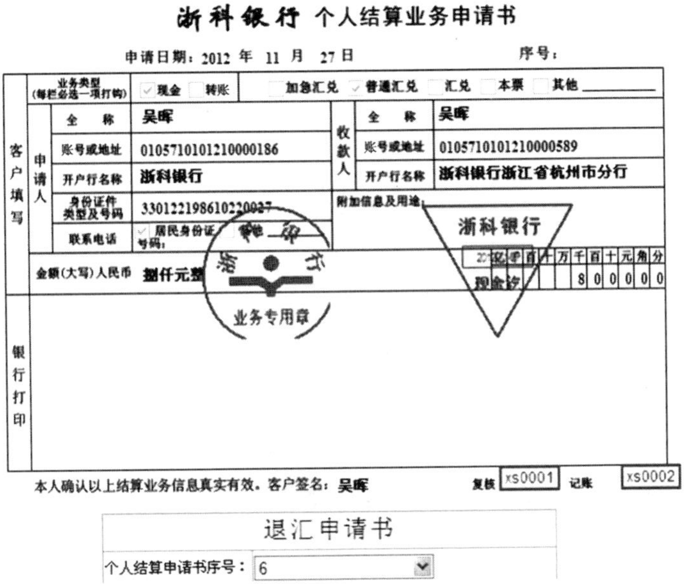

浙科银行 个人结算业务申请书

申请日期：2012 年 11 月 27 日　　　　　序号：

| 业务类型
(每栏必选一项打钩) | ✓现金 | 转账 | | 加急汇兑 | ✓普通汇兑 | 汇兑 | 本票 | 其他____ |

客户填写

申请人

全　称	吴晖
账号或地址	0105710101210000186
开户行名称	浙科银行
身份证件 类型及号码	✓居民身份证 330122198610220027
联系电话 号码：	

收款人

全　称	吴晖
账号或地址	0105710101210000589
开户行名称	浙科银行浙江省杭州市分行

附加信息及用途：

金额(大写)人民币 捌仟元整

| 亿 | 千 | 百 | 十 | 万 | 千 | 百 | 十 | 元 | 角 | 分 |
| | | | | | 8 | 0 | 0 | 0 | 0 | 0 |

银行打印

本人确认以上结算业务信息真实有效。客户签名：吴晖　　复核 xs0001　记账 xs0002

退汇申请书

个人结算申请书序号：6

图 4-9

编号	业务类型	状态	受理柜员	操作
39	[0265]人民币退汇 [提交人：xs0002 xs0002]	待受理	——	受理

第1页/共1页 共1条　首页 上一页 下一页 尾页　转到 1

图 4-10

步骤 11，审核客户提交的凭证。柜员可点击工具栏中 **桌面凭证**，进入客户提交的凭证审核页面。点击【审核】按钮，退汇申请书和个人结算业务申请书审核完成。

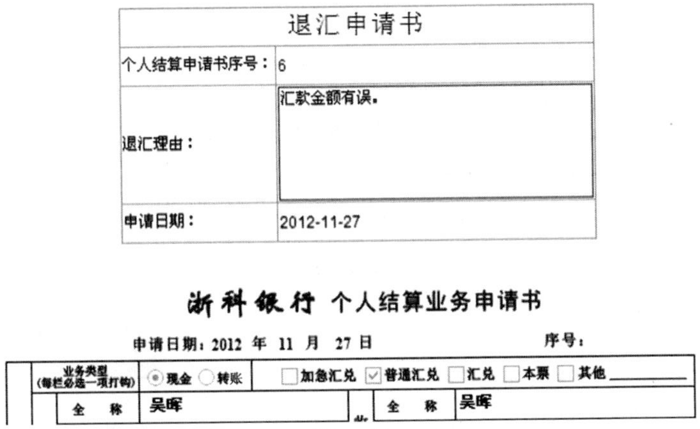

退汇申请书

个人结算申请书序号：	6
退汇理由：	汇款金额有误。
申请日期：	2012-11-27

浙科银行 个人结算业务申请书

申请日期：2012 年 11 月 27 日　　　　　序号：

| 业务类型
(每栏必选一项打钩) | ●现金 | ○转账 | | □加急汇兑 | ✓普通汇兑 | □汇兑 | □本票 | □其他____ |
| 全　称 | 吴晖 | | | 全　称 | 吴晖 |

图 4-11

步骤 12，输入业务数据。柜员点击柜员桌面上的显示器图标，弹出个人活期存款业务数据输入窗口。点击【保存】按钮，业务数据输入完成。

退汇申请书	
个人结算申请书序号：	6
退汇理由：	汇款金额有误。
申请日期	2012-11-27

保存

图 4-12

步骤 13，盖章。柜员可点击工具栏中 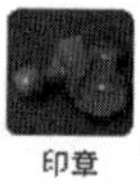 ，也可点击柜员桌面上的印章图标，进入单据盖章页面。点击盖章弹出窗口最下面的【盖章】按钮，个人结算业务申请书和退汇申请书盖章完成。

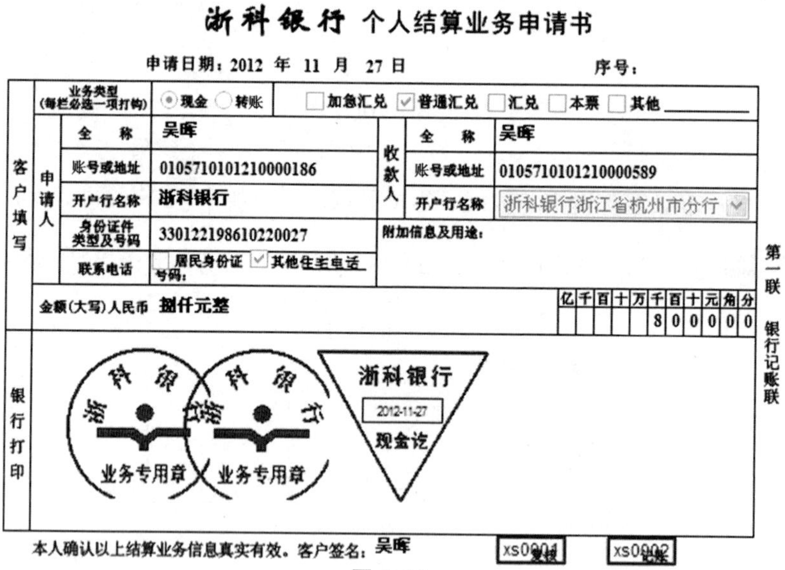

图 4-13

步骤 14，从尾箱中取出钱钞。柜员可点击工具栏中  ，也可点击柜员桌面上的尾箱图标，进入尾箱取钱页面。根据取款金额，填写取出钱钞的数量。点

击【取出】按钮，取钱成功。

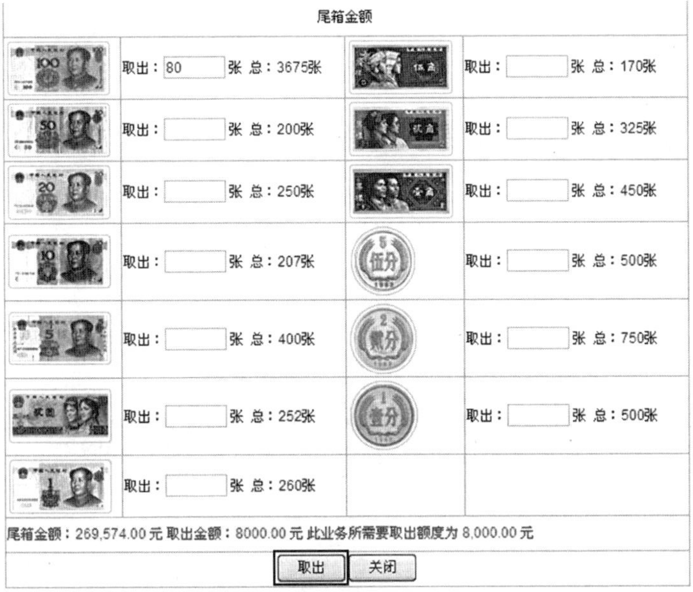

图 4-14

步骤 15，验证从尾箱中取出的钱钞。柜员可点击工具栏中的 ![点钞机]，也可点击柜员桌面上的点钞机图标，验证取出的钱钞是否正确。

步骤 16，结束业务。柜员页面点击 ![结束业务] 按钮，进入活期账户会计分录页面，点击【结束业务】按钮，人民币退汇业务受理完成。

（二）外汇业务（结汇、售汇、套汇）

1. 结汇

步骤 17，客户提交结汇申请。客户窗口，点击外汇业务下的【结汇】按钮，进入结汇业务添加页面。点击【添加】按钮，进入结汇银行选择页面。选择银行后客户需填写结/售汇申请书。

结/售汇申请书填写完成后点击【申请】按钮，结汇业务交由柜员受理。

图 4–15

图 4–16

步骤 18，柜员业务受理。柜员可点击工具栏中的  ，也可点击柜员桌面上的叫号器图标，弹出需受理业务窗口。选择需受理的业务，点击【受理】按钮，该业务已进行受理。

编号	业务类型	状态	受理柜员	操作
40	[0177]结汇 [提交人：xs0002 xs0002]	待受理	——	受理

第1页/共1页 共1条　首页 上一页 下一页 尾页　转到 1 ∨

图 4-17

步骤 19，查验客户提交的钱钞。柜员可点击工具栏中的　[点钞机]　，也可点击柜员桌面上的点钞机图标，查验客户提交的钱钞是否正确。

步骤 20，审核客户提交的凭证。柜员可点击工具栏中　[桌面凭证]　，进入客户提交的凭证审核页面。点击【审核】按钮，结/售汇申请书和身份证审核成功。

结/售汇申请书

浙科银行	:		
我公司/个人按国家外汇管理局有关规定向贵社提出结售汇申请，并附有关证，请审核并按实际结汇牌价办理结售汇。			
单位/个人名称：	吴晖	组织结构代码/身份证号码：	330122198610220027
联系电话：	13588276510	邮编：	310012
地址：	杭州市教工路		
代理人姓名：		代理人身份证号码：	
结/售汇：	◉结汇 ○售汇		
申请结/售汇币种：	002-美元 ∨	结/售汇金额：	1000.00
人民币账户性质：	☑现钞□现汇	外币账户性质：	☑现钞□现汇
人民币账号储种：		外币账号储种：	
人民币账号：		外币账号：	

图 4-18

步骤 21，输入业务数据。柜员点击柜员桌面上的显示器图标，弹出结汇业务数据输入窗口。输入人民币金额后点击【显示信息】按钮后可进行保存。点击【保存】按钮，业务数据输入完成。

个人代理业务 结/售汇

客户名称：吴晖

日期：2012-11-27

结/售汇：结汇

外汇币种：002-美元

外汇金额：1000.00

汇率：635.55

人民币金额：

[显示信息]

图 4-19

步骤 22，取出重要空白凭证。柜员可点击工具栏中  ，也可点击柜员桌面上空白凭证图标，进入空白凭证取出页面。选择"结售汇单"后点击【取出】按钮，空白凭证取出成功。

选	凭证名称	数量	当前可用开始编号
☐	储蓄存单	0	00000015
☐	一本通存折	4	00000012
☐	定期存折	1	00000015
☐	活期存折	2	00000014
☐	储蓄借记卡(空白卡)	4	00000012
☐	信用卡(空白卡)	4	00000012
☐	现金支票	5	00000011
☐	结售汇单	5	00000011

领取　关闭　取出

图 4-20

步骤 23，打印凭证。柜员可点击工具栏中  ，也可点击柜员桌面上报表打印机图标，进入结售汇单打印页面。点击【打印】按钮，结售汇单打印完成。

浙科银行 结售汇单

2012 年 11 月 27 日

客户名称	吴晖	业务编号	0004
付款账号		交易日	2012-11-27
收款账号		交割日	2012-11-27

外汇金额	汇率	人民币金额
1000.00	635.55	635550.00

摘要		

币种	账号	科目	借/贷	金额

授权　　　　复核　　　　记账

图 4-21

步骤 24，盖章。柜员可点击工具栏中  ，也可点击柜员桌面上的印章图

标，进入单据盖章页面。点击盖章弹出窗口最下面的【盖章】按钮，结/售汇申请书和结售汇单盖章完成。

结/售汇申请书

浙科银行	:		
我公司/个人按国家外汇管理局有关规定向贵社提出结售汇申请，并附有关单证，请审核并按实际结汇牌价办理结售汇。			
单位/个人名称：	吴晖	组织结构代码/身份证号码：	330122198610220027
联系电话：	13588276510	邮编：	310012
地址：	杭州市教工路		
代理人姓名：		代理人身份证号码：	
结/售汇：	◉结汇 ○售汇		
申请结/售汇币种：	002-美元 ∨	结/售汇金额：	1000.00
人民币账户性质：	☑现钞 □现汇	外币账户性质：	☑现钞 □现汇
人民币账号储种：		外币账号储种：	
人民币账号：		外币账号：	

图 4-22

步骤 25，结束业务。柜员页面点击 ✅结束业务 按钮，进入活期账户会计分录页面。点击【结束业务】按钮，结汇业务受理完成。

会计分录：

借：库存现金（USD）　1,000.00 元
　　贷：外汇买卖（USD）　1,000.00 元
借：外汇买卖（RMB）　635,550.00 元
　　贷：库存现金（RMB）　635,550.00 元

结束业务

图 4-23

2. 售汇

售汇是指外汇指定银行将外汇卖给外汇使用者，并根据交易行为发生之日的人民币汇率收取等值人民币的行为。

售汇业务，可参考结汇业务进行操作，此处不再赘述。

3. 套汇

套汇是指利用不同的外汇市场，不同的货币种类，不同的交割时间以及一些货币汇率和利率上的差异，进行从低价一方买进，高价一方卖出，从中赚取利润的外汇买卖。套汇一般可以分为地点套汇、时间套汇和套利三种形式。

套汇业务，也可参考结汇业务进行操作，这里不再赘述。

实验项目五
代理业务和个人网上银行实验

一、实验目标

通过代理业务和网上银行实验的操作，学生会更深入地了解代理业务是典型的中间业务。银行充分利用自身的信誉、技能、信息等资源代客户行使监督管理权、提供各项金融服务；并且充分了解网上银行是银行利用 Internet 技术，通过 Internet 向客户提供开户、查询、对账、行内转账、跨行转账、信贷、网上证券、投资理财等服务项目，客户可以足不出户就能够安全便捷地管理活期和定期存款、支票、信用卡及个人投资等。可以说，网上银行是在 Internet 上的虚拟银行柜台。

二、实验任务

（1）了解国债业务开户、购买和卖出的操作流程。

（2）了解基金业务开户、购买和卖出的操作流程。

（3）了解银行代理缴费的申请和缴费操作。

（4）了解用户网上银行的业务操作。

三、背景知识

（一）代理业务的种类及内容

1. 代收代付业务

代理业务中应用范围最广的是代收代付业务，此类业务几乎涉及社会生活的每一家每一户。代收代付业务是指商业银行利用自身结算的便利，接受客户的委托代为办理指定款项收付的业务。如代发工资业务、代扣住房按揭消费贷款还款业务、代收交通违章罚款等。代收代付业务的种类繁多，涉及范围广泛。归纳起来可以分为两大类：一是代缴费业务，就是银行代理收费单位向其用户收取费用的一种转账结算业务，如代收电话费、保险费、交通违章罚款、养路费等；二是代发薪业务，就是银行受国家机关、行政事业单位及企业的委托，通过其在银行开立的活期储蓄账户，直接向职工发放工资的业务。

2. 代理证券业务

代理证券业务就是指银行接受委托办理的代理发行、兑付、买卖各类有价证券的业务，同时还包括代办债券还本付息、代发红利、代理证券资金清算等业务。有价证券主要包括国债、金融债券、公司债券、股票等。银证通业务、代理发行、代理兑付、承销政府债券业务等，是银行开办的主要代理债券类业务。

3. 代理保险业务

代理保险业务就是银行接受保险公司的委托代其办理保险业务，属于兼业代理。代理保险业务是目前我国银行保险发展的最为广泛的种类。银行代理保险业务要符合中国保监会 2000 年颁布的《保险兼业代理管理暂行办法》针对兼业代理人的条件才可以进行兼业代理活动。

4. 代理政策性银行业务

代理政策性银行业务是指商业银行接受政策性银行的委托，代为办理政策性银行因服务功能和网点设置等方面的限制而无法办理的业务，包括代理贷款项目管理等。

5. 代理中央银行业务

代理中央银行业务是指根据政策法规应由中央银行承担，但是由于机构设置、专业优势等方面的原因，由中央银行指定或委托商业银行承担的业务，主要包括财政性存款代理业务、国库代理业务、发行库代理业务等。

6. 代理商业银行业务

代理商业银行业务就是指商业银行之间相互代理业务，主要是指代理资金清算业务，如代理银行汇票业务。

（二）网上银行特点

1. 全面实现无纸化交易

以前使用的票据和单据大部分被电子支票、电子汇票和电子收据所代替；原来的纸币被电子货币，即电子现金、电子钱包、电子信用卡所代替；原有纸质文件的邮寄变为通过数据通信网络进行传送。

2. 服务方便、快捷、高效、可靠

通过网络银行，用户可以享受到方便、快捷、高效和可靠的全方位服务。任何需要的时候都可以使用网络银行的服务，不受时间、地域的限制，即实现 3A 服务（Anywhere，Anyhow，Anytime）。

3. 经营成本低廉

网络银行由于采用了虚拟现实信息处理技术，可以在保证原有的业务量不降低的前提下，减少营业点的数量。

4. 简单易用

网上 E-mail 通信方式也非常灵活方便，便于客户与银行之间以及银行内部的沟通。

与传统银行业务相比，网上银行业务有许多优势：

开办网上银行业务，主要利用公共网络资源，不需设置物理的分支机构或营业网点，减少了人员费用，提高了银行后台系统的效率。

网上银行业务打破了传统银行业务的地域、时间限制，具有 3A 特点，即能在任何时候（Anytime）、任何地方（Anywhere）、以任何方式（Anyhow）为客户提供金融服务，这既有利于吸引和保留优质客户，又能主动扩大客户群，开辟新的利润来源。

通过银行营业网点销售保险、证券和基金等金融产品，往往受到很大限制，主要是由于一般的营业网点难以为客户提供详细的、低成本的信息咨询服务。利用互联网和银行支付系统，容易满足客户咨询、购买和交易多种金融产品的需求，客户除办理银行业务外，还可以很方便地进行网上买卖股票债券等，网上银行能够为客户提供更加合适的个性化金融服务。

四、实验步骤

（一）代理业务

代理业务主要包括凭证式国债、记账式国债、基金业务、代理缴费业务、代理续缴费业务。

1. 凭证式国债

步骤 1，综合角色设置凭证式国债。综合角色用户，点击中间业务模块中的【银行代理国债设置】按钮，进入国债添加页面。点击【添加】按钮，进入国债添加页面。

图 5-1

选择国债券种后，自动显示该国债的信息。点击【保存】按钮，国债设置成功。

步骤 2，客户购买凭证式国债。客户窗口，点击代理业务下的凭证式国债按钮，进入凭证购买页面。点击【购买】按钮，进入购买银行选择页面。选择购买银行后客户需填写凭证式国债购买申请表。

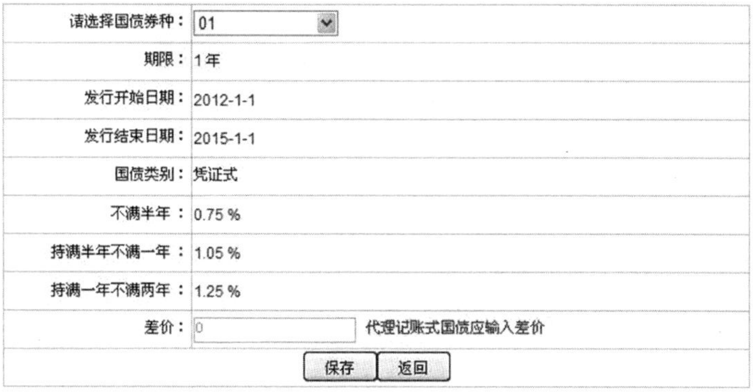

图 5–2

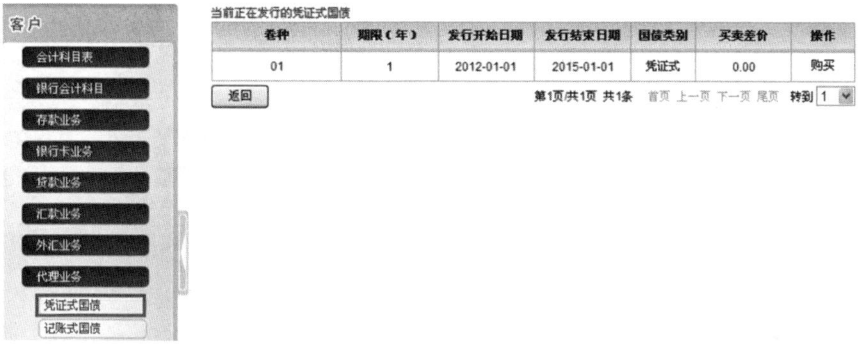

图 5–3

输入购买金额后点击【提交】按钮，凭证式国债购买申请提交成功，交由柜员受理。

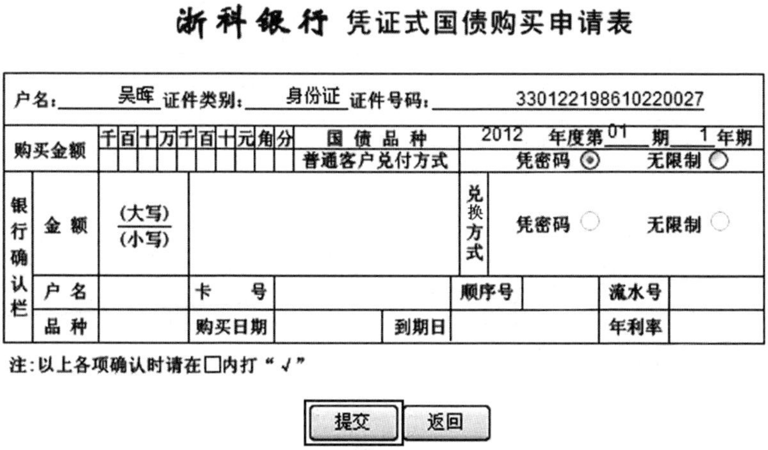

图 5–4

步骤 3，柜员业务受理。柜员可点击工具栏中的  ，也可点击柜员桌面上的叫号器图标，弹出需受理业务窗口。选择需受理的业务，点击【受理】按钮，该业务已进行受理。

编号	业务类型	状态	受理柜员	操作
41	[0142]凭证式国债现金买入业务 [提交人：xs0002 xs0002]	待受理	——	受理

第1页/共1页 共1条　首页 上一页 下一页 尾页　转到 1

图 5-5

步骤 4，查收客户提交的钱钞。柜员可点击工具栏中的  ，也可点击柜员桌面上的点钞机图标，验证客户提交的钱钞是否正确。

步骤 5，审核客户提交的凭证。柜员可点击工具栏中  ，进入客户提交的凭证审核页面。点击【审核】按钮，凭证式国债购买申请表和身份证审核成功。

浙科银行 凭证式国债购买申请表

户名：　吴晖　证件类别：　身份证　证件号码：　330122198610220027

购买金额　千百十万千百十元角分　1 0 0 0 0 0 0　国债品种　2012 年度第 01 期 1 年期

普通客户兑付方式　凭密码 ● 无限制 ○

银行确认栏

金额（大写）（小写）　兑换方式　凭密码 ○ 无限制 ○

户名　卡号　顺序号　流水号

品种　购买日期　到期日　年利率

注：以上各项确认时请在□内打"√"

图 5-6

步骤 6，输入业务数据。柜员点击柜员桌面上的显示器图标，弹出凭证式国债业务数据输入窗口。点击【选择】按钮，选择发行年份，自动显示期数；填写购买人和购买金额后点击【录入】按钮，业务数据输入完成。

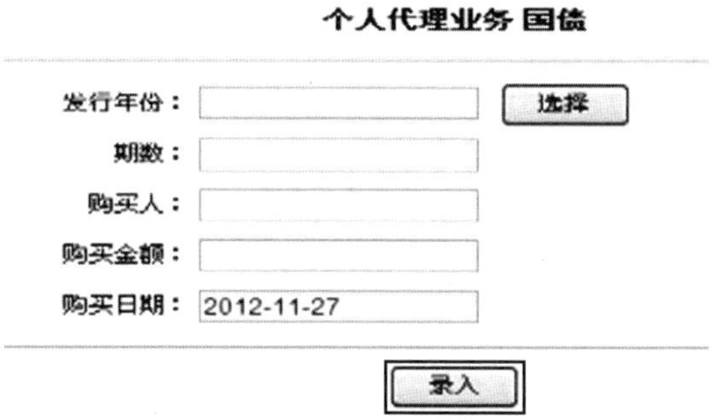
个人代理业务 国债
发行年份：
选择
期数：
购买人：
购买金额：
购买日期：2012-11-27
录入

图 5-7

步骤 7，取出重要空白凭证。客户可点击工具栏中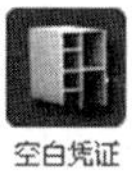
空白凭证
，也可点击柜员桌面上空白凭证图标，进入空白凭证取出页面。选择“债券卖出凭证”点击【取出】按钮，凭证取出成功。

选	凭证名称	数量	当前可用开始编号
☑	债券卖出凭证	5	00000011
☐	储蓄存单	0	00000015
☐	一本通存折	4	00000012
☐	定期存折	1	00000015
☐	活期存折	2	00000014
☐	储蓄借记卡(空白卡)	4	00000012
☐	信用卡(空白卡)	4	00000012
☐	现金支票	5	00000011
☐	结售汇单	4	00000012

领取　关闭　取出

图 5-8

步骤 8，打印凭证。柜员可点击工具栏中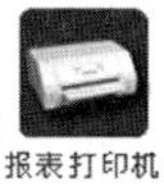
报表打印机
，也可点击柜员桌面上报表打印机图标，进入凭证式国债收款凭证打印页面。点击【打印】按钮，凭证式国债收款凭证打印完成。

步骤 9，盖章。柜员可点击工具栏中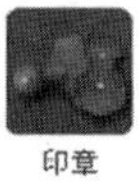
印章
，也可点击柜员桌面上的印章图标，进入单据盖章页面。点击盖章弹出窗口最下面的【盖章】按钮，凭证式国债购买申请表和凭证式国债收款凭证盖章完成。

浙科银行 中华人民共和国凭证式国债收款凭证

购买日期	起息日期	印密	年度	期次	期限	年利率	到期日期	柜员号
2012-11-27	2012-11-27	密	2012	01	1	1.25	2013-11-27	415

账号 1_____　户名 **吴晖**　原账号_____

金额 (大、小写) **壹万元整** ¥ 10,000.00

银行签章

会计分录:		兑取日期	计息天数	年利率	利息	柜员号

兑取时: 复核　　出纳　　记账　　购买时: 复核　　出纳　　记账

打印　关闭

图 5-9

浙科银行 凭证式国债购买申请表

户名:	吴晖 证件类别:	身份证 证件号码:	330122198610220027	

购买金额	千百十万千百十元角分	国债品种	2012 年度第　期　1 年期	
		普通客户兑付方式	凭密码○　无限制●	
银行确认栏	金额 (大写)/(小写)		凭密码○　无限制○	
	户名	卡 号	现金凭条序号	流水号
	品 种	购买日期 2012-11-27 到期日		年利率

注:以上各项确认时请在□内打"√"

图 5-10

步骤 10,结束业务。柜员页面点击 ✎ 结束业务 按钮,进入活期账户会计分录页面。点击【结束业务】按钮,凭证式国债购买业务结束成功。

会计分录:

借:**库存现金**　10,000.00 元

　　贷:**投资收益——吴晖户**　10,000.00 元

结束业务

图 5-11

2. 记账式国债

步骤 11，综合角色设置记账式国债。综合角色用户，点击中间业务模块中的【银行代理国债设置】按钮，进入国债添加页面。点击【添加】按钮，进入国债添加页面。

图 5-12

选择国债券种后，自动显示该国债的信息，国债类别为记账式，输入差价。点击【保存】按钮，国债设置成功。

图 5-13

步骤 12，客户开户记账式国债账户。客户窗口，点击代理业务下的记账式国债按钮，进入记账式国债开设账户页面。点击【开设账户】按钮，选择代发行开户页面。

图 5-14

点击列表中【开户】按钮，进入记账式债券交易业务托管协议书填写页面。

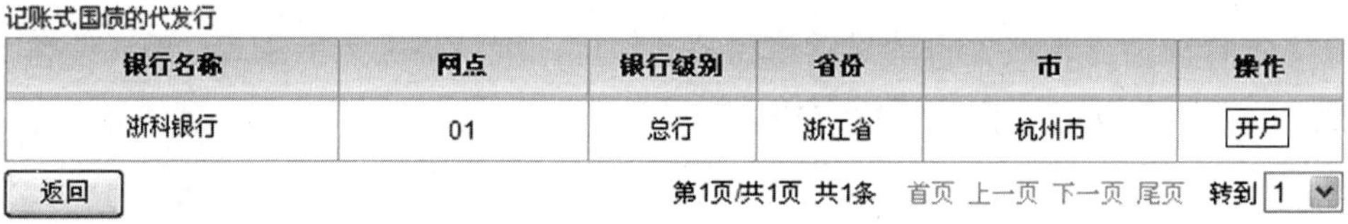

图 5-15

填写完成后点击协议下方的【提交】按钮，协议书提交成功，交由柜员受理。

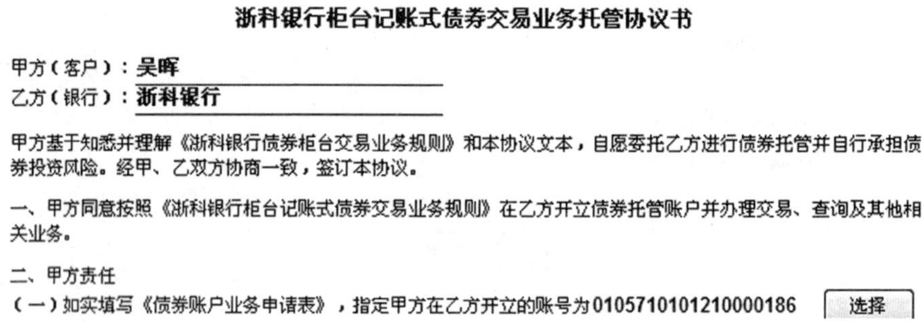

图 5-16

步骤 13，柜员业务受理。柜员可点击工具栏中的 ，也可点击柜员桌面上的叫号器图标，弹出需受理业务窗口。选择需受理的业务，点击【受理】按钮，该业务已进行受理。

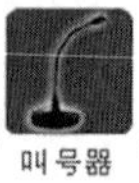

编号	业务类型	状态	受理柜员	操作
42	[0144]记账式国债债券托管账户开户 [提交人：xs0002 xs0002]	待受理	——	受理

第1页/共1页 共1条　首页 上一页 下一页 尾页　转到 1 ⌄

图 5-17

步骤 14，审核客户提交的凭证。柜员可点击工具栏中 [桌面凭证]，进入客户提交的凭证审核页面。点击【审核】按钮，客户提交的业务托管协议书和身份证审核成功。

浙科银行柜台记账式债券交易业务托管协议书

甲方（客户）：**吴晖**

乙方（银行）：**浙科银行**

甲方基于知悉并理解《浙科银行债券柜台交易业务规则》和本协议文本，自愿委托乙方进行债券托管并自行承担债券投资风险。经甲、乙双方协商一致，签订本协议。

一、甲方同意按照《浙科银行柜台记账式债券交易业务规则》在乙方开立债券托管账户并办理交易、查询及其他相关业务。

二、甲方责任

（一）如实填写《债券账户业务申请表》，指定甲方在乙方开立的账号为 **0105710101210000186** 的账户作为用于债券买卖价款结算的资金账户，甲方保证该资金结算账户在甲方本人名下而且是正常状态的账户。个人投资者指定的资金结算账户对应的牡丹灵通卡、企业或事业社团法人投资者指定的资金结算账户对应的对公客户自助卡为投资者的债券交易卡。

（二）根据乙方规定缴纳相关的服务费用。包括：债券托管账户开户费、债券转托管手续费、债券非交易过户手续费以及其他可能发生的相关费用。

（三）甲方在乙方开立债券二级托管账户时所提供的有效身份证件，应与其开立资金结算账户时所提供的有效身份证件一致，否则，所造成的经济损失由甲方自行承担。

（四）甲方应对其债券交易卡的安全性及其密码的保密性负责，凡使用债券交易卡及其密码进行的债券交易均视为甲方本人所为。由于债券交易卡遗失或密码泄密所产生的任何经济责任和法律责任均由甲方承担。

（五）债券交易卡或密码的挂失手续应按乙方有关挂失规定办理。甲方的债券托管卡遗失（被窃）需要补办或需要停止使用债券托管账户时，应向乙方提出书面申请，由乙方授权营业网点办理补办或销户。

图 5-18

步骤 15，输入业务数据。柜员点击柜员桌面上的显示器图标，弹出记账式国债业务数据输入窗口。输入申请人、申请人身份证号码和借记卡号/账户后点击【录入】按钮，业务数据输入完成。

记账式国债 开户

受理日期：　2012-11-27

申请人：　　[　　　　　　]

申请人身份证号码：　[　　　　　　]

借记卡号/账户：　[　　　　　　]

[录入]

图 5-19

步骤 16，打印凭证。柜员可点击工具栏中，也可点击柜员桌面上报表打印机图标，进入业务托管协议书和证券业务回单打印页面。点击【打印】按钮，单据打印完成。

浙科银行柜台记账式债券交易业务托管协议书

甲方（客户）：**吴晖**

乙方（银行）：**浙科银行**

甲方基于知悉并理解《浙科银行债券柜台交易业务规则》和本协议文本，自愿委托乙方进行债券托管并自行承担债券投资风险。经甲、乙双方协商一致，签订本协议。

一、甲方同意按照《浙科银行柜台记账式债券交易业务规则》在乙方开立债券托管账户并办理交易、查询及其他相关业务。

图 5-20

步骤 17，盖章。柜员可点击工具栏中，也可点击柜员桌面上的印章图标，进入单据盖章页面。点击盖章弹出窗口最下面的【盖章】按钮，业务托管协议书和证券业务回单盖章完成。

浙科银行柜台记账式债券交易业务托管协议书

甲方（客户）：**吴晖**

乙方（银行）：**浙科银行**

甲方基于知悉并理解《浙科银行债券柜台交易业务规则》和本协议文本，自愿委托乙方进行债券托管并自行承担债券投资风险。经甲、乙双方协商一致，签订本协议。

一、甲方同意按照《浙科银行柜台记账式债券交易业务规则》在乙方开立债券托管账户并办理交易、查询及其他相关业务。

二、甲方责任

图 5-21

步骤 18，结束业务。柜员页面点击按钮，进入活期账户会计分录页面，点击【结束业务】按钮，记账式国债业务受理完成。

3. 基金业务

【开户】

步骤 19，综合角色设置基金。综合角色用户，点击中间业务模块中的【基金列表设置】按钮，进入基金添加页面。点击【添加】按钮，进入基金设置页面。

步骤 20，基金信息填写完成后点击【保存】按钮，基金记录保存到基金页面列表中。

| 银行信息 | 基础设置 | 金融信息 | 客户管理 | 信贷部门 | 中间业务 | 会计系统 | 银行企业网 |

银行代理项目设置
银行代理国债设置
基金列表设置
人民币汇款

添加

图 5–22

基金代码:	1		基金全称:	
基金类型:	封闭型 ▾		交易币种:	人民币
投资方向:			投资地区:	
基金公司:			登记机构:	
发行开始日期:			发行结束日期:	
基金成立日:			基金到期日:	
基金净值:				
首次购入下限:			追加购入起点:	
购入单位:			赎回资金到账时间:	天
最低赎回份额:			赎回单位:	
最低持有份额:				
认购费率:			申购费率:	
赎回费率:			管理费率:	
托管费率:			其他费率:	

保存 返回

图 5–23

步骤 21，列表中点击【启用】按钮，该基金可供客户投资。

基金代码	基金名称	基金类型	购入起点	基金净值	申购费率	代理状态	操作
1	南方绩优	封闭式	50.00	1.3704	1.50	未代理	修改 删除 启用

添加　　　　　　　　　　　　　第1页/共1页 共1条　首页 上一页 下一页 尾页　转到 1 ▾

图 5–24

步骤 22，客户开设基金账户。客户窗口，点击代理业务下的【基金业务】按钮，进入基金业务开设账户页面。点击【开设账户】按钮，进入基金开户行选择页面。选择银行后需填写基金开/销户申请书。

图 5-25

申请书填写完成后点击【提交】按钮，托管基金申请成功，交由柜员受理。

浙科银行 代理基金开/销户申请书

2012 年 11 月 27 日

业务种类	开户 ●		销户 ○		
申请人	吴晖		经办人	吴晖	
借记卡号					选择
投资者证件种类	居民身份证		证件号码	330122198610220027	
经办人证件种类	居民身份证		证件号码		
基金账号(开户免填)					
基金注册登记人名称					

银 行 填 写	申请人			经办人		
	投资者证件种类	居民身份证		证件号码		
	经办人证件种类	居民身份证		证件号码		
	借记卡号			业务种类		
	基金账号			客户签名: 吴晖		
	基金注册登记人名称					
	委托号		受理时间	机构投资人预留印鉴:		

银行签章	复核	经办

提交　返回

图 5-26

步骤 23，柜员业务受理。柜员可点击工具栏中的 ，也可点击柜员桌面上的叫号器图标，弹出需受理业务窗口。选择需受理的业务，点击【受理】按钮，该业务已进行受理。

编号	业务类型	状态	受理柜员	操作
43	[0148]基金开户 [提交人：xs0002 xs0002]	待受理	——	受理

第1页/共1页 共1条　首页 上一页 下一页 尾页　转到 1 ▾

图 5-27

步骤 24，审核客户提交的凭证。柜员可点击工具栏中 ，进入客户提交的凭证审核页面。点击【审核】按钮，客户提交的身份证和开/销户申请书审核成功。

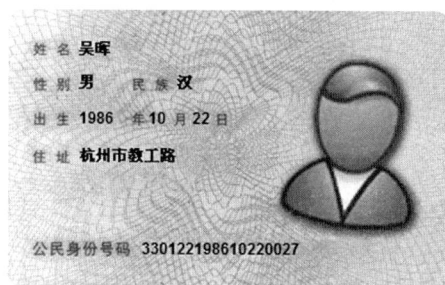

姓　名　吴晖

性　别　男　　民　族　汉

出　生　1986　年 10 月 22 日

住　址　杭州市教工路

公民身份号码　330122198610220027

浙科银行 代理基金开/销户申请书

2012　年　11　月　27　日

| 业务种类 | 开户 ⦿ | 销户 ○ |

图 5-28

步骤 25，输入业务数据。柜员点击柜员桌面上的显示器图标，弹出基金开户业务数据输入窗口。填写申请人、申请人身份证号码和借记卡号后点击【录入】按钮，业务数据输入成功。

受理日期：2012-11-27

申请人：

申请人身份证号码：

借记卡号：

录入

图 5-29

步骤 26，打印凭证。柜员可点击工具栏中 ，也可点击柜员桌面上报表打印机图标，进入代理基金开/销户申请书打印页面。点击【打印】按钮，代理基金开/销户申请书打印完成。

浙科银行 代理基金开/销户申请书

2012 年 11 月 27 日

业务种类	开户 ◉		销户 ○		
申请人	吴晖			经办人	吴晖
借记卡号	0105710101210000186				
投资者证件种类	居民身份证		证件号码	330122198610220027	
经办人证件种类	居民身份证		证件号码		
基金账号(开户免填)	1				
基金注册登记人名称					

	申请人	吴晖		经办人	吴晖	
银行填写	投资者证件种类	居民身份证		证件号码	330122198610220027	
	经办人证件种类	居民身份证		证件号码		
	借记卡号	0105710101210000186		业务种类	基金账户开户申请	
	基金账号	1		客户签名：吴晖		
	基金注册登记人名称					
	委托号		受理时间	2012-11-27	机构投资人预留印鉴：	

银行签章　　　　　　复核　　　　　　经办

打印　关闭

图 5-30

步骤 27，盖章。柜员可点击工具栏中  印章 ，也可点击柜员桌面上的印章图标，进入单据盖章页面。点击盖章弹出窗口最下面的【盖章】按钮，代理基金开/销户申请书盖章完成（见图 5-31、图 5-32）。

步骤 28，结束业务。柜员页面点击  结束业务 按钮，进入活期账户会计分录页面，点击【结束业务】按钮，基金账户开户业务受理完成。

【交易】

步骤 29，客户购买基金。综合角色用户，点击中间业务模块中的【基金业务】按钮，进入基金交易页面。列表中点击【交易】按钮，进入基金购买页面。点击【购买基金】按钮，选择要购买的基金后需填写证券买入委托书。

浙科银行 代理基金开/销户申请书

2012 年 11 月 27 日

业务种类	开户 ⊙		销户 ○	
申请人	吴晖		经办人	吴晖
借记卡号	0105710101210000186			
投资者证件种类	居民身份证		证件号码	330122198610220027
经办人证件种类	居民身份证		证件号码	
基金账号(开户免填)	1			
基金注册登记人名称				

银行填写	申请人	吴晖		经办人	吴晖
	投资者证件种类	居民身份证		证件号码	330122198610220027
	经办人证件种类	居民身份证		业务种类号码	
	借记卡号	0105710101210000186	业务种类	基金账户开户申请	
	基金账号	1		客户签名:	吴晖
	基金注册登记人名称			机构投资人预留印鉴:	
	委托号		受理时间	2012-11-27	

银行签章　　　　　　　复核　　　　　　经办　 415

盖章 　 关闭

图 5-31

图 5-32

步骤 30，填写金额后点击【提交】按钮，基金购买完成，交由柜员受理。

步骤 31，柜员业务受理。柜员可点击工具栏中的  ，也可点击柜员桌面上的叫号器图标，弹出需受理业务窗口。选择需受理的业务，点击【受理】按钮，该业务已进行受理。

浙科银行 证券买入(基金认购/申购)委托单

⊙基金　○债券　○账户金　　　　　2012 年 11 月 27 日

客 户 填 写			
客 户 名 称	吴晖	证 券 卡 号	1
被授权人姓名		市 场 代 码	
证 券 代 码	1	证 券 名 称	南方绩优
基金客户填写 ⊙认购 ○申购		债券客户填写	账户金客户填写
金额(元)		价格(元/百元)	价格(元/克)
份额(份基金单位)		数量(百元)	数量(克)
银 行 打 印			

图 5-33

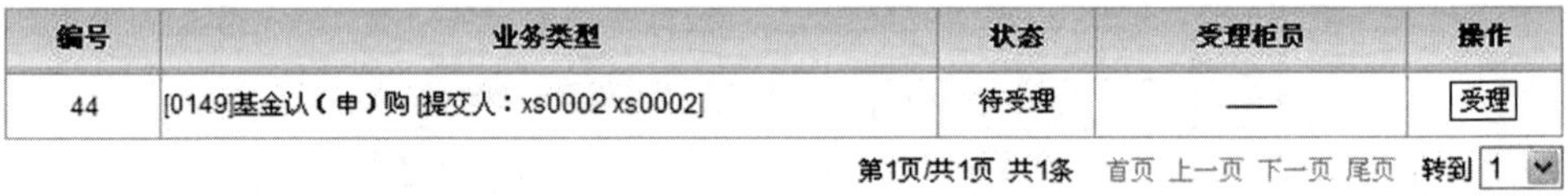

编号	业务类型	状态	受理柜员	操作
44	[0149]基金认（申）购 [提交人：xs0002 xs0002]	待受理	——	受理

第1页/共1页 共1条　首页 上一页 下一页 尾页　转到 1 ▽

图 5-34

步骤32，审核客户提交的凭证。柜员可点击工具栏中  桌面凭证 ，进入客户提交的凭证审核页面。点击【审核】按钮，客户身份证和证券买入委托单审核成功。

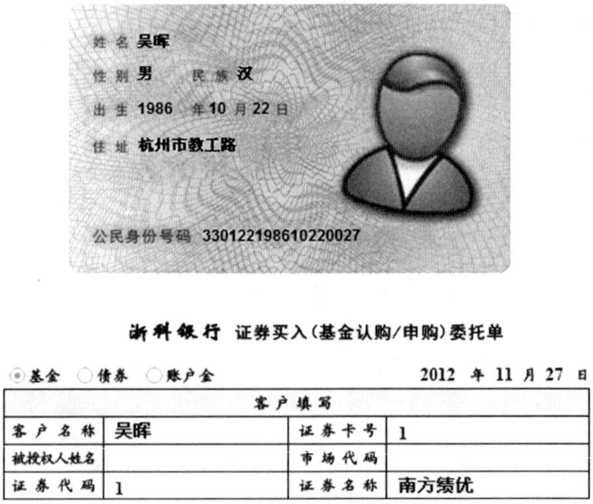

姓 名 **吴晖**

性 别 **男**　民 族 **汉**

出 生 **1986** 年 **10** 月 **22** 日

住 址 **杭州市教工路**

公民身份号码 **330122198610220027**

浙科银行 证券买入(基金认购/申购)委托单

⊙基金　○债券　○账户金　　　　　2012 年 11 月 27 日

客 户 填 写			
客 户 名 称	吴晖	证 券 卡 号	1
被授权人姓名		市 场 代 码	
证 券 代 码	1	证 券 名 称	南方绩优

图 5-35

步骤33，输入业务数据。柜员点击柜员桌面上的显示器图标，弹出基金购买业务数据输入窗口。输入债券账号、证券代码和购买数量后点击【录入】按钮，业务数据输入完成。

图 5-36

步骤 34，打印凭证。柜员可点击工具栏中  ，也可点击柜员桌面上报表打印机图标，进入证券买入委托书和证券业务回单打印页面。点击【打印】按钮，证券买入委托书和证券业务回单打印完成。

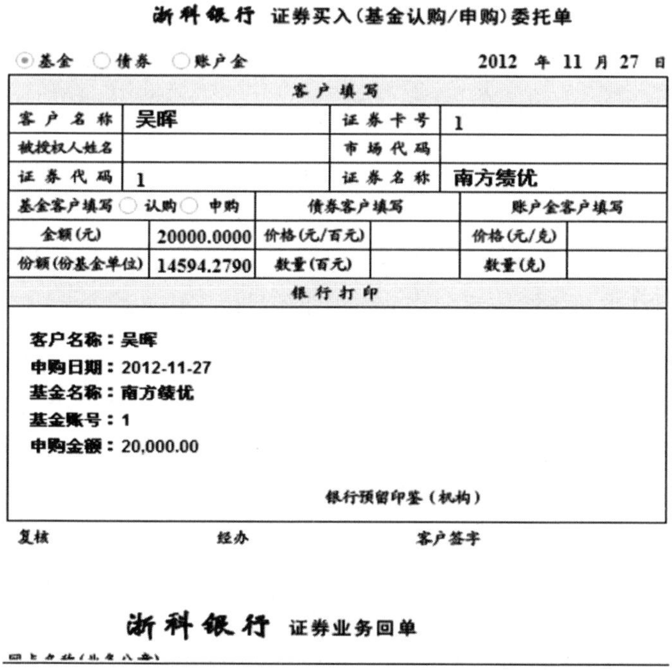

浙科银行　证券买入(基金认购/申购)委托单

⊙ 基金　　○ 债券　　○ 账户金　　　　　　　2012　年 11 月 27 日

客户填写			
客户名称	吴晖	证券卡号	1
被授权人姓名		市场代码	
证券代码	1	证券名称	南方绩优
基金客户填写 ○认购 ○申购		债券客户填写	账户金客户填写
金额(元)	20000.0000	价格(元/百元)	价格(元/克)
份额(份基金单位)	14594.2790	数量(百元)	数量(克)
银行打印			
客户名称：吴晖			
申购日期：2012-11-27			
基金名称：南方绩优			
基金账号：1			
申购金额：20,000.00			
		银行预留印鉴（机构）	

复核　　　　　　　经办　　　　　　　客户签字

浙科银行　证券业务回单

图 5-37

步骤 35，盖章。柜员可点击工具栏中  ，也可点击柜员桌面上的印章图标，进入单据盖章页面。点击盖章弹出窗口最下面的【盖章】按钮，证券买入委

托书和证券业务回单盖章完成。

图 5-38

步骤 36，结束业务。柜员页面点击 ✓结束业务 按钮，进入活期账户会计分录页面，点击【结束业务】按钮，基金购买业务受理完成。

【赎回】

步骤 37，客户操作赎回基金。客户窗口，点击代理业务下的【基金业务】按钮，点击基金业务列表中【交易】按钮，进入基金购买和赎回页面。点击列表中【赎回】按钮，进入证券卖出委托单填写页面。

基金明细

序号	基金编号	基金名称	基金数量	操作
1	1	南方绩优	14594.2790	查看 赎回

购买基金　返回　　　　　　第1页/共1页 共1条　首页 上一页 下一页 尾页　转到 1 ⌄

图 5-39

证券卖出委托单填写完成后，点击委托单下面的【赎回】按钮，赎回基金提交成功，交由柜员受理。

浙科银行　证券卖出（基金赎回/预约赎回）委托单

特别提示：投资莫忘风险，买卖更需谨慎。请您仔细阅读背面客户须知。

○ 债券　◉ 基金　　　　　　　　　　　　2012 年 11 月 27 日

客　户　填　写			
客 户 名 称	吴晖	证 券 卡 号	1
被授权人姓名		市 场 代 码	
证 券 代 码	南方绩优	证 券 名 称	1
卖出/赎回数量(百元/份基金单位)		债券卖出价格(元)	1.3704
基 金 赎 回 方 式	◉赎回 ○预约赎回	确 认 编 号	
		确 认 日 期	
巨额赎回未成交部分选择	○延迟到下一开放日 ○撤销	预约赎回指定日期	年 月 日
银 行 打 印			

图 5-40

步骤 38，柜员业务受理。柜员可点击工具栏中的  ，也可点击柜员桌面上的叫号器图标，弹出需受理业务窗口。选择需受理的业务，点击【受理】按钮，该业务已进行受理。

编号	业务类型	状态	受理柜员	操作
45	[0150]基金赎回 [提交人：xs0002 xs0002]	待受理	——	受理

第1页/共1页 共1条　首页 上一页 下一页 尾页　转到 1 ▾

图 5-41

步骤 39，审核客户提交的凭证。柜员可点击工具栏中  ，进入客户提交的凭证审核页面。点击【审核】按钮，客户提交的身份证和证券卖出委托单审核

姓 名 吴晖

性 别 男　　民 族 汉

出 生 1986 年 10 月 22 日

住 址 杭州市教工路

公民身份号码 330122198610220027

浙科银行　证券卖出（基金赎回/预约赎回）委托单

特别提示：投资莫忘风险，买卖更需谨慎。请您仔细阅读背面客户须知。

○ 债券　◉ 基金　　　　　　　　　　　　2012 年 11 月 27 日

图 5-42

完成。

步骤 40，输入业务数据。柜员点击柜员桌面上的显示器图标，弹出基金赎回业务数据输入窗口。债券账号、证券代码和卖出数量填写完成后点击【录入】按钮，业务数据输入成功。

受理日期：	2012-11-27
债券账号：	
证券代码：	
卖出数量：	

【录入】

图 5-43

步骤 41，打印凭证。柜员可点击工具栏中 [报表打印机]，也可点击柜员桌面上报表打印机图标，进入证券卖出委托单和证券业务回单打印页面。点击【打印】按钮，证券卖出委托单和证券业务回单打印完成。

浙科银行 证券卖出（基金赎回/预约赎回）委托单

特别提示：投资莫忘风险，买卖更需谨慎。请您仔细阅读背面客户须知。

○债券 ●基金   2012 年 11 月 27 日

客 户 填 写			
客 户 名 称	吴晖	证 券 卡 号	1
被授权人姓名		市 场 代 码	
证 券 代 码	1	证 券 名 称	南方绩优
卖出/赎回数量(百元/份基金单位)	14594.0000	债券卖出价格(元)	1.3704
基 金 赎 回 方 式	○赎回 ○预约赎回	确 认 编 号	
		确 认 日 期	
巨额赎回未成交部分选择	○延迟到下一开放日 ○撤销	预约赎回指定日期	年 月 日
银 行 打 印			

图 5-44

步骤 42，盖章。柜员可点击工具栏中 [印章]，也可点击柜员桌面上的印章图标，进入单据盖章页面。点击盖章弹出窗口最下面的【盖章】按钮，证券卖出委托单和证券业务回单盖章完成。

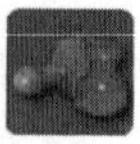

浙科银行　证券卖出(基金赎回/预约赎回)委托单

特别提示：投资莫忘风险，买卖更需谨慎。请您仔细阅读背面客户须知。

○ 债券　◉ 基金　　　　　　　　　　　　　　　2012 年 11 月 27 日

客 户 填 写			
客 户 名 称	吴晖	证 券 卡 号	1
被授权人姓名		市 场 代 码	
证 券 代 码	1	证 券 名 称	南方绩优
卖出/赎回数量(百元/份基金单位)	14594.0000	债券卖出价格(元)	1.3704
基 金 赎 回 方 式		确 认 编 号	
	○ 赎回 ○ 预约赎回	确 认 日 期	
巨额赎回未成交部分选择	○ 延迟到下一开放日 ○ 撤销	预约赎回指定日期	年 月 日
银 行 打 印			

客户名称：吴晖

赎回日期：2012-11-27

图 5-45

步骤 43，结束业务。柜员页面点击 ✍结束业务 按钮，进入活期账户会计分录页面，点击【结束业务】按钮，基金赎回业务受理完成。

4．代理缴费业务

步骤 44，综合角色设置银行代理业务。综合角色用户，点击中间业务模块中的【银行代理项目设置】按钮，进入银行代理业务添加页面。点击页面中【添加】按钮，进入代理业务类型添加页面。

银行信息	基础设置	金融信息	客户管理	信贷部门	中间业务	会计系统	银行企业网

银行代理项目设置
银行代理国债设置
基金列表设置

添加

图 5-46

通过下拉列表的方式选择代理业务类型；输入代理项目名称后点击【保存】按钮，代理业务添加完成。

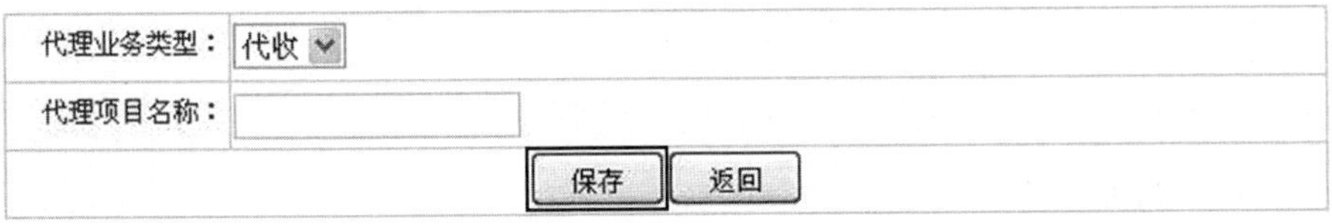

代理业务类型：代收 ▼

代理项目名称：

保存　　返回

图 5-47

步骤 45，客户添加代理申请。客户窗口，点击代理业务下的【代理缴费业务申请】按钮，进入代理缴费业务添加页面。点击【代理申请】按钮，进入申请银行选择页面。选择申请银行后需填写公共事业费自动转账付款授权书。

图 5-48

填写完成后点击【申请】按钮，申请书提交完成，交由柜员受理。

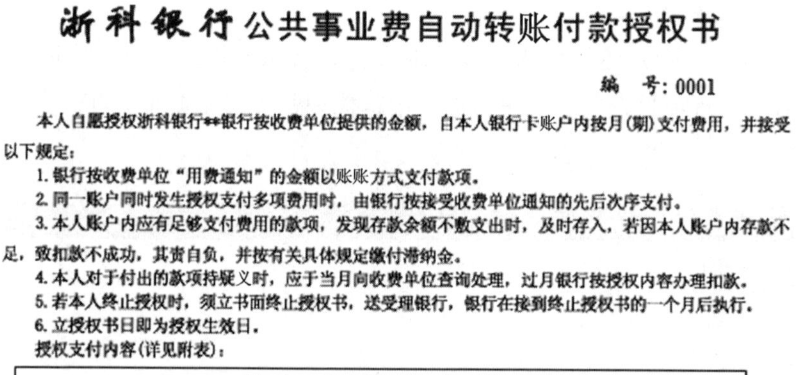

浙科银行 公共事业费自动转账付款授权书

编　号：0001

本人自愿授权浙科银行**银行按收费单位提供的金额，自本人银行卡账户内按月(期)支付费用，并接受以下规定：

1. 银行按收费单位"用费通知"的金额以账账方式支付款项。
2. 同一账户同时发生授权支付多项费用时，由银行按受收费单位通知的先后次序支付。
3. 本人账户内应有足够支付费用的款项，发现存款余额不敷支出时，及时存入，若因本人账户内存款不足，致扣款不成功，其责自负，并按有关具体规定缴付滞纳金。
4. 本人对于付出的款项持疑义时，应于当月向收费单位查询处理，过月银行按授权内容办理扣款。
5. 若本人终止授权时，须立书面终止授权书，送受理银行，银行在接到终止授权书的一个月后执行。
6. 立授权书日即为授权生效日。

授权支付内容(详见附表)：

授 权 转 账 支 付 项 目			
代缴项目	装机(表)户名	号码或编号	装机(表)地址

图 5-49

步骤 46，柜员业务受理。柜员可点击工具栏中的![叫号器]，也可点击柜员桌面上的叫号器图标，弹出需受理业务窗口。选择需受理的业务，点击【受理】按钮，该业务已进行受理。

编号	业务类型	状态	受理柜员	操作
46	[0164]代理缴费业务申请 [提交人：xs0002 xs0002]	待受理	——	受理

第1页/共1页 共1条　首页 上一页 下一页 尾页　转到 1 ∨

图 5-50

步骤 47，审核客户提交的凭证。柜员可点击工具栏中，进入客户提交的凭证审核页面。点击【审核】按钮，客户提交的身份证和公共事业费自动转账付款授权书审核完成。

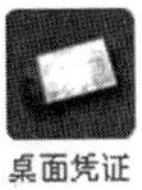

图 5-51

步骤 48，输入业务数据。柜员点击柜员桌面上的显示器图标，弹出代理业务数据输入窗口。输入授权人、代理项目和银行卡号后点击【录入】按钮，业务数据输入完成。

图 5-52

步骤 49，打印凭证。柜员可点击工具栏中，也可点击柜员桌面上报表打印机图标，进入公共事业费自动转账付款授权书打印页面。点击【打印】按钮，公共事业费自动转账付款授权书打印完成。

浙科银行 公共事业费自动转账付款授权书

编　号：0001

本人自愿授权浙科银行**银行按收费单位提供的金额，自本人银行卡账户内按月（期）支付费用，并接受以下规定：

1. 银行按收费单位"用费通知"的金额以账账方式支付款项。
2. 同一账户同时发生授权支付多项费用时，由银行按接受收费单位通知的先后次序支付。
3. 本人账户内应有足够支付费用的款项，如发现存款余额不敷支出时，及时存入，若因本人账户内存款不足，致扣款不成功，其责自负，并按有关具体规定缴付滞纳金。
4. 本人对于付出的款项持疑义时，应于当月向收费单位查询处理，过月银行按授权内容办理扣款。
5. 若本人终止授权时，须立书面终止授权书，送受理银行，银行在接到终止授权书的一个月后执行。
6. 立授权书日即为授权生效日。

授权支付内容（详见附表）：

授　权　转　账　支　付　项　目			
代缴项目	装机(表)户名	号码或编号	装机(表)地址
电费			

图 5-53

步骤 50，盖章。柜员可点击工具栏中，也可点击柜员桌面上的印章图标，进入单据盖章页面。点击盖章弹出窗口最下面的【盖章】按钮，公共事业费自动转账付款授权书盖章完成。

步骤 51，结束业务。柜员页面点击按钮，进入活期账户会计分录页面，点击【结束业务】按钮，代理缴费业务受理完成。

5. 代理续缴费业务

步骤 52，客户向银行提交缴费申请。客户窗口，点击代理业务下的【代理续缴费业务】按钮，进入缴费业务添加页面。点击【缴费】按钮，进入缴费银行选择页面。选择银行后需填写现金收费凭条。

浙科银行 公共事业费自动转账付款授权书

编　号：0001

本人自愿授权浙科银行**银行按收费单位提供的金额，自本人银行卡账户内按月(期)支付费用，并接受

以下规定：

1. 银行按收费单位"用费通知"的金额以账账方式支付款项。
2. 同一账户同时发生授权支付多项费用时，由银行按接受收费单位通知的先后次序支付。
3. 本人账户内应有足够支付费用的款项，发现存款余额不敷支出时，及时存入，若因本人账户内存款不
足，致扣款不成功，其责自负，并按有关具体规定缴付滞纳金。
4. 本人对于付出的款项持疑时，应于当月向收费单位查询处理，过月银行按授权内容办理扣款。
5. 若本人终止授权时，须立书面终止授权书，送受理银行，银行在接到终止授权书的一个月后执行。
6. 立授权书日即为授权生效日。

授权支付内容(详见附表)：

授 权 转 账 支 付 项 目			
代缴项目	装机(表)户名	号码或编号	装机(表)地址
电费			

银行卡户名	**浙科银行**	卡号	0 1 0 5 7 0 0 1 2 1 0 0 0 1 8		
授权人资料	收信人姓名	联系电话	身份证号	
	吴晖	13588276510	3 3 0 2 5 6 1 0 2 2 0 0 2 7	
	收据(对账单)邮寄地址			邮编	
	杭州市教工路			3 1 0 0 1 2	

受理银行签章

经办人签章　　415

立授权书人签章　　吴晖

图 5-54

提交的代理续缴费现金收费凭条列表

缴费

客户
- 会计科目表
- 银行会计科目
- 存款业务
- 银行卡业务
- 贷款业务
- 汇款业务
- 外汇业务
- 代理业务
  - 凭证式国债
  - 记账式国债
  - 基金业务
  - 代理缴费业务申请
  - 代理续缴费业务

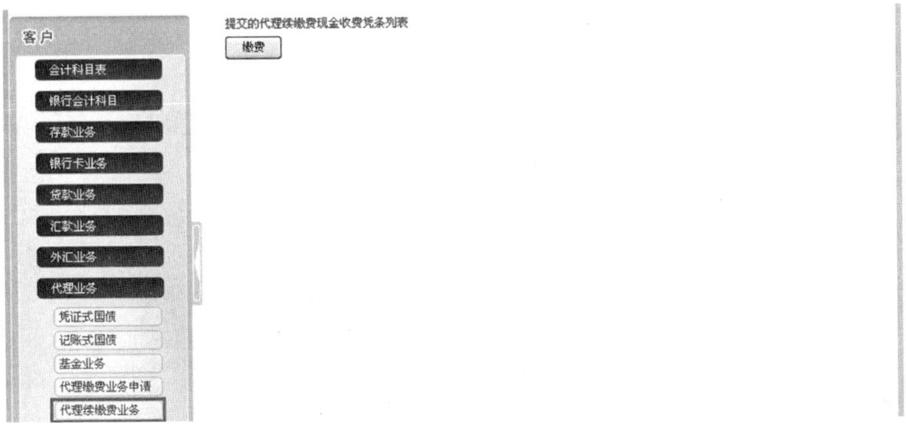

图 5-55

现金收费凭条填写完成后点击【提交】按钮，提交完成后交由柜员受理。

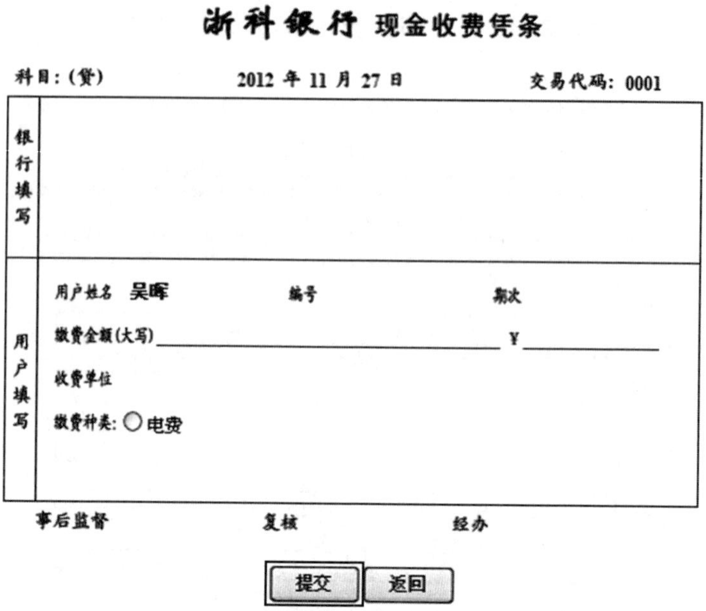

浙科银行 现金收费凭条

科目：(贷)　　　　　　2012 年 11 月 27 日　　　　　交易代码：0001

银行填写	
用户填写	用户姓名　吴晖　　　　编号　　　　　　期次 缴费金额(大写)＿＿＿＿＿＿＿＿＿＿＿＿＿＿＿＿　Y ＿＿＿＿＿ 收费单位 缴费种类：○ 电费

事后监督　　　　　　复核　　　　　　经办

提交　返回

图 5-56

步骤 53，柜员业务受理。柜员可点击工具栏中的 ![叫号器]，也可点击柜员桌面上的叫号器图标，弹出需受理业务窗口。选择需受理的业务，点击【受理】按钮，该业务已进行受理。

编号	业务类型	状态	受理柜员	操作
47	[0165]代理续缴费 [提交人：xs0002 xs0002]	待受理	——	受理

第1页/共1页 共1条　首页 上一页 下一页 尾页　转到 1 ▼

图 5-57

步骤 54，查收客户提交的钱钞。柜员可点击工具栏中的 ![点钞机]，也可点击柜员桌面上的点钞机图标，验证客户提交的钱钞是否正确。

步骤 55，审核客户提交的凭证。柜员可点击工具栏中 ![桌面凭证]，进入客户提交的凭证审核页面。点击【审核】按钮，客户提交的现金收费凭条审核成功。

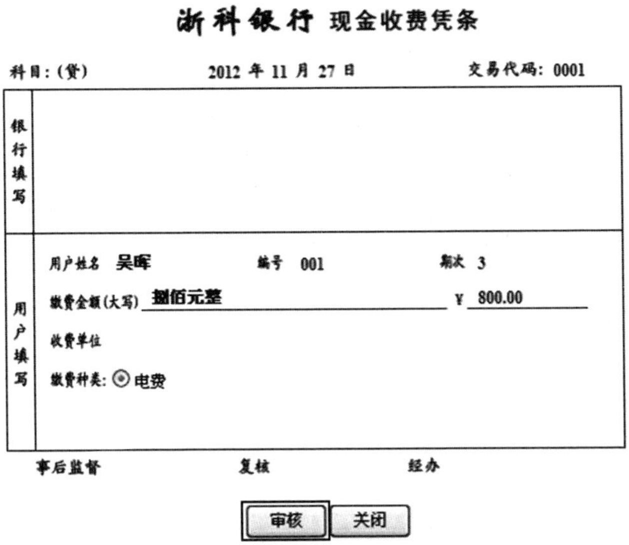

浙科银行 现金收费凭条

科目:(贷)　　　　　　2012 年 11 月 27 日　　　　　　交易代码: 0001

银行填写	

用户填写	用户姓名　吴晖　　　　　编号　001　　　　　　期次　3
	缴费金额(大写)　捌佰元整　　　　　　　　　　¥ 800.00
	收费单位
	缴费种类:◉ 电费

事后监督　　　　　　　复核　　　　　　　经办

〔审核〕　〔关闭〕

图 5-58

步骤 56，输入业务数据。柜员点击柜员桌面上的显示器图标，弹出代理缴费业务数据输入窗口。输入用户名、用户编号和金额后点击【录入】按钮，业务数据输入完成。

受理日期:	2012-11-27
用户名:	
用户编号:	
金额:	

〔录入〕

图 5-59

步骤 57，打印凭证。柜员可点击工具栏中[报表打印机]，也可点击柜员桌面上报表打印机图标，进入现金收费凭条打印页面，点击【打印】按钮，现金收费凭条打印完成。

步骤 58，盖章。柜员可点击工具栏中[印章]，也可点击柜员桌面上的印章图标，进入单据盖章页面。点击盖章弹出窗口最下面的【盖章】按钮，现金收费凭

条盖章完成。

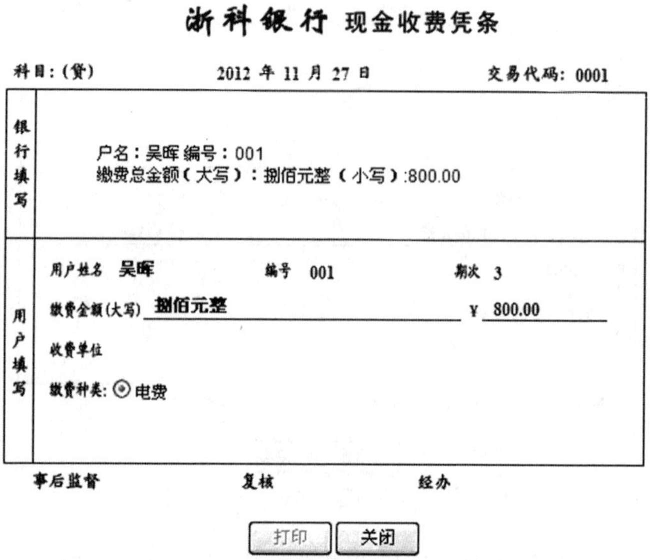

浙科银行 现金收费凭条

科目：(贷)　　　　　　2012 年 11 月 27 日　　　　　交易代码：0001

银行填写

户名：吴晖 编号：001

缴费总金额（大写）：捌佰元整（小写）:800.00

用户填写

用户姓名　吴晖　　　　　编号　001　　　　　期次　3

缴费金额(大写)　捌佰元整　　　　　　　　　　　Y　800.00

收费单位

缴费种类：⊙电费

事后监督　　　　　　复核　　　　　　经办

打印　关闭

图 5-60

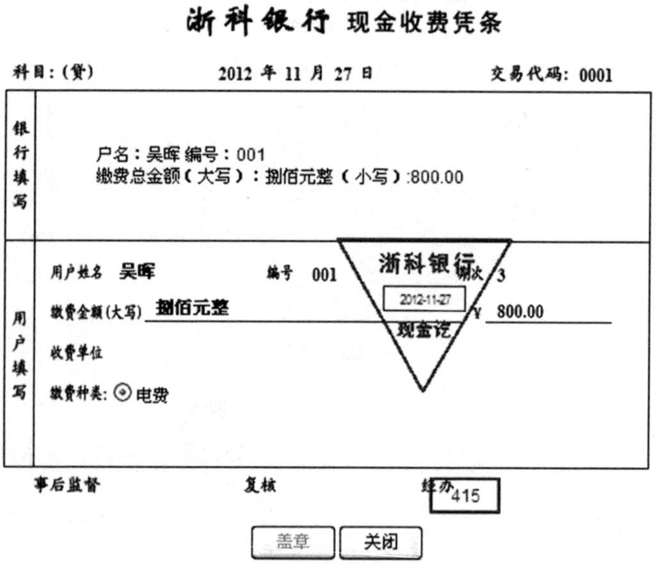

浙科银行 现金收费凭条

科目：(贷)　　　　　　2012 年 11 月 27 日　　　　　交易代码：0001

银行填写

户名：吴晖 编号：001

缴费总金额（大写）：捌佰元整（小写）:800.00

用户填写

用户姓名　吴晖　　　　　编号　001　　　　　期次　3

缴费金额(大写)　捌佰元整　　　　　　浙科银行　　Y　800.00

2012-11-27

收费单位　　　　　　　　　　　　　现金讫

缴费种类：⊙电费

事后监督　　　　　　复核　　　　　　经办
415

盖章　关闭

图 5-61

步骤 59，结束业务。柜员页面点击 ✎结束业务 按钮，进入活期账户会计分录页面。点击【结束业务】按钮，代理缴费业务受理完成。

会计分录：

借：活期存款　　800.00 元

贷：库存现金　　800.00 元

结束业务

图 5-62

（二）个人网上银行

1. 个人网上银行用户注册与登录

学生登录系统选择"银行网站"模块。

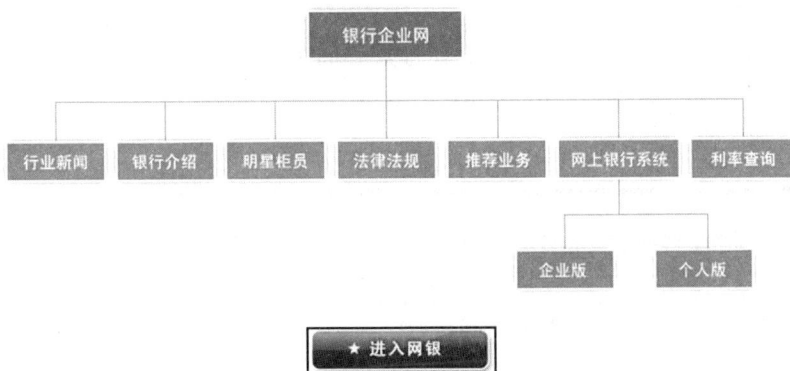

图 5-63

步骤 60，点击【进入网银】按钮，进入浙科银行企业网。

图 5-64

步骤 61，在"浙科银行企业网"首页，点击【个人网上银行】按钮，打开"个人网上银行登录"界面，如图 5-65 所示：

图 5-65

步骤 62，点击【注册】按钮，在打开界面中，阅读每一条风险提示信息之后，点击复选框将其全部选中，如图 5-66 所示：

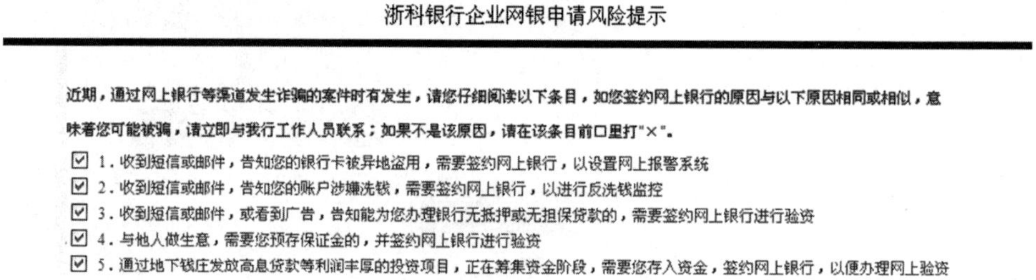

浙科银行企业网银申请风险提示

近期，通过网上银行等渠道发生诈骗的案件时有发生，请您仔细阅读以下条目，如您签约网上银行的原因与以下原因相同或相似，意味着您可能被骗，请立即与我行工作人员联系；如果不是该原因，请在该条目前口里打"×"。

☑ 1．收到短信或邮件，告知您的银行卡被异地盗用，需要签约网上银行，以设置网上报警系统
☑ 2．收到短信或邮件，告知您的账户涉嫌洗钱，需要签约网上银行，以进行反洗钱监控
☑ 3．收到短信或邮件，或看到广告，告知能为您办理银行无抵押或无担保贷款的，需要签约网上银行进行验资
☑ 4．与他人做生意，需要您预存保证金的，并签约网上银行进行验资
☑ 5．通过地下钱庄发放高息贷款等利润丰厚的投资项目，正在筹集资金阶段，需要您存入资金，签约网上银行，以便办理网上验资

图 5-66

步骤 63，点击页面下面的【继续申请】按钮，在打开界面中，填写注册信息，如图 5-67 所示：

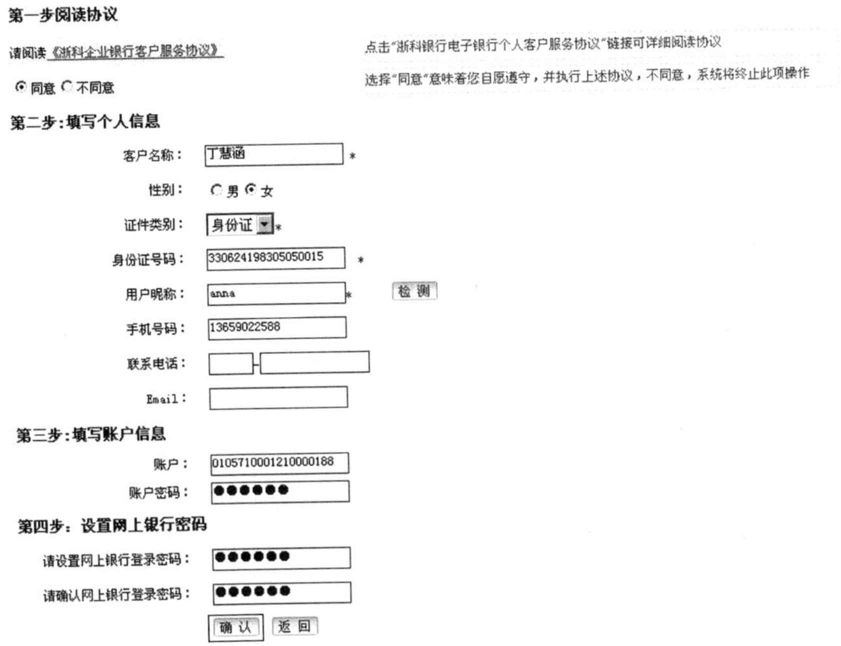

第一步阅读协议

请阅读《浙科企业银行客户服务协议》   点击"浙科银行电子银行个人客户服务协议"链接可详细阅读协议

  ○同意 ○不同意   选择"同意"意味着您自愿遵守，并执行上述协议，不同意，系统将终止此项操作

第二步：填写个人信息

客户名称：丁慧涵 ＊

性别：○男 ●女

证件类别：身份证▼＊

身份证号码：330624198305050015 ＊

用户昵称：anna ＊ 检测

手机号码：13659022588

联系电话：

Email：

第三步：填写账户信息

账户：0105710001210000188

账户密码：●●●●●●

第四步：设置网上银行密码

请设置网上银行登录密码：●●●●●●

请确认网上银行登录密码：●●●●●●

确认 返回

图 5-67

步骤 64，点击【确认】按钮，系统提示：

Microsoft Internet Explorer

⚠ 注册成功！

确定

图 5-68

步骤 65，点击【确定】按钮。

2."个人网上银行"业务操作

步骤 66，在"浙科银行企业网"首页，点击【个人网上银行】按钮，打开"个人网上银行登录"界面，如图 5-69 所示。

步骤 67，输入已注册成功的用户名、密码，以及系统验证码（验证码区分大小写），点击【登录】按钮，打开"个人网上银行"操作界面。

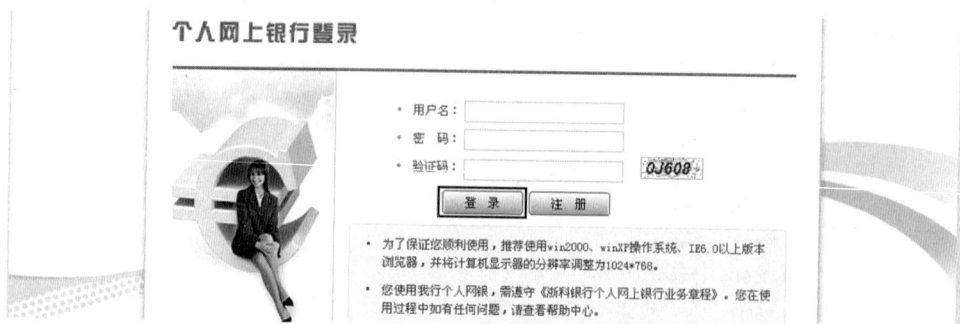

图 5-69

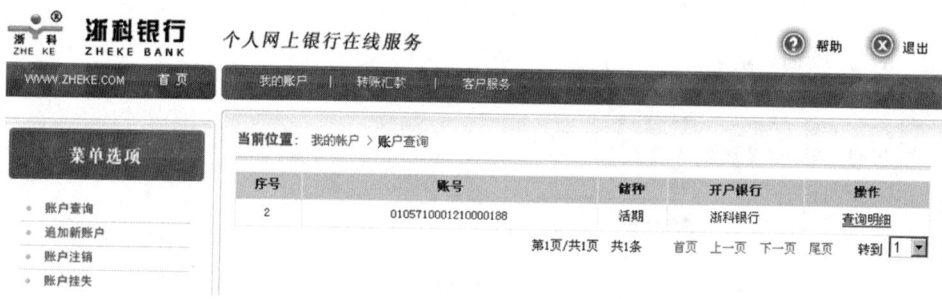

图 5-70

步骤68，点击页面右上角的  帮助 按钮，将链接至"个人网上银行"在线
帮助系统；点击页面右上方的 ⊗ 退出 按钮，将退出"个人网上银行"，返回至
"浙科银行企业网"主页；点击页面上方的主菜单，在页面左侧"菜单选项"中，
将显示其相应的子菜单。

步骤69，点击页面上方的主菜单"我的账户" 我的账户 ，在页面左侧"菜单
选项"中，打开如下界面：

菜单选项

* 账户查询
* 追加新账户
* 账户注销
* 账户挂失

图 5-71

（1）账户查询。

步骤 70，按一定的日期区间，查询客户在本行"个人网上银行"中注册与追加账户的明细信息。系统将按用户的查询条件，检索出相符合的数据信息，包括交易笔数、发生额及日期等。点击"菜单选项"中的【账户查询】，在页面右侧打开如下界面：

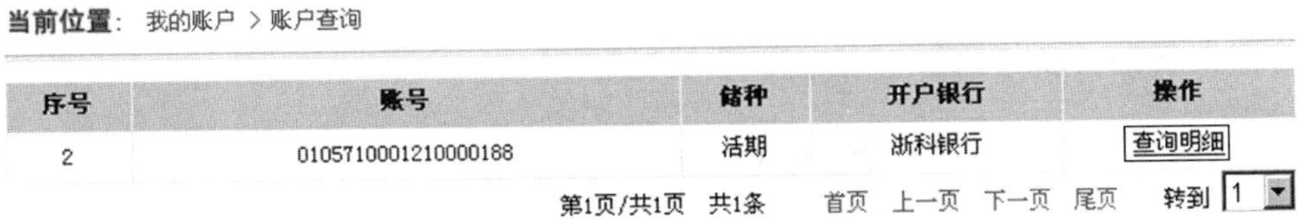

当前位置：我的账户 > 账户查询

序号	账号	储种	开户银行	操作
2	0105710001210000188	活期	浙科银行	查询明细

第1页/共1页　共1条　　首页　上一页　下一页　尾页　转到 1 ▼

图 5-72

步骤 71，选择任意一条账户信息，点击该条信息"操作"栏中的【查询明细】，在打开界面中，选择起始日期、终止日期，然后点击【提交】  提交 按钮，在页面下方，将显示查询结果，如图 5-73 所示。

当前位置：我的账户 > 账户查询

通过该交易，你能查询您网上可操作帐户的当日交易明细和一年以内的历史明细交易明细。

*交易账号：0105710001210000188
起始日期 (YYYYMMDD)：2012-11-26
终止日期 (YYYYMMDD)：2012-11-28

提 交

序号	发生日期	发生额(元)	当前余额(元)	摘要
149	2012-11-27 0:00:00	50000.0000	50000.0000	开户
150	2012-11-27 0:00:00	10000.0000	60000.0000	存款

第1页/共1页　共2条　　首页　上一页　下一页　尾页　转到 1 ▼

图 5-73

（2）追加新账户。

将用户在本行开户的其他账号，追加为与用户网上银行登录账号相绑定的账户。

步骤 72，点击"菜单选项"中的【追加新账户】 追加新账户，在打开界面中，填写要追加的新账户、账户密码，如图 5-74 所示。

当前位置：我的账户 > 追加新账户

要追加的新账户：0105710001210000286

账户密码：●●●●●●

追加

图 5-74

步骤 73，点击"追加"按钮，系统提示：

Microsoft Internet Explorer

⚠ 追加账户成功！

确定

图 5-75

步骤 74，点击【确定】按钮。

（3）账户注销。

注销网上银行个人账户。

步骤 75，点击"菜单选项"中的【账户注销】。**账户注销**，打开如下界面：

序号	储种	账号	操作
2	活期	0105710001210000188	注 销
3	活期	0105710001210000286	注 销

第1页/共1页 共2条　　首页 上一页 下一页 尾页　　转到 1 ▼

图 5-76

步骤 76，选择任意一条账户信息，点击该条信息"操作"栏中的【注销】，系统提示：

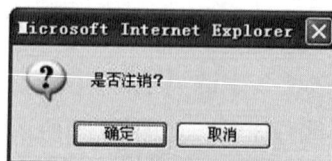

Microsoft Internet Explorer

❓ 是否注销？

确定　　取消

图 5-77

步骤 77，点击【确定】按钮，系统提示：

图 5-78

步骤 78，点击【确定】按钮。

（4）账户挂失。

步骤 79，个人账户挂失。点击"菜单选项"中的"账户挂失"。账户挂失，打开如下界面：

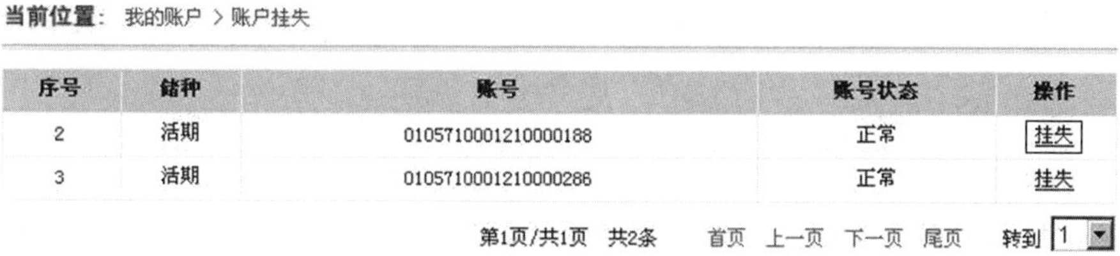

当前位置：我的账户 > 账户挂失

序号	储种	账号	账号状态	操作
2	活期	0105710001210000188	正常	挂失
3	活期	0105710001210000286	正常	挂失

第1页/共1页 共2条　　首页 上一页 下一页 尾页　　转到 1 ▼

图 5-79

步骤 80，选择任意一条账户信息，点击该条信息"操作"栏中的"挂失"，系统提示：

图 5-80

步骤 81，点击"确定"按钮，系统提示：

图 5-81

步骤 82，点击"确定"按钮。

【转账汇款】

步骤 83，点击页面上方的主菜单"转账汇款" 转账汇款 ，在页面左侧"菜单选项"中，打开如下界面：

图 5-82

（1）活期转账汇款。

步骤 84，个人活期账户之间的转账。点击"菜单选项"中的"活期转账汇款" 活期转账汇款 ，在打开界面中，选择付款人账号，填写收款人姓名、账户，以及转账金额，如图 5-83 所示。

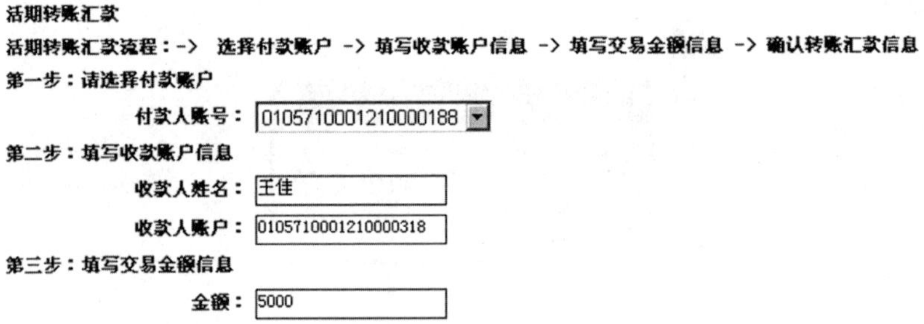

图 5-83

步骤 85，点击【下一步】按钮，打开如下界面：

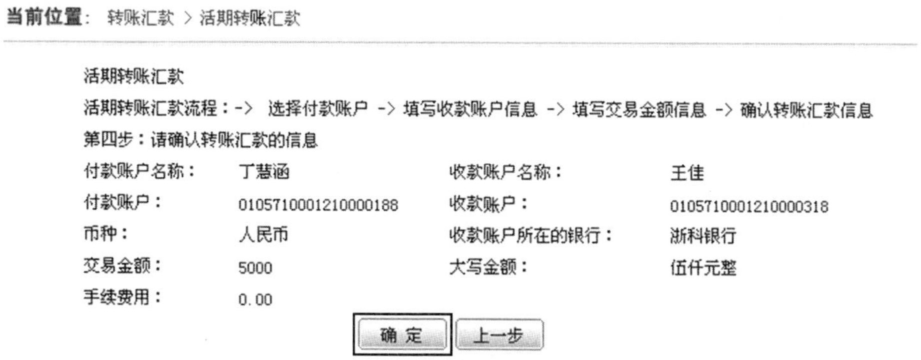

当前位置：转账汇款 > 活期转账汇款

活期转账汇款

活期转账汇款流程：-> 选择付款账户 -> 填写收款账户信息 -> 填写交易金额信息 -> 确认转账汇款信息

第四步：请确认转账汇款的信息

付款账户名称：	丁慧涵	收款账户名称：	王佳
付款账户：	0105710001210000188	收款账户：	0105710001210000318
币种：	人民币	收款账户所在的银行：	浙科银行
交易金额：	5000	大写金额：	伍仟元整
手续费用：	0.00		

确定　上一步

图 5-84

步骤86，点击【确定】按钮，系统提示：

Microsoft Internet Explorer ✕

⚠ 转账成功！

确定

图 5-85

步骤87，点击【确定】按钮。

（2）定活互转。

步骤88，个人定期账户与活期账户之间的转账。点击"菜单选项"中的【定活互转】 • **定活互转**，打开如下界面，选择付款账号，填写收款账户、储种、存期，以及交易金额，如图 5-84 所示：

当前位置：转账汇款 > 定活互转

定活互转

定活互转流程：->选择付款账户 -> 填写互转账户信息 -> 填写交易金额信息 -> 确认定活互转信息

第一步：请选择付款账户

付款账号：0105710001210000286

第二步：请填写收款账户信息

收款账户：0105710001210000122

请选择储种：整存整取　存期：三个月

第三步：请填写交易金额信息

交易金额：2000

下一步

图 5-86

步骤89，点击【下一步】按钮，打开如下界面：

当前位置：转账汇款 > 定活互转

定活互转
定活互转流程：->选择付款账户 -> 填写互转账户信息 -> 填写交易金额信息 -> 确认定活互转信息
第四步：请确认转账汇款的信息
付款账户名称：丁慧涵
付款账号：0105710001210000188
币种：人民币
交易金额：2000
大写金额：贰仟元整
手续费：0.00

确 定   上一步

图 5-87

步骤90，点击【确定】按钮，系统提示：

Microsoft Internet Explorer

⚠ 转换新的账户成功！

确定

图 5-88

步骤91，点击【确定】按钮。

（3）向企业转账。

步骤92，从个人账户向企业基本账户中转账。点击"菜单选项"中的"向企业转账"，在打开界面中，选择付款人账号，填写收款人姓名、账户，以及交易金额，如图5-87所示。

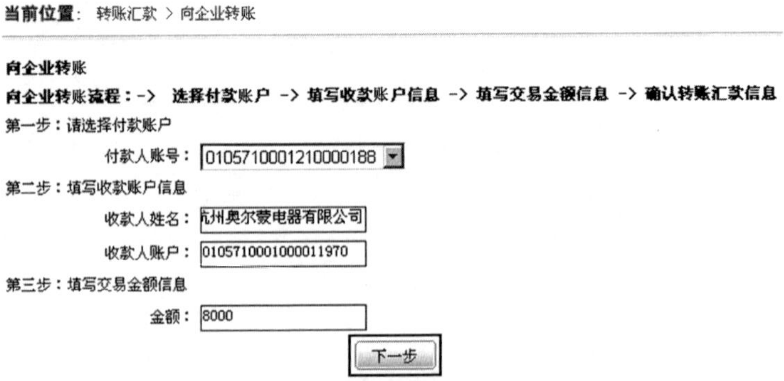

当前位置：转账汇款 > 向企业转账

向企业转账
向企业转账流程：-> 选择付款账户 -> 填写收款账户信息 -> 填写交易金额信息 -> 确认转账汇款信息
第一步：请选择付款账户
付款人账号：0105710001210000188
第二步：填写收款账户信息
收款人姓名：杭州奥尔蒙电器有限公司
收款人账户：0105710001000011970
第三步：填写交易金额信息
金额：8000

下一步

图 5-89

步骤93，点击【下一步】按钮，打开如下界面：

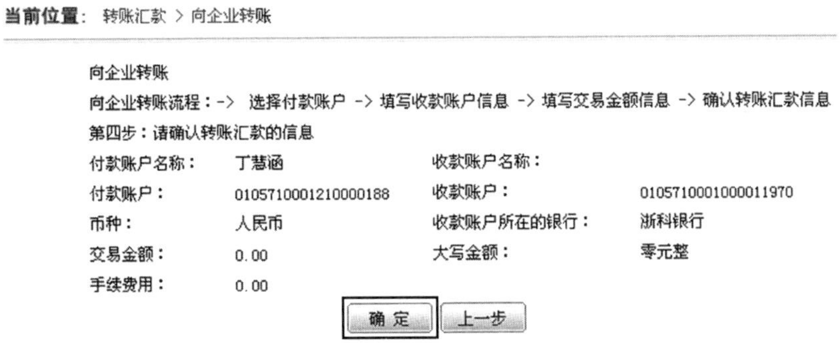

当前位置：转账汇款 ＞ 向企业转账

向企业转账
向企业转账流程：-＞ 选择付款账户 -＞ 填写收款账户信息 -＞ 填写交易金额信息 -＞ 确认转账汇款信息
第四步：请确认转账汇款的信息

付款账户名称：	丁慧涵	收款账户名称：	
付款账户：	0105710001210000188	收款账户：	0105710001000011970
币种：	人民币	收款账户所在的银行：	浙科银行
交易金额：	0.00	大写金额：	零元整
手续费用：	0.00		

　　确　定　　上一步

图 5-90

步骤94，点击【确定】按钮。

（4）跨行转账。

步骤95，向其他银行转账。点击"菜单选项"中的【跨行转账】 **跨行转账**，
打开如下界面：

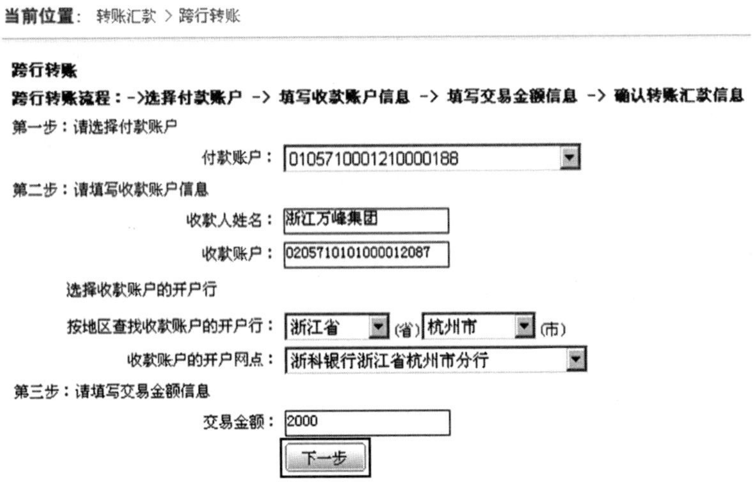

当前位置：转账汇款 ＞ 跨行转账

跨行转账
跨行转账流程：-＞选择付款账户 -＞ 填写收款账户信息 -＞ 填写交易金额信息 -＞ 确认转账汇款信息
第一步：请选择付款账户
　　　　　　　　付款账户：　0105710001210000188　　　▼
第二步：请填写收款账户信息
　　　　　　　收款人姓名：　浙江万峰集团
　　　　　　　　收款账户：　0205710101000012087

选择收款账户的开户行

按地区查找收款账户的开户行：　浙江省 ▼ (省)　杭州市 ▼ (市)
　　收款账户的开户网点：　浙科银行浙江省杭州市分行　　　▼
第三步：请填写交易金额信息
　　　　　　　　交易金额：　2000
　　　　　　　　　下一步

图 5-91

步骤96，点击【下一步】按钮，打开如下界面：

当前位置： 转账汇款 > 跨行转账

跨行转账

跨行转账流程：-> 选择付款账户 -> 填写收款账户信息 -> 填写交易金额信息 -> 确认转账汇款信息

第四步：请确认转账汇款的信息

付款账户名称：	丁慧涵	收款账户名称：	
付款账户：	0105710001210000188	收款账户：	0205710101000012087
币种：	人民币	收款账户所在的银行：	浙科银行浙江省杭州市分行
交易金额：	2000	大写金额：	贰仟元整
手续费用：	0.00		

确　定　　上一步

图 5-92

步骤 97，点击【确定】按钮。

（5）转账查询。

步骤 98，查询转账数据。点击"菜单选项"中的"转账查询" 转账查询，打开如下界面：

当前位置： 转账汇款 > 转账查询

转账查询

请选择账户：0105710001210000286

起始日期：　　　　　　　　　结束日期：　　　　　　　　　查询

图 5-93

步骤 99，选择起始日期和结束日期，然后点击【查询】按钮，系统将检索出符合条件的数据，如图 5-94 所示：

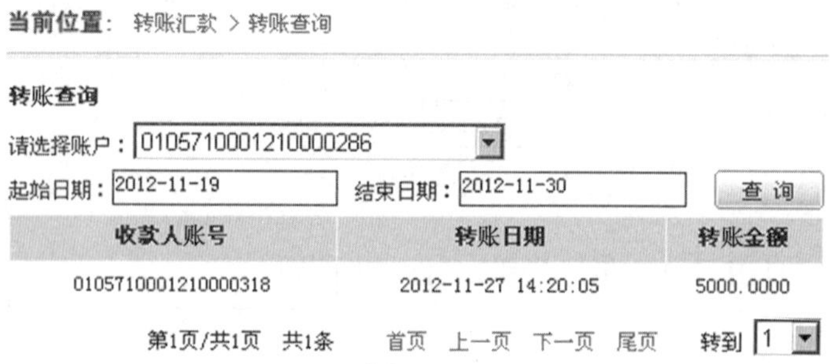

当前位置： 转账汇款 > 转账查询

转账查询

请选择账户：0105710001210000286

起始日期：2012-11-19　　结束日期：2012-11-30　　查询

收款人账号	转账日期	转账金额
0105710001210000318	2012-11-27 14:20:05	5000.0000

第1页/共1页 共1条　　首页 上一页 下一页 尾页　转到 1 ▼

图 5-94

（6）收款人名册。

步骤 100，查询所转账户的收款人信息。点击"菜单选项"中的【收款人名册】• **收款人名册**，打开如下界面：

收款人名册

请选择账户：01057100012100002286 ▼

起始日期：[   ]   结束日期：[   ]   [查 询]

图 5-95

步骤 101，选择起始日期和结束日期，然后点击【查询】按钮，系统将检索出符合条件的数据，如图 5-96 所示：

当前位置： 转账汇款 > 收款人名册

收款人名册

请选择账户：01057100012100002286 ▼

起始日期：2012-11-26   结束日期：2012-11-30   [查 询]

收款人账号	收款人	银行
01057100012100000318	王佳	浙科银行

第1页/共1页 共1条   首页 上一页 下一页 尾页 转到 1 ▼

图 5-96

（7）客户服务。

步骤 102，网上银行用户资料修改。点击"客户服务→个人资料修改"菜单，打开如下界面：

当前位置： 客户服务 > 个人资料修改

个人资料信息

用户昵称：anna

客户姓名：丁慧涵

性别：○男 ●女

证件类型：身份证 ▼

证件号码：330624198305050015

手机号码：13659022588

联系电话：[   ]-[   ]

电子邮件：[   ]

原来登录密码：000000

新登录密码：[   ]

[保 存]

图 5-97

直接在输入框中输入要更新的数据，然后点击【保存】按钮。

提示：密码修改之后，实时生效，请您务必谨记新密码。

实验项目六
对公存款业务实验

一、实验目标

了解对公存款的种类、性质和特点，充分认识对公存款业务工前准备及操作流程；了解银行会计基本业务的操作规范；熟悉票据业务。

二、实验任务

（1）在客户窗口设置企业基本信息。

（2）完成活期账户的开户、现金存款、现金取款和转账业务。

（3）完成定期账户的现金存款、转账存款和取款业务。

（4）完成通知存款的开户和取款业务。

（5）完成协定存款的开户业务。

（6）完成信用证保证金存款的现金和转账方式存款、信用证保证金申请。

三、背景知识

按存款的支取方式不同，对公存款一般分为单位活期存款、单位定期存款、单位通知存款、单位协定存款等。

1. 单位活期存款

单位活期存款是指单位类客户在商业银行开立结算账户，办理不规定存期，可随时转账、存取的存款类型。

单位活期存款账户又称为单位结算账户，包括基本存款账户、一般存款账户、专用存款账户和临时存款账户。

（1）基本存款账户。基本存款账户简称基本户，是指存款人因办理日常转账结算和现金收付需要开立的银行结算账户。基本存款账户是存款人的主办账户，同一存款客户只能在商业银行开立一个基本存款账户。

（2）一般存款账户。一般存款账户简称一般户，是指存款人因借款或其他结算需要，在基本存款账户开户银行以外的银行营业机构开立的银行结算账户。一般存款账户可以办理现金缴存，但不得办理现金支取。

（3）专用存款账户。专用存款账户是指存款人对其特定用途的资金进行专项管理和使用而开立的银行结算账户。

（4）临时存款账户。临时存款账户是指存款人因临时需要并在规定期限内使用而开立的银行结算账户。设立临时机构、异地临时经营活动、注册验资。该种账户的有效期最长不得超过二年。

2. 单位定期存款

人民币单位定期存款是单位类客户存入人民币存款时与银行约定存期，在存款到期支取时，商业银行按存入日约定的利率计付利息的一种存款。

存入时须约定存期，存期分三个月、六个月、一年、二年、三年、五年 6 个档次。

3. 单位通知存款

单位通知存款可再分为 1 天通知存款和 7 天通知存款两个品种。

4. 单位协定存款

单位协定存款是一种单位类客户通过与商业银行签订合同的形式约定合同期限、确定结算账户需要保留的基本存款额度，对超过基本存款额度的存款按中国人民银行规定的上浮利率计付利息、对基本存款额度按活期存款利率付息的存款类型。

四、实验步骤

对公业务实验，需要学生在客户窗口添加相关业务，然后根据业务完成柜员需要完成的业务内容。业务内容分为存款业务、贷款业务和人民币支付结算服务。

企业名称：	杭州奥尔萎电器有限公司
企业类型：	私营企业
经营行业	制造业
法人代表：	张学林
证件类别：	身份证
法人证件号：	302444425111000
联系电话：	80256255
省份	浙江省
城市	杭州市
注册地址：	浙江杭州天目山路220号
邮编：	310012
组织结构代码：	325622025
税务登记证编号：	21001250025
注册资金：	100.0000
员工数：	50
企业情况：	
登记日期：	2012-11-21

注　册　　　返　回

图 6-1

步骤 1，柜员角色学生登录商业银行系统，单击 ，进入添加客户窗口界面，点击【注册】按钮，打开企业基本信息填写页面。填写企业信息，点击【注册】按钮，保存企业信息，页面返回至企业列表。

（一）活期账户（开户、存款、取款、转账）

对公业务活期账户的操作分为活期账户开户、现金存款、现金取款和转账业务。

1. 活期开户申请

步骤 2，客户提交业务。企业客户可以通过【业务操作】，向银行递交需要办理的业务。点击【业务操作】，进入对公业务操作页面。点击【存款业务】下的【活期开户申请】，进入活期开户申请银行选择页面。

图 6-2

图 6-3

步骤 3，选择办理银行，单击操作列的【选择】。进入活期开户申请添加页面。点击页面中的【添加】按钮。打开"开立单位银行结算账户申请书"。

开 立 单 位 银 行 结 算 账 户 申 请 书

存款人	杭州奥尔蒙电器有限公司			电话	80256255
地　址	浙江杭州天目山路220号			邮编	310012
存款人类别	私营企业		组织机构代码	325622025	
法定代表人 ☑	姓名	张学林			
单位负责人	证件种类	身份证			
行业分类	A☐ B☐ C☐ D☐ E☐ F☐ G☐ H☐ I☐ J☐ K☐ L☐ M☐ N☐ O☐ P☐ Q☐ R☐ S☐ T☐				
注册资金	1,000,000.00	元	地区代码	杭州市	
经营范围					
证明文件种类	身份证		证明文件编号		
税务登记证编号 （国税或地税）	21001250025				
关联企业	关联企业信息填列在"关联企业登记表"上				
账户性质	基本 ☐　一般 ☐　专用 ☐　临时 ☐				
资金性质			有效日期至		
以下为存款人上级法人或主管单位信息：					
上级法人或主管单位名称					
基本存款账户开户许可证核准号			组织机构 代码		
法定代表人 ☐ 单位负责人 ☐	姓名				
	证件种类	身份证　▼			
	证件号码				
以下栏目由开户银行审核后填写：					
开户银行名称			开户银行 机构代码		
账户名称			账号		
基本存款账户开户许可证核准号			开户日期		
本存款人申请开立单位银行结算账户，并承诺所提供的开户资料真实、有效。	开户银行审核意见：		人民银行审核意见：		

下一步　　返回

图 6-4

步骤 4，选择账户性质"基本"、"一般"、"专用"或"临时"，点击【下一步】，打开银行印鉴卡片页面。点击页面中的【提交】，活期开户申请提交成功（见图 6-5）。在选择银行"浙科银行"柜员端产生一条"单位基本账户开户"业务。

提示：活期账户作为企业的基本账户，只能有一个。

步骤 5，浙科银行柜员（权限为对公业务或所有业务的柜员），点击
█柜员窗口，打开系统登录界面。单击【获取】按钮，先获取柜员基本信息，输入柜员密码，单击【签到】，完成业务准备工作"尾箱领用""印章领用"和"凭证

领用”采用进行业务操作。单击，进入柜员操作页面。

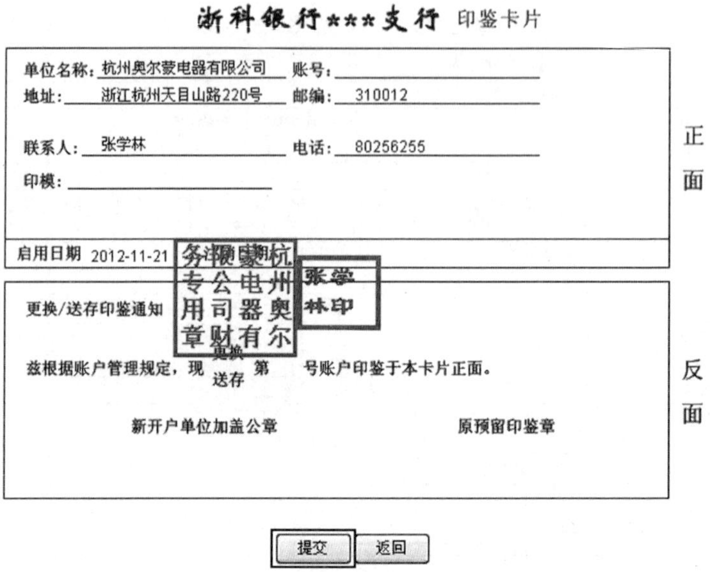

浙科银行***支行 印鉴卡片
单位名称：杭州奥尔蒙电器有限公司
账号：
地址：浙江杭州天目山路220号
邮编：310012
联系人：张学林
电话：80256255
印模：
正面
启用日期 2012-11-21
杭州奥尔蒙电器有限公司财务专用章
张学林印
更换/送存印鉴通知
兹根据账户管理规定，现 更换 送存 第 号账户印鉴于本卡片正面。
新开户单位加盖公章
原预留印鉴章
反面
提交
返回

图 6–5

机构号：undefined
柜员号：undefined
柜员密码：
工作日期：2012-11-21
获取

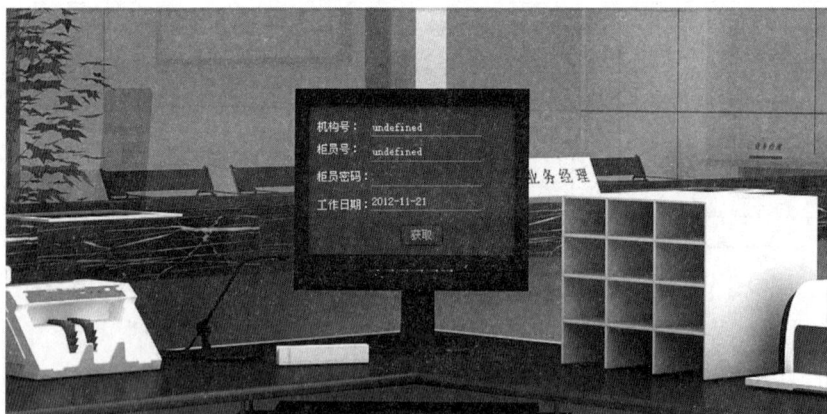

图 6–6

步骤 6，柜员受理客户业务。点击工具栏的叫号器“”，打开业务受理页面。柜员可以受理状态为“待受理”的业务。单击操作列的【受理】，柜员完成业务受理。

编号	业务类型	状态	受理柜员	操作
1	[0102]单位基本账户开户 [提交人：ss0002 ss0002]	待受理	——	受理

第1页/共1页 共1条　首页 上一页 下一页 尾页　转到 1 ▼

图 6-7

步骤 7，审核客户提交的凭证。点击工具栏中的桌面凭证 "桌面凭证"，页面显示客户提交的"企业法人营业执照"、"开立单位银行结算账户申请书"和"银行印鉴卡片"，银行柜员审核单据，在"开立单位银行结算账户申请书"的"开户银行审核意见"栏和"人民银行审核意见"栏输入意见内容。单击页面中的【审核】按钮，审核成功，关闭单据页面。

步骤 8，账户基本信息录入。点击柜面上的计算机显示器，在打开界面中，填写企业名称、法人代表、法人证件号，选择账户性质，系统有自动验证的功能，如果填写不正确，不能成功提交。单击【输入密码】按钮后，再点击【确定】按钮，提交成功。关闭数据录入页面。

单位基本账户 开户

企业名称：**杭州奥尔蒙电器有限公司**

法人代表：**张学林**

证件类别：**身份证**

法人证件号：**302444425111000**

账户性质：基本 ☑　一般 ☐　专用 ☐　临时 ☐

密码：

输入密码

图 6-8

步骤 9，填写空白凭证。点击"工具栏"中的"空白凭证 空白凭证"，打开凭证选择页面。如果列表中没有业务相关凭证，需要先领取凭证，点击【领取】按钮。打开凭证领取页面。

步骤 10，领取"开户许可证"和"单位结算账户管理协议"。单击操作列的【领取】，在页面中输入领取数量。

选	凭证名称	数量	当前可用开始编号
☐	银行汇票	2	00000121
☐	储蓄存单	2	00000121
☐	定期存折	2	00000121

[领取] [关闭] [取出]

图 6-9

凭证名称	剩余数量	操作
单位定期存单	80	领取
储蓄借记卡(空白卡)	80	领取
信用卡(空白卡)	80	领取
现金支票	80	领取
转账支票	80	领取
汇票申请书	80	领取
本票申请书	80	领取
商业汇票	80	领取
开户许可证	80	领取
单位结算账户管理协议	80	领取
业务传票	80	领取
银行卡存款凭条	80	领取

[返回]   首页 上一页 下一页 尾页 [2 ▾]

图 6-10

步骤11，单击【保存】按钮，领取成功。返回至凭证选择取出页面。

凭证类别：银行签发

凭证名称：开户许可证

可用编号列表：

开始编号	结束编号	数量
00000121	00000200	80

数量：[　　　　]

[保存] [返回]

图 6-11

步骤12，选择相关凭证，单击【取出】按钮，凭证取出成功。

选	凭证名称	数量	当前可用开始编号
☐	银行汇票	2	00000121
☐	储蓄存单	2	00000121
☐	定期存折	2	00000121
☑	开户许可证	5	00000121
☑	单位结算账户管理协议	5	00000121

领取　关闭　取出

图 6-12

步骤 13，打印凭证。点击"工具栏"中的"报表打印机" ，打开空白的"开户许可证"和"单位银行结算账户管理协议"。单击【打印】按钮。凭证显示相关业务数据。

步骤 14，盖章。点击"工具栏"中的"印章" ，打开"开立单位银行结算账户申请书""银行印鉴卡片""开户许可证"和"单位银行结算账户管理协议"，单击页面中的【盖章】按钮，在各单据上加盖银行。

步骤 15，结束任务。点击"结束业务" 结束业务 按钮。在打开界面中，点击【结束业务】按钮。业务完成。

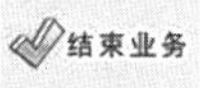

提示：柜员在操作当前业务时，可以点击  提示，了解柜员当前需要完成的步骤。

2. 现金存款

步骤 16，客户提交业务。在客户窗口，点击导航栏的"存款业务→活期账户"，单击【操作】，选择【现金存款】。

账号	账户性质	金额	开户银行	账号状态	操作
0105710001000011970	基本	0.00	浙科银行	正常	操作

第1页/共1页 共1条 首页 上一页 下一页 　　现金存款　　1 ▼
　　　　　　　　　　　　　　　　　　　　　　　现金取款
　　　　　　　　　　　　　　　　　　　　　　　转账
　　　　　　　　　　　　　　　　　　　　　　　关闭

图 6-13

步骤 17，点击页面中的【添加】按钮。打开浙科银行现金交款单。填写相关信息。点击【提交】按钮。客户现金存款业务提交成功。当前账户提交完现金存款业务后，账号锁定，不允许添加账户的其他业务。

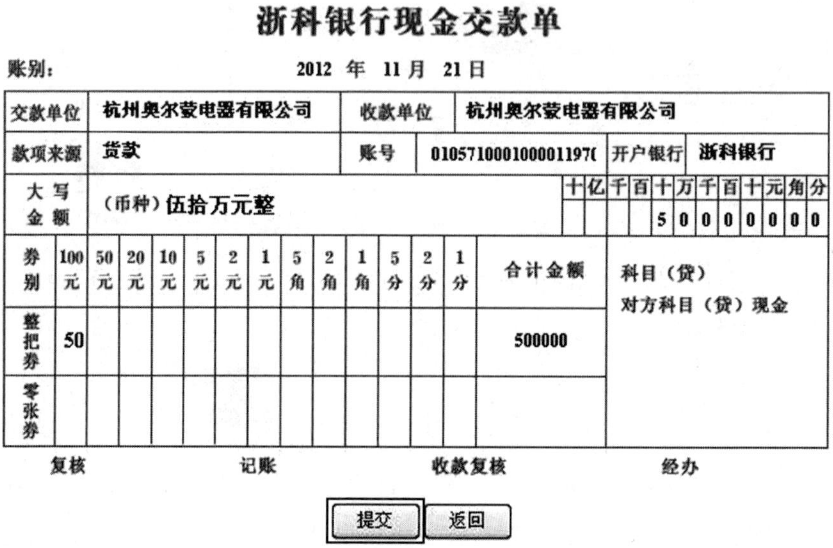

<h1>浙科银行现金交款单</h1>

账别：　　　　　　　　　2012 年 11 月 21 日

交款单位	杭州奥尔蒙电器有限公司											收款单位	杭州奥尔蒙电器有限公司								
款项来源	货款											账号	010571000100001197(				开户银行	浙科银行		

大写金额	(币种)伍拾万元整											十亿	千	百	十	万	千	百	十	元	角	分
																5	0	0	0	0	0	0	0

券别	100元	50元	20元	10元	5元	2元	1元	5角	2角	1角	5分	2分	1分	合计金额	科目（贷）
整把券	50													500000	对方科目（贷）现金
零张券															

复核　　　　记账　　　　收款复核　　　　经办

【提交】　【返回】

图 6-14

步骤 18，柜员受理客户业务。进入"柜员窗口"，柜员获取柜员基本信息，输入密码签到，进入业务操作，点击"工具栏"中的"叫号器"（叫号器），打开如下界面，点击"操作"栏中的【受理】。

编号	业务类型	状态	受理柜员	操作
10	[0121]单位通知存款现金开户 [提交人：ss0002 ss0002]	待受理	——	受理

第1页/共1页 共1条　首页 上一页 下一页 尾页　转到 1 ▼

图 6-15

步骤 19，验收客户提交的现钞。点击"工具栏"中的"点钞机"（点钞机），系统提示"验钞成功"。点击【确定】按钮，完成验钞。

步骤 20，审核客户提交凭证。点击"工具栏"中的"桌面凭证"按钮

，弹出"银行现金交款单"。单击页面中的【审核】按钮，审核成功。

桌面凭证

浙科银行现金交款单

账别：   2012 年 11 月 21 日

交款单位	杭州奥尔蓥电器有限公司		收款单位	杭州奥尔蓥电器有限公司								
款项来源	货款			账号	010571000100001197(		开户银行	浙科银行				

大写金额	（币种）伍拾万元整									十亿	千	百	十万	千	百	十	元	角	分
											5	0	0	0	0	0	0	0

券别	100元	50元	20元	10元	5元	2元	1元	5角	2角	1角	5分	2分	1分	合计金额	科目（贷）
整把券		50												500000	对方科目（贷）现金
零张券															

复核   记账   收款复核   经办

【审核】

图 6-16

步骤 21，录入业务数据。点击柜面上的计算机显示器，在打开的页面中柜员可以根据"桌面凭证"，输入交款单位、收款人账号、款项来源、存款金额。单击【输入密码】按钮，自动输入密码，单击【确定】按钮，数据输入成功。

单位一般账户 现金存款

交款单位： 亢州奥尔蓥电器有限公司

收款人账号： 10571000100001970

款项来源： 货款

存款金额： 500000

密码：

【输入密码】

图 6-17

步骤 22，盖章。点击"工具栏"中的"印章" **印章**，打开银行现金交款单，单击【盖章】按钮，盖章完成。

步骤 23，结束业务。点击"结束业务" 结束业务 按钮，打开页面显示会计分录。单击【结束业务】按钮，业务完成。

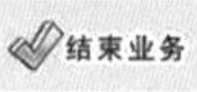

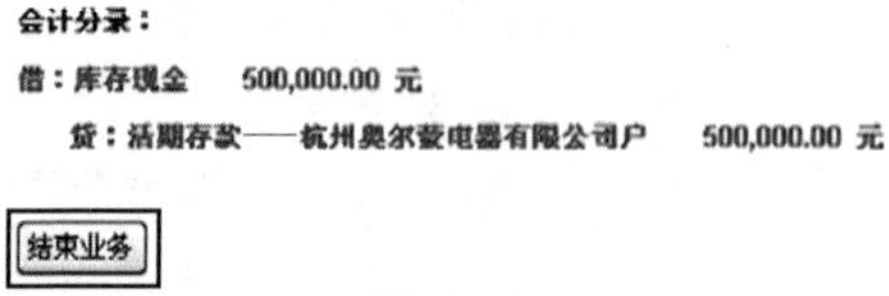

会计分录：

借：库存现金　　500,000.00 元

　　贷：活期存款——杭州奥尔蒙电器有限公司户　　500,000.00 元

结束业务

图 6-18

3. 现金取款

步骤 24，客户提交业务。在客户窗口，点击导航栏的"存款业务→活期账户"，单击【操作】，选择【现金存款】

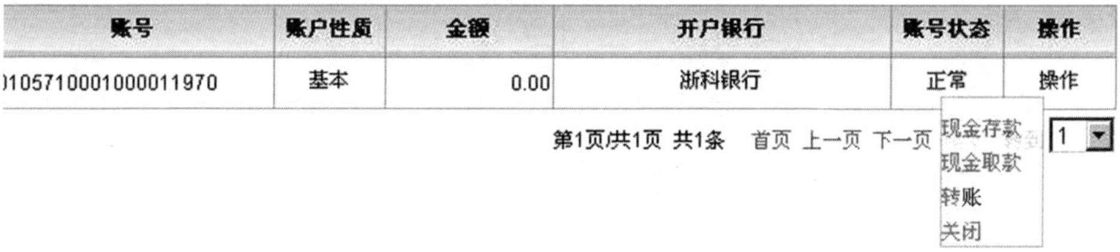

账号	账户性质	金额	开户银行	账号状态	操作
0105710001000011970	基本	0.00	浙科银行	正常	操作

第1页/共1页 共1条　首页 上一页 下一页

现金存款
现金取款
转账
关闭

1 ▼

图 6-19

步骤 25，点击页面中的【添加】按钮。打开现金支票页面。填写现金支票，单击【提交】按钮，业务提交成功。

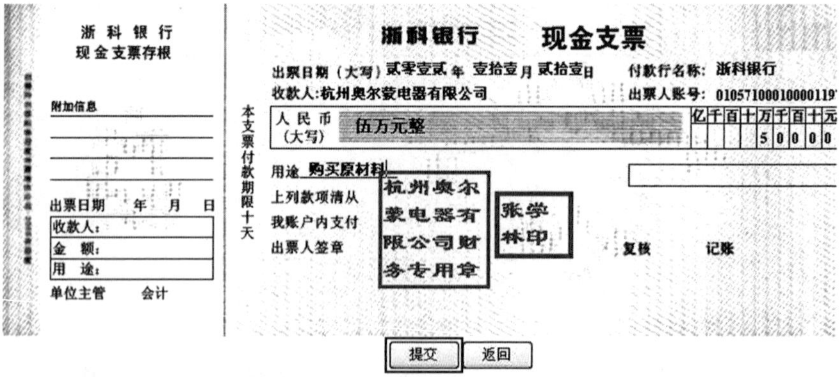

图 6-20

步骤 26，柜员受理业务。点击"工具栏"中的"叫号器" 叫号器，点击"操

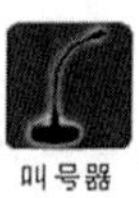

作"栏中的【受理】。

编号	业务类型	状态	受理柜员	操作
3	[0104]单位基本账户取款 [提交人：ss0002 ss0002]	待受理	——	受理

第1页/共1页 共1条　首页 上一页 下一页 尾页　转到 1 ▼

图 6-21

步骤27，审核客户提交的凭证。点击"工具栏"中的"桌面凭证"按钮，在现金支票页面，点击【审核】按钮，审核成功。

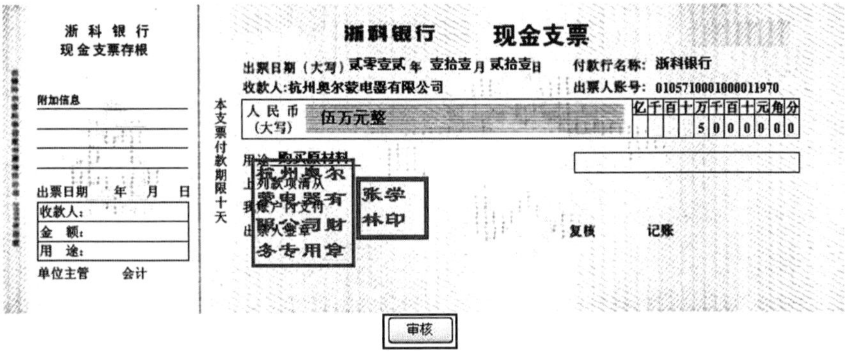

图 6-22

步骤28，输入业务数据。点击柜面上的计算机显示器，在页面中，填写出票人、出票人账号、取款金额，然后点击"输入密码"按钮，自动输入密码，点击【确定】按钮，录入成功。

图 6-23

步骤29，打印凭证。点击"工具栏"中的"报表打印机"，在打开界面中，点击【打印】按钮，打印成功。

步骤 30，盖章。点击"工具栏"中的"印章" ，单击【盖章】按钮，
盖章成功。

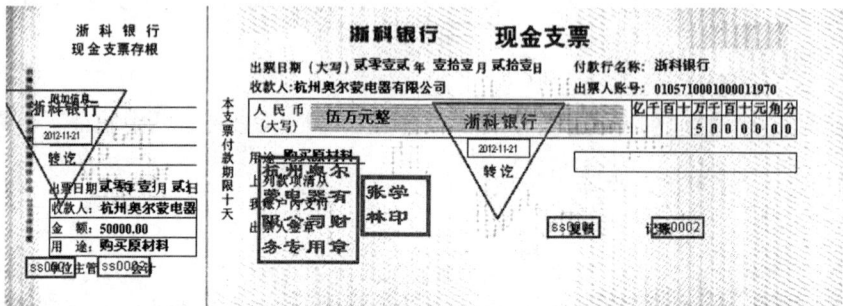

图 6-24

步骤 31，从尾箱取出现钞。点击"工具栏"中的"尾箱" ，在打开界
面中，填写支取金额数，如图 6-25 所示，点击【取出】按钮，金额取出成功。

图 6-25

步骤 32，验证从尾箱取出的钱钞。点击“工具栏”中的“点钞机” 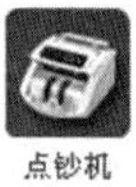，验钞成功。

步骤 33，结束业务。点击“结束业务” 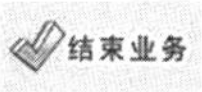 按钮，业务完成。

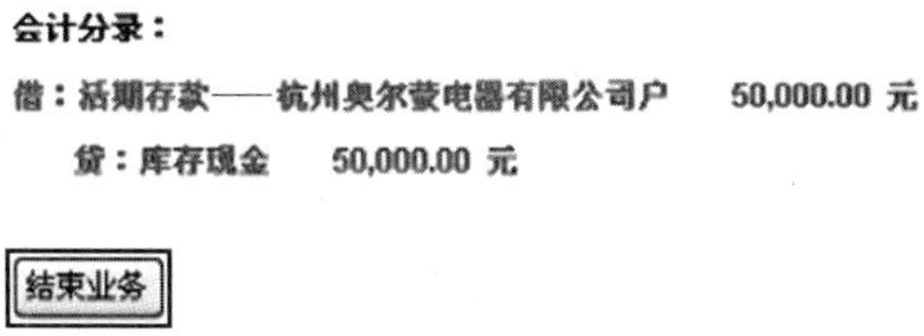

会计分录：
借：活期存款——杭州奥尔蒙电器有限公司户　50,000.00 元
贷：库存现金　50,000.00 元
结束业务

图 6–26

4. 转账

步骤 34，转账客户填写转账支票。在客户窗口，点击导航栏的“存款业务→活期账户”，单击【操作】，选择【转账】。

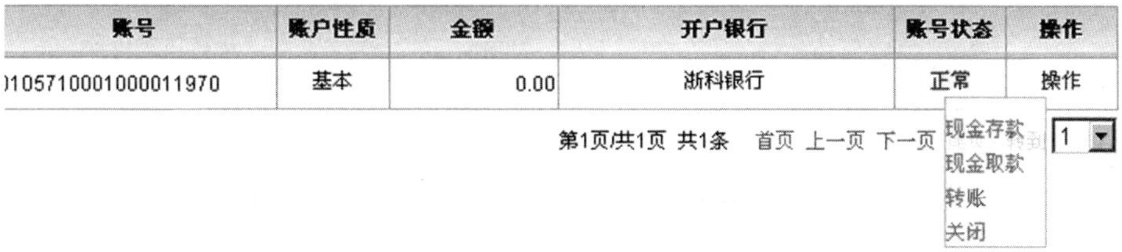

账号
账户性质
金额
开户银行
账号状态
操作
)10571000100001 1970
基本
0.00
浙科银行
正常
操作
第1页/共1页 共1条　首页 上一页 下一页
现金存款
现金取款
转账
关闭
1

图 6–27

步骤 35，点击页面中的【填写支票】按钮。打开转账支票页面。填写转账支票，收款人栏需要单击选择输入，填写完成，单击【确定】按钮，转账支票提交完成。

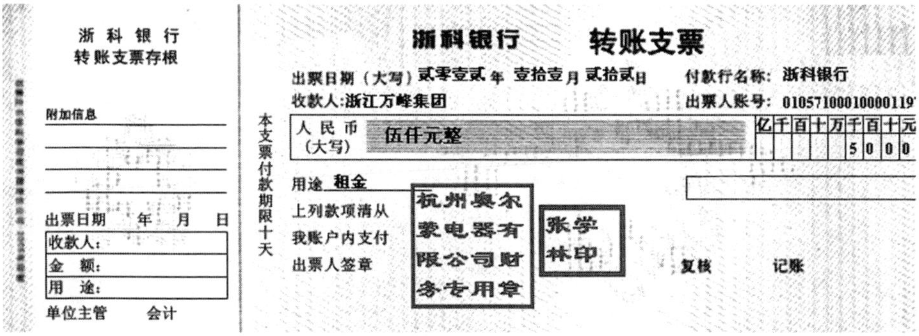

浙科银行
转账支票存根
附加信息
出票日期 年 月 日
收款人:
金 额:
用 途:
单位主管 会计
本支票付款期限十天
浙科银行 转账支票
出票日期（大写）贰零壹贰 年 壹拾壹 月 贰拾贰 日
付款行名称: 浙科银行
收款人:浙江万峰集团
出票人账号: 01057100010000119
人民币（大写）
伍仟元整
亿 千 百 十 万 千 百 十 元
5 0 0 0
用途 租金
上列款项清从我账户内支付
出票人签章
杭州奥尔蒙电器有限公司财务专用章
张学林印
复核
记账

图 6–28

步骤 36，收款企业提交转账业务。收款企业所属的学生登录银行系统，在客户窗口，点击导航栏的"存款业务→转账存款"，单击【填写进账单】，打开"进账单"，可以根据"转账支票"填写"进账单"。填写完成点击【提交】按钮，转账业务提交成功。

付款人	金额	出票日期	发生的业务	操作
杭州奥尔蒙电器有限公司	10000.00	2012-11-21	单位基本账户转账存款	已转账
杭州奥尔蒙电器有限公司	5000.00	2012-11-22		填写进账单

第1页/共1页 共2条　首页 上一页 下一页 尾页　转到 1 ▾

图 6–29

查看转账支票

浙科银行　　**进 账 单**

2012 年 11 月 22 日

出票人	全　称	杭州奥尔蒙电器有限公司	收款人	全　称	浙江万峰集团
	账　号	0105710001000011970		账　号	0205710101000012087
	开户银行	浙科银行		开户银行	浙科银行浙江省杭州市分行

金额（大写）	人民币 伍仟元整	亿	千	百	十	万	千	百	十	元	角	分
							5	0	0	0	0	0

票据种类	转账支票	票据张数	1
票据号码	465		

复核　　记账　　　　　　　　　　开户银行签章

提交　　返回

图 6–30

步骤 37，柜员受理业务。收款账号所在开户银行的柜员在"柜员窗口"签到，进入业务操作。点击"工具栏"中的"叫号器" ，点击"操作"栏中的【受理】。

编号	业务类型	状态	受理柜员	操作
6	[0230]单位基本账户转账存款 [提交人：ss0007 ss0007]	待受理	——	受理

第1页/共1页 共1条　首页 上一页 下一页 尾页　转到 1 ▾

图 6–31

步骤38，审核客户提交的凭证。点击"工具栏"中的"桌面凭证" 按钮，在转账支票和进账单页面，点击【审核】按钮，审核成功。

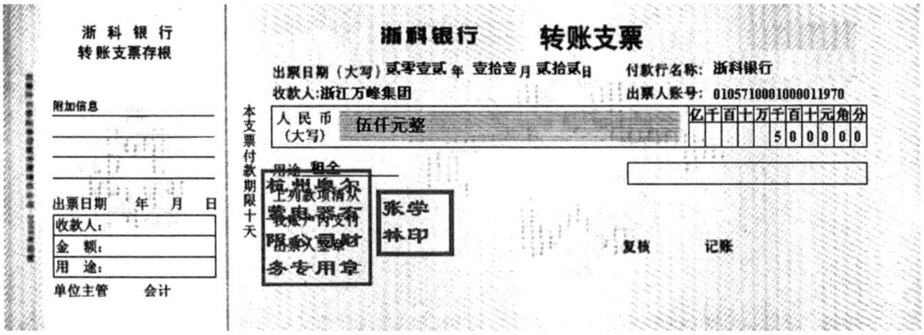

图 6-32

图 6-33

步骤39，输入业务数据。点击柜面上的计算机显示器，在页面中，填写出票人、出票人账号、收款人账号、金额，然后点击"输入密码" 输入密码 按钮，自动输入密码，点击【确定】按钮，录入成功。提示：可以查看桌面凭证详细填写业务数据。

步骤40，打印凭证。点击"工具栏"中的"报表打印机"，在打开的转账支票中，点击【打印】按钮，打印成功。

出票人：	亢州奥尔鋆电器有限公司
出票人账号：	11057100010000011970
收款人账号：	12057101010000012087
金额：	5000
密码：	

输入密码

图 6-34

步骤 41，盖章。点击"工具栏"中的"印章"，在打开的转账支票和进账单页面，单击【盖章】按钮，盖章成功。

步骤 42，从尾箱取出现钞。点击"工具栏"中的"尾箱" 尾箱，在打开界面中，填写支取金额数，如图 6-35 所示，点击【取出】按钮，金额取出成功。

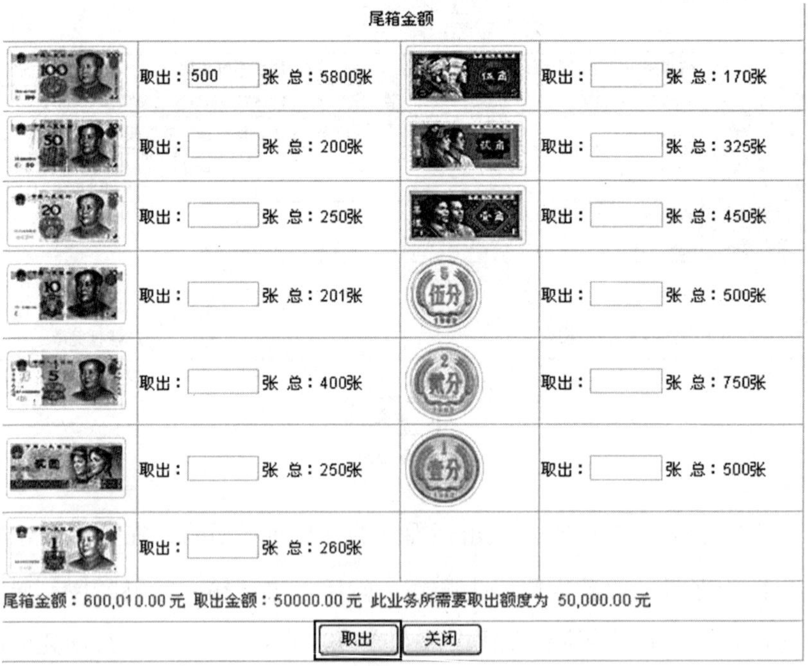

尾箱金额

	取出： 500 张 总：5800张			取出： 张 总：170张
	取出： 张 总：200张			取出： 张 总：325张
	取出： 张 总：250张			取出： 张 总：450张
	取出： 张 总：201张			取出： 张 总：500张
	取出： 张 总：400张			取出： 张 总：750张
	取出： 张 总：250张			取出： 张 总：500张
	取出： 张 总：260张			

尾箱金额：600,010.00 元 取出金额：50000.00 元 此业务所需要取出额度为 50,000.00 元

取出　关闭

图 6-35

步骤 43，验证从尾箱取出的钱钞。点击"工具栏"中的"点钞机" 点钞机，验钞成功。

步骤 44，结束业务。点击“结束业务” 按钮，显示会计分录记录，点击【结束业务】按钮，业务完成。

会计分录：

借：活期存款——杭州奥尔蒙电器有限公司户 5,000.00 元

贷：活期存款——浙江万峰集团户 5,000.00 元

结束业务

图 6–36

（二）定期账户（现金存款、取款、转账存款）

1. 现金存款

步骤 45，向银行提交“定期存款账户申请书”。在企业“客户窗口”，点击页面左侧“存款业务→定期账户”菜单，在页面点击【现金存款】 现金存款 按钮，在打开界面中，选择存款期限，填写金额（大小写）、备注，如图 6–37 所示：

浙科银行定期存款账户申请书

存款人：	杭州奥尔蒙电器有限公司	电话：	80256255
地址：	浙江杭州天目山路220号	邮编：	3100
法定代表人：	张学林	组织机构代码	325622025
证件种类：	身份证	证件号码	30244442511000
存款期限	◉三个月 ○半年 ○一年 ○两年 ○三年 ○五年		
金额：	50000	大写：	伍万元整
备注：			

杭州奥尔蒙电器有限公司财务专用章

本存款人申请开立单位银行定期存款账户，并承诺所提供的开户资料真实、有效。

申请人：张学林　日期：2012年11月22日

下一步　返回

图 6–37

步骤 46，点击【下一步】 下一步 按钮，在打开现金交款单页面，填写款项来源、大小写金额、券别，如图 6–38 所示：

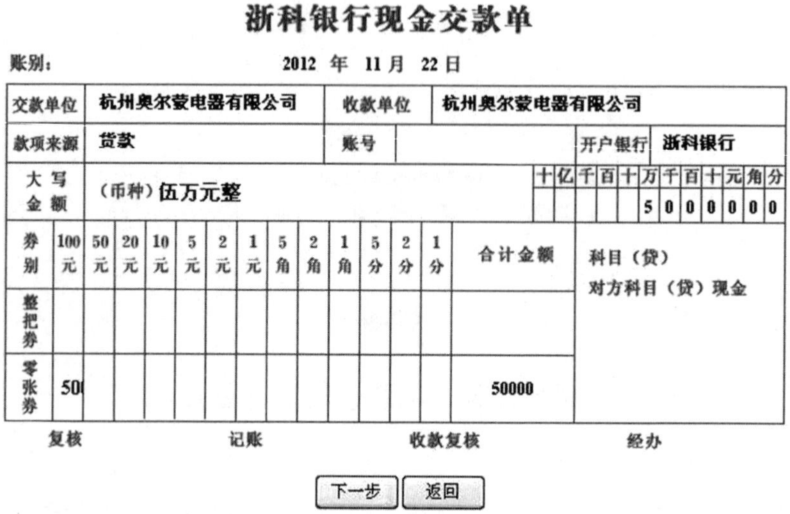

浙科银行现金交款单

账别：　　2012 年 11 月 22 日

交款单位	杭州奥尔蒙电器有限公司	收款单位	杭州奥尔蒙电器有限公司
款项来源	贷款	账号	开户银行 浙科银行
大写金额	（币种）伍万元整	十亿千百十万千百十元角分	5000000

券别	100元	50元	20元	10元	5元	2元	1元	5角	2角	1角	5分	2分	1分	合计金额	科目（贷） 对方科目（贷）现金
整把券															
零张券	50(													50000	

复核　　记账　　收款复核　　经办

下一步　返回

图 6–38

步骤 47，点击【下一步】按钮，打开印鉴卡片：

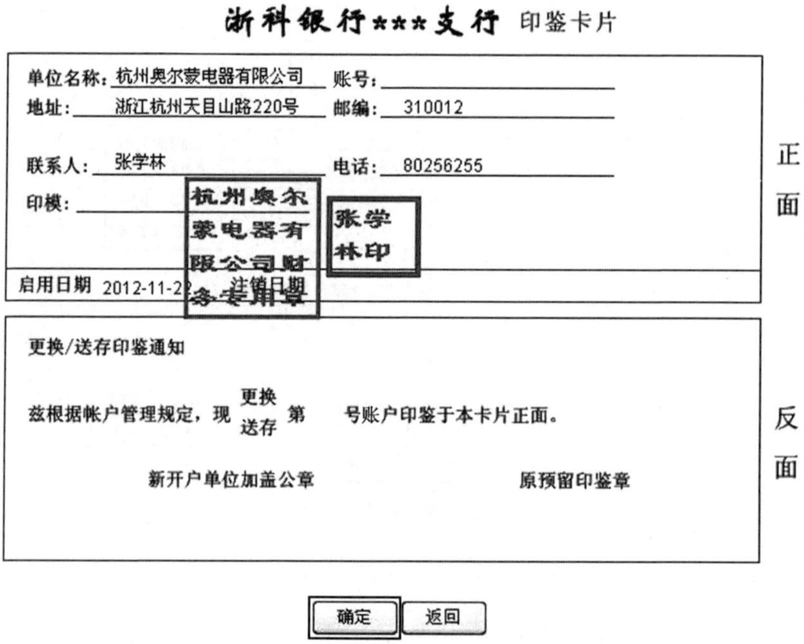

浙科银行***支行 印鉴卡片

单位名称：杭州奥尔蒙电器有限公司　账号：

地址：浙江杭州天目山路220号　邮编：310012

联系人：张学林　电话：80256255

印模：杭州奥尔蒙电器有限公司财务专用章　张学林印

启用日期 2012-11-22　注销日期

正面

更换/送存印鉴通知

兹根据帐户管理规定，现 更换/送存 第　号账户印鉴于本卡片正面。

新开户单位加盖公章　原预留印鉴章

反面

确定　返回

图 6–39

步骤 48，点击【确定】按钮，提交成功，页面跳转至：

账号	存款种类	小写金额	申请日期	账号状态	操作
	现金	50000.00	2012-11-22	未审核	取款

现金存款　转账存款

第1页/共1页 共1条　首页 上一页 下一页 尾页　转到 1 ▼

图 6-40

提示：（1）企业开立的定期账户，存款金额必须大于 1 万元。

（2）柜员受理客户业务。

步骤 49，进入"柜员窗口"，柜员获取柜员基本信息，输入密码签到，进入

业务操作，点击"工具栏"中的"叫号器" 叫号器，打开如下界面，点击"操作"

栏中的【受理】。

编号	业务类型	状态	受理柜员	操作
7	[0118]单位定期存款现金开户 [提交人：ss0002 ss0002]	待受理	——	受理

第1页/共1页 共1条　首页 上一页 下一页 尾页　转到 1 ▼

图 6-41

步骤 50，查收客户提交的现钞。点击"工具栏"中的"点钞机" 点钞机，验

钞成功。

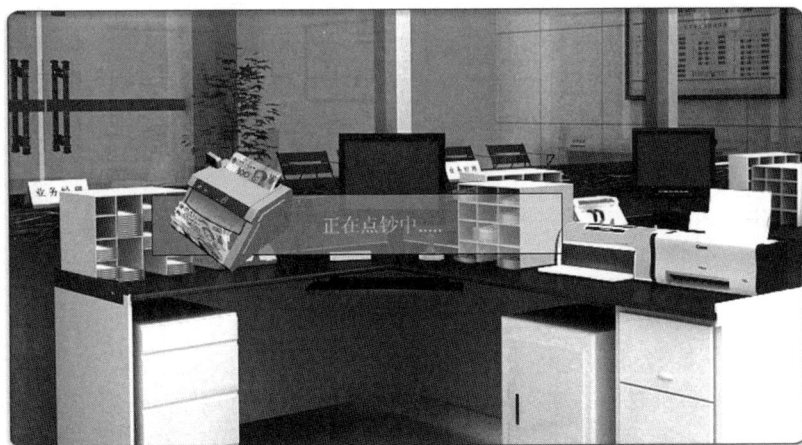

图 6-42

步骤 51，审核客户提交的凭证。点击"工具栏"中的"桌面凭证" ![桌面凭证] 按钮，在打开的定期存款账户申请书、现金交款单、印鉴卡片和企业法人营业执照页面，点击【审核】按钮。审核成功。

步骤 52，输入业务数据。点击柜面上的计算机显示器，在打开界面中，填写企业名称、存款金额，选择存款期限，如图 6-43 所示，点击【输入密码】按钮，再点击【确定】按钮，成功录入数据。

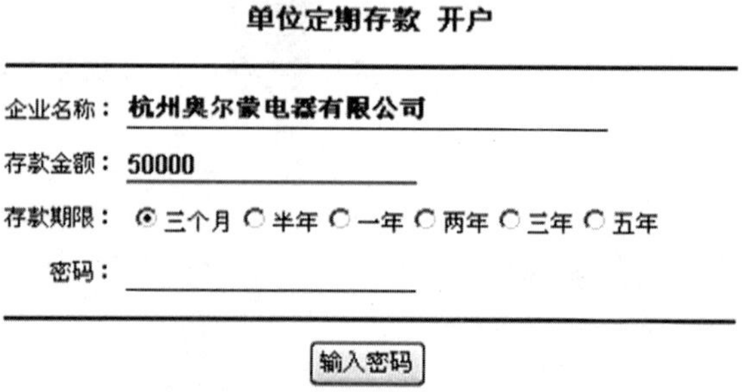

单位定期存款 开户

企业名称： **杭州奥尔蒙电器有限公司**

存款金额： **50000**

存款期限： ⦿ 三个月 ○ 半年 ○ 一年 ○ 两年 ○ 三年 ○ 五年

密码：

输入密码

图 6-43

步骤 53，取出空白凭证。点击"工具栏"中的"空白凭证" ![空白凭证] ，在打开界面中，选择"单位定期存款开户证实书"，然后点击【取出】按钮。

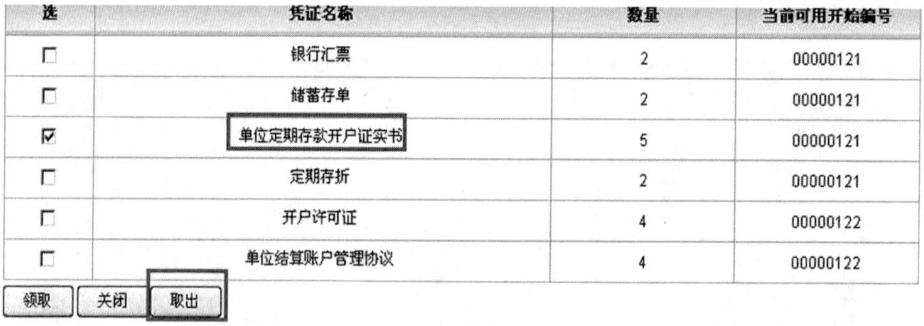

选	凭证名称	数量	当前可用开始编号
☐	银行汇票	2	00000121
☐	储蓄存单	2	00000121
☑	单位定期存款开户证实书	5	00000121
☐	定期存折	2	00000121
☐	开户许可证	4	00000122
☐	单位结算账户管理协议	4	00000122

领取　　关闭　　取出

图 6-44

点击【确定】按钮。

提示：（1）必须取出与个人开户业务相关的凭证。如果您选择了错误的凭证，系统会在最下方提示您，该选择哪种正确的凭证。

（2）凭证列表中没有业务所需凭证，应该先领取凭证。

步骤 54，打印凭证。点击"工具栏"中的"报表打印机" ![报表打印机]，打开单位定期存款开户证实书、现金交款单和印鉴卡片凭证页面，点击【打印】按钮，自动打印凭证信息。

步骤 55，盖章。点击"工具栏"中的"印章" ![印章]，在打开界面中，点击【盖章】按钮，点击【确定】按钮。

步骤 56，结束业务。点击"结束业务"按钮 ![结束业务]，显示会计分录记录，点击【结束业务】按钮，业务完成。

会计分录：

借：库存现金　　50,000.00 元
　　贷：定期存款——杭州奥尔蒙电器有限公司户　　50,000.00 元
借：库存现金　　50,000.00 元
　　贷：定期存款——杭州奥尔蒙电器有限公司户　　50,000.00 元

[结束业务]

图 6-45

2. 转账存款

步骤 57，向银行提交"定期存款账户申请书"。在企业"客户窗口"，点击页面左侧"存款业务→定期账户"菜单，在页面点击【转账存款】 [现金存款] 按

定 期 存 款 申 请 书

（请用正楷填写及在合适的方格内用"√"符号标明）

公司名称为：杭州奥尔蒙电器有限公司

活期账号为：0105710001000011970 ▼ ，现申请转出金额20000

存为定期存款。申请定期存款期限为：

⊙ 三个月 ○ 半年 ○ 一年 ○ 两年 ○ 三年 ○ 五年

注： 1. 每笔定存起始金额为等值伍万美元的可自由兑换货币；

　　 2. 定期存款到期日如遇节假日，到期日顺延到节假日后的第一个工作日。

备注：

杭州奥尔蒙电器有限公司财务专用章

申请人签署：张学林　日期：2012年11月22日

[下一步] [返回]

图 6-46

钮，在定期存款申请书，选择活期账号和存期，填写金额（小写）、备注，如图6–46所示。

步骤58，点击【下一步】 下一步 按钮，在打开转账支票页面，填写收款人、大小写金额、用途，如图6–47所示。

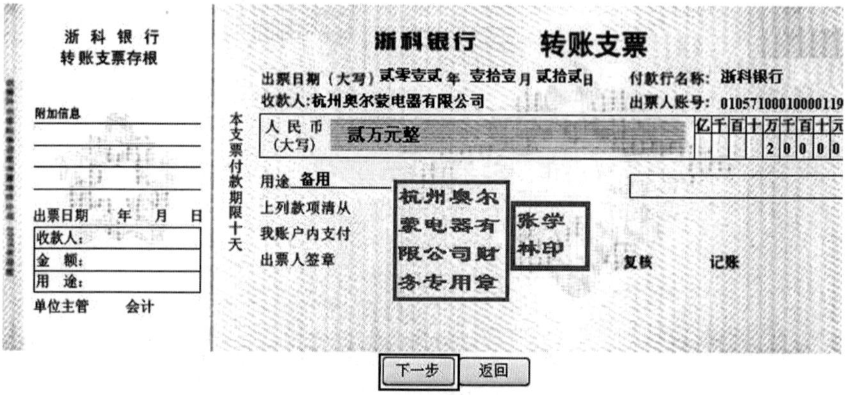

浙科银行
转账支票存根
附加信息
出票日期 年 月 日
收款人：
金 额：
用 途：
单位主管 会计

浙科银行 转账支票
出票日期（大写）贰零壹贰年 壹拾壹月 贰拾贰日 付款行名称：浙科银行
收款人：杭州奥尔蒙电器有限公司 出票人账号：01057100010000119
本支票付款期限十天
人民币（大写） 贰万元整 亿 千 百 十 万 千 百 十 元
2 0 0 0 0
用途 备用
上列款项清从
我账户内支付
出票人签章
杭州奥尔蒙电器有限公司财务专用章
张学林印
复核 记账

下一步 返回

图 6–47

步骤59，点击【下一步】按钮，打开进账单页面：

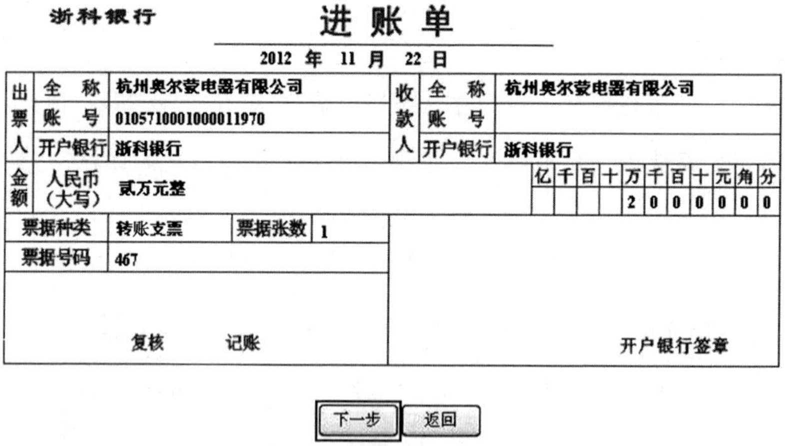

浙科银行 进 账 单

2012 年 11 月 22 日

出票人	全　称	杭州奥尔蒙电器有限公司	收款人	全　称	杭州奥尔蒙电器有限公司
	账　号	0105710001000011970		账　号	
	开户银行	浙科银行		开户银行	浙科银行
金额	人民币（大写）	贰万元整		亿千百十万千百十元角分	2000000
票据种类	转账支票	票据张数	1		
票据号码	467				
	复核　记账			开户银行签章	

下一步 返回

图 6–48

步骤60，点击【下一步】按钮，提交成功，打开印鉴卡片。

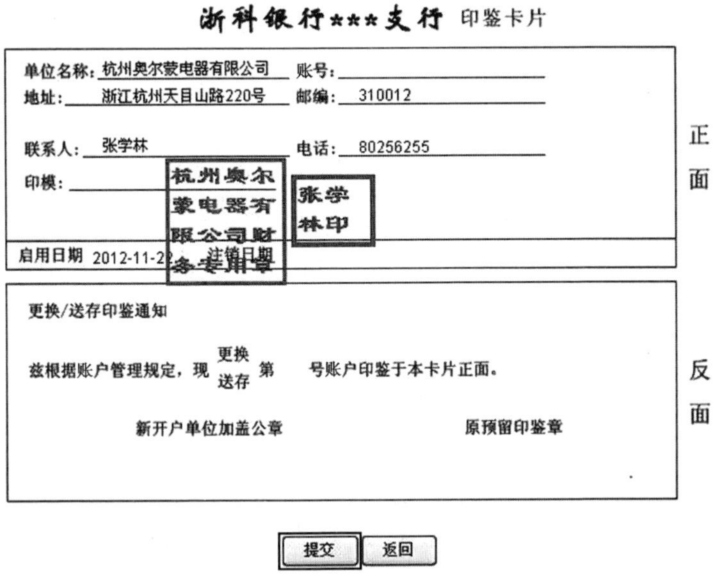
浙科银行***支行 印鉴卡片

单位名称：杭州奥尔蒙电器有限公司 账号：

地址：浙江杭州天目山路220号 邮编：310012

联系人：张学林 电话：80256255

印模： 杭州奥尔蒙电器有限公司财务专用章 张学林印

启用日期 2012-11-22 注销日期

正面

更换/送存印鉴通知

兹根据账户管理规定，现 更换/送存 第 号账户印鉴于本卡片正面。

新开户单位加盖公章 原预留印鉴章

反面

提交 返回

图 6-49

步骤 61，点击页面的【提交】按钮，页面跳转至：

账号	存款种类	小写金额	申请日期	账号状态	操作
0105710001000010538	现金	50000.00	2012-11-22	正常	取款
	转账	20000.00	2012-11-22	未审核	取款

现金存款 转账存款 第1页/共1页 共2条 首页 上一页 下一页 尾页 转到 1

图 6-50

提示：(1) 企业开立的定期账户，存款金额必须大于 1 万元。

(2) 柜员受理客户业务。

步骤 62，进入“柜员窗口”，柜员获取柜员基本信息，输入密码签到，进入业务操作，点击“工具栏”中的“叫号器”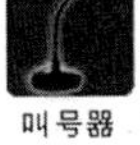叫号器，打开如下界面，点击“操作”栏中的【受理】。

编号	业务类型	状态	受理柜员	操作
42	[0234]单位定期转账存款开户存款	待受理	——	受理

第1页/共1页 共1条 首页 上一页 下一页 尾页 转到 1

图 6-51

步骤63，审核客户提交的凭证。点击"工具栏"中的"桌面凭证" 桌面凭证 按钮，在打开的定期存款申请书、转账支票、进账单、印鉴卡片和企业法人营业执照页面，点击【审核】按钮。审核成功。

步骤64，输入业务数据。点击柜面上的计算机显示器，在打开界面中，填写企业名称、存款金额，选择存款期限，如图6-52所示，点击【输入密码】按钮，再点击【确定】按钮，成功录入数据。

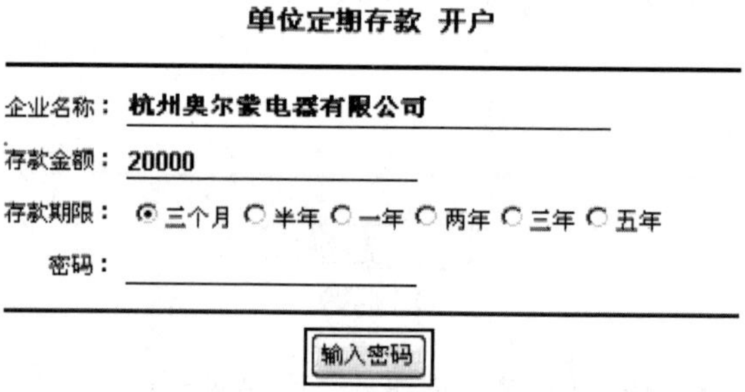

单位定期存款 开户

企业名称：**杭州奥尔蒙电器有限公司**

存款金额：**20000**

存款期限：⊙三个月 ○半年 ○一年 ○两年 ○三年 ○五年

密码：＿＿＿＿＿＿＿＿＿＿＿＿＿＿

输入密码

图 6-52

步骤65，取出相关空白凭证。点击"工具栏"中的"空白凭证" 空白凭证 ，在打开界面中，选择"单位定期存款开户证实书"，然后点击【取出】按钮。

选	凭证名称	数量	当前可用开始编号
□	银行汇票	2	00000121
□	储蓄存单	2	00000121
☑	单位定期存款开户证实书	5	00000121
□	定期存折	2	00000121
□	开户许可证	4	00000122
□	单位结算账户管理协议	4	00000122

领取　关闭　取出

图 6-53

点击【确定】按钮。

提示：（1）必须取出与个人开户业务相关的凭证。如果您选择了错误的凭证，系统会在最下方提示您，该选择哪种正确的凭证。

（2）凭证列表中没有业务所需凭证，应该先领取凭证。

步骤 66，打印凭证。点击"工具栏"中的"报表打印机" ，打开单位
定期存款开户证实书、转账支票、进账单和印鉴卡片凭证页面，点击【打印】按
钮，自动打印凭证信息。

步骤 67，盖章。点击"工具栏"中的"印章"，在打开界面中，点击【盖
章】按钮，点击【确定】按钮。

步骤 68，结束业务。点击"结束业务" 按钮，显示会计分录记录，
点击【结束业务】按钮，业务完成。

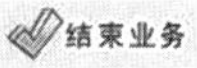

会计分录：

借：活期存款——杭州奥尔蒙电器有限公司　　20,000.00 元

　　贷：定期存款——杭州奥尔蒙电器有限公司户　　20,000.00 元

结束业务

图 6-54

提示：（1）活期账户"现金存款"业务是"转账存款"业务的基础。

（2）转账金额必须大于 1 万元。

3. 取款

步骤 69，客户提交取款业务。在企业"客户窗口"页面，点击导航"存款
业务→定期账户"，在页面右侧打开如下界面：

账号	存款种类	小写金额	申请日期	账号状态	操作
0105710001000010538	现金	50000.00	2012-11-22	正常	取款
0105710001000010640	转账	20000.00	2012-11-22	正常	取款

现金存款　转账存款　　　　　　　第1页/共1页 共2条 首页 上一页 下一页 尾页 转到 1 ▼

图 6-55

步骤 70，点击"操作"栏中的【取款】，在打开界面中，选择收款人，填写
大小写金额、用途，如图 6-56 所示：

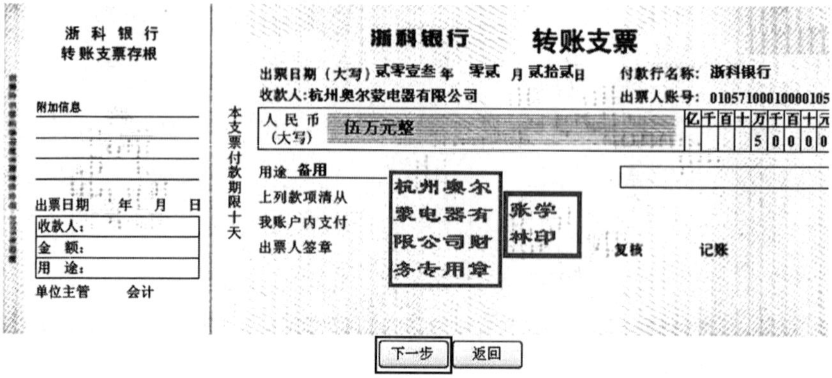

图 6-56

步骤 71，点击【下一步】按钮，在进账单页面中，填写相关信息，如图 6-57 所示：

图 6-57

步骤 72，点击【下一步】按钮，打开如下界面，点击【下一步】按钮，在页面中点击【提交】按钮，业务提交成功。

提示：（1）对企业定期账户，只能进行定期全额取款。

（2）柜员受理客户业务。

步骤 73，进入"柜员窗口"，柜员获取柜员基本信息，输入密码签到，进入业务操作，点击"工具栏"中的"叫号器" ，打开如下界面，点击"操作"

栏中的【受理】。

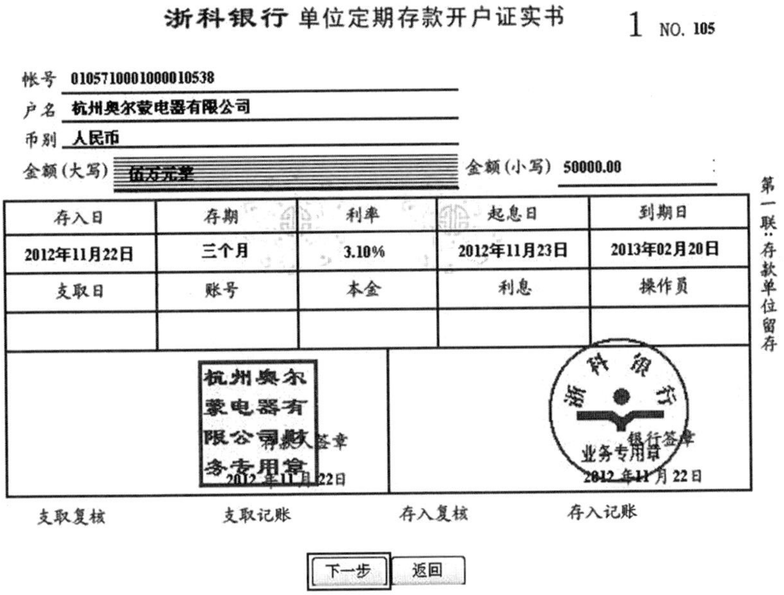
浙科银行 单位定期存款开户证实书　1 NO. 105

帐号 0105710001000010538

户名 杭州奥尔蒙电器有限公司

币别 人民币

金额(大写) 伍万元整　金额(小写) 50000.00

存入日	存期	利率	起息日	到期日
2012年11月22日	三个月	3.10%	2012年11月23日	2013年02月20日
支取日	账号	本金	利息	操作员

杭州奥尔蒙电器有限公司财务专用章　存款人签章　2012年11月22日

浙科银行 业务专用章　银行签章　2012年11月22日

第一联：存款单位留存

支取复核　支取记账　存入复核　存入记账

下一步　返回

图 6–58

编号	业务类型	状态	受理柜员	操作
9	[0120]单位定期存款取款销户 [提交人：ss0002 ss0002]	待受理	——	受理

第1页/共1页 共1条　首页 上一页 下一页 尾页 转到 1

图 6–59

步骤 74，审核客户提交的凭证。点击“工具栏”中的“桌面凭证” 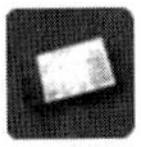 桌面凭证 按钮，在打开的单位定期存款开户证实书、转账支票、进账单、印鉴卡片页面，点击【审核】按钮。审核成功。

步骤 75，输入业务数据。点击柜面上的计算机显示器，在打开界面中，填写企业名称、存款金额，选择存款期限，如图 6–60 所示，点击【输入密码】按钮，再点击【确定】按钮，成功录入数据。

步骤 76，打印凭证。点击“工具栏”中的“报表打印机” 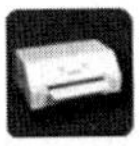 报表打印机，打开单位定期存款开户证实书、转账支票、凭证页面，点击【打印】按钮，自动打印凭证信息。

企业定期存款 取款销户

出票人：	杭州奥尔蒙电器有限公司
出票人账号：	105710001000010538
收款人账号：	105710001000011970
金额：	50000
密码：	

输入密码

图 6-60

步骤 77，盖章。点击"工具栏"中的"印章" ，在打开界面中，点击【盖章】按钮，点击【确定】按钮。

步骤 78，结束业务。点击"结束业务" 按钮，显示会计分录记录，点击【结束业务】按钮，业务完成。

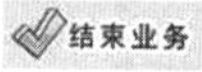

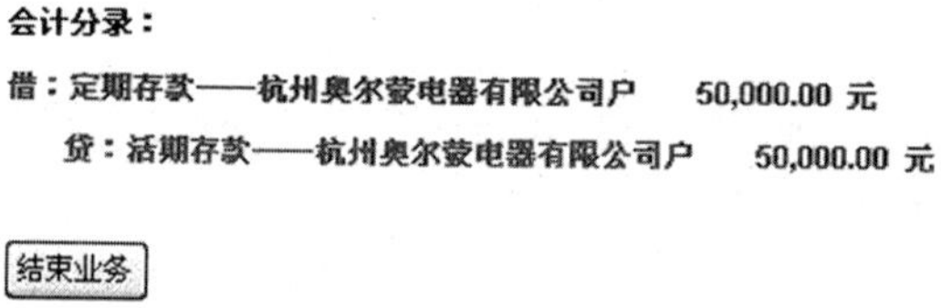

会计分录：

借：定期存款——杭州奥尔蒙电器有限公司户　　50,000.00 元

　　贷：活期存款——杭州奥尔蒙电器有限公司户　　50,000.00 元

结束业务

图 6-61

（三）通知存款

1. 开户

步骤 79，客户提交通知存款开户业务。在企业"客户窗口"页面，点击导航"存款业务→通知存款"，点击页面中的【添加】按钮，再点击页面的【申请】按钮，打开通知存款账户申请书页面，填写金额大小写、备注。

步骤 80，点击【取款】按钮，在打开现金交款单页面，填写款项来源、大小写金额、券别、合计金额。

步骤 81，点击【下一步】按钮。

浙科银行通知存款账户申请书

存款人名称：	杭州奥尔蒙电器有限·	电话：	80256255
地址：	浙江杭州天目山路22(	邮编：	310012
存款人类别：	企业法人	组织机构代码：	325622025
法定代表人：	张学林		
证件种类：	身份证	证件号码：	302444425111000
通知种类：	☑一天通知　□七天通知		
现钞/现汇：	☑现钞　□现汇		
金额：	500000	大写：	伍拾万元整
备注：			

本存款人申请开立单位银行通知存款账户，并承诺所提供的开户资料真实、有效。

2012年11月22日

杭州奥尔蒙电器有限公司财务专用章

[下一步] [返回]

图 6-62

浙科银行现金交款单

账别：　　　　　　2012 年 11 月 22 日

交款单位	杭州奥尔蒙电器有限公司	收款单位	杭州奥尔蒙电器有限公司								
款项来源	货款	账号		开户银行	浙科银行						

大写金额	（币种）伍拾万元整										十亿	千	百	十	万	千	百	十	元	角	分
													5	0	0	0	0	0	0	0

券别	100元	50元	20元	10元	5元	2元	1元	5角	2角	1角	5分	2分	1分	合计金额	科目（贷）
整把券															对方科目（贷）现金
零张券														500000	

复核　　　　　记账　　　　　收款复核　　　　　经办

[下一步] [返回]

图 6-63

浙科银行
转账支票存根

附加信息

出票日期　年　月　日
收款人：
金　额：
用　途：
单位主管　　会计

本支票付款期限十天

浙科银行　　转账支票

出票日期（大写）贰零壹叁 年　零贰 月贰拾贰日　　付款行名称：浙科银行
收款人：杭州奥尔蒙电器有限公司　　出票人账号：0105710001000010

人民币（大写）伍万元整

	亿	千	百	十	万	千	百	十	元	角	分
					5	0	0	0			

用途　备用
上列款项请从我账户内支付
出票人签章

杭州奥尔蒙电器有限公司财务专用章

张学林印

复核　　记账

[下一步] [返回]

图 6-64

步骤 82，点击【下一步】按钮，打开“印鉴卡片”，在页面中点击【确定】按钮，业务提交成功。

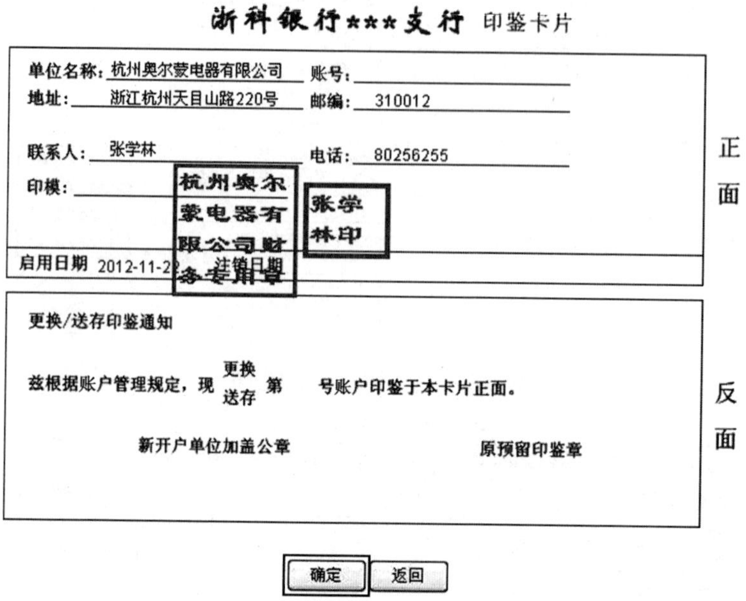
浙科银行***支行 印鉴卡片
单位名称：杭州奥尔蒙电器有限公司
账号：
地址：浙江杭州天目山路220号
邮编：310012
联系人：张学林
电话：80256255
印模：
杭州奥尔蒙电器有限公司财务专用章
张学林印
启用日期 2012-11-22
注销日期
正面
更换/送存印鉴通知
兹根据账户管理规定，现 更换 送存 第 号账户印鉴于本卡片正面。
新开户单位加盖公章
原预留印鉴章
反面
确定
返回

图 6–65

提示：企业通知存款账户，开户金额必须大于或等于 50 万元。

步骤 83，柜员受理客户业务。进入“柜员窗口”，柜员获取柜员基本信息，输入密码签到，进入业务操作，点击“工具栏”中的“叫号器” 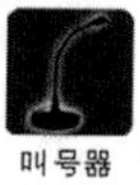
叫号器
，打开如下界面，点击“操作”栏中的【受理】。

编号	业务类型	状态	受理柜员	操作
10	[0121]单位通知存款现金开户 [提交人：ss0002 ss0002]	待受理	——	受理

第1页/共1页 共1条 首页 上一页 下一页 尾页 转到 1

图 6–66

步骤 84，验收客户提交的现钞。点击“工具栏”中的“点钞机” 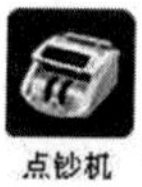
点钞机
，系统提示“验钞成功”。点击【确定】按钮，完成验钞。

步骤 85，审核客户提交的凭证。点击"工具栏"中的"桌面凭证" 按钮，在打开的单位定期存款开户证实书、转账支票、进账单、印鉴卡片页面，点击【审核】按钮。审核成功。

步骤 86，输入业务数据。点击柜面上的计算机显示器，在打开界面中，填写企业名称、存款金额，选择存款期限，如图 6-67 所示，点击【输入密码】按钮，再点击【确定】按钮，成功录入数据。

企业通知存款 开户

单位名称：	兖州奥尔蒙电器有限公司
法定代表人：	张学林
法定代表人身份证号：	302444425111000
通知种类：	☑ 一天通知 ☐ 七天通知
现金转账：	☑ 现钞 ☐ 现汇
存款金额(小写)：	500000
密码：	

输入密码

图 6-67

步骤 87，取出空白凭证。点击"工具栏"中的"空白凭证" ，在打开界面中，选择"单位定期存款开户证实书"，然后点击【取出】按钮。点击【确定】按钮。

选	凭证名称	数量	当前可用开始编号
☐	银行汇票	2	00000121
☐	储蓄存单	2	00000121
☑	单位通知存款开户证实书	2	00000121
☐	单位定期存款开户证实书	3	00000123
☐	定期存折	2	00000121
☐	开户许可证	4	00000122
☐	单位结算账户管理协议	4	00000122

领取 关闭 取出

图 6-68

提示：（1）必须取出与当前业务相关的凭证。如果您选择了错误的凭证，系统会在最下方提示您，该选择哪种正确的凭证。

（2）凭证列表中没有业务所需凭证，应该先领取凭证。

步骤88，打印凭证。点击"工具栏"中的"报表打印机" ，打开单位通知存款证实书、现金交款单、印鉴卡片，点击【打印】按钮，自动打印凭证信息。

步骤89，盖章。点击"工具栏"中的"印章" ，在打开界面中，点击【盖章】按钮，点击【确定】按钮。

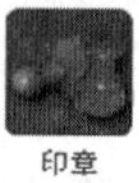

步骤90，结束业务。点击"结束业务" 按钮，显示会计分录记录，点击【结束业务】按钮，业务完成。

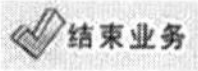

会计分录：

借：库存现金   500,000.00 元

    贷：单位通知存款——杭州奥尔蒙电器有限公司户+   500,000.00 元

结束业务

图 6-69

2. 取款

步骤91，提交取款通知书。在企业"客户窗口"页面，点击导航"存款业务→通知存款"，点击操作列的【取款】按钮，点击【添加通知书】按钮，在打开的通知存款支取通知页面，填写支取金额。

通知存款账户	通知种类	存款金额	日期	受理状态	操作
0105710001000010962	一天通知	500000.00	2012-11-22	正常	取款

添加   第1页共1页 共1条 首页 上一页 下一页 尾页 转到 1 ▼

图 6-70

步骤92，点击【提交】按钮，成功提交通知。

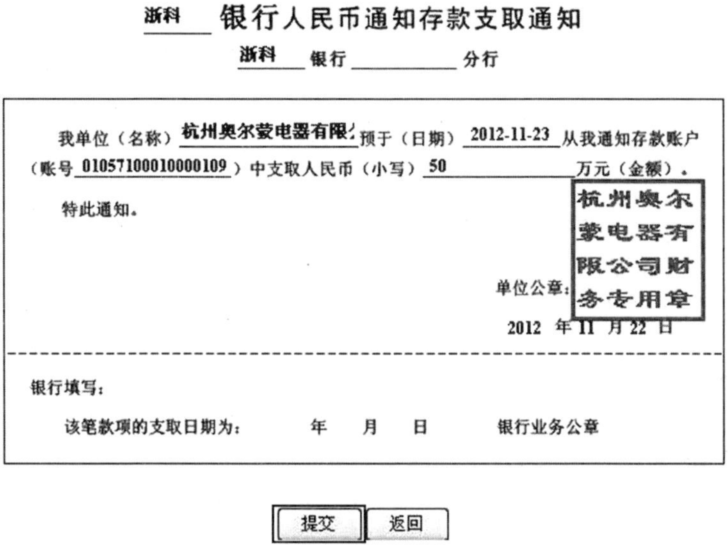
浙科 银行人民币通知存款支取通知

浙科 银行 ________ 分行

我单位（名称）杭州奥尔蒙电器有限公 预于（日期）2012-11-23 从我通知存款账户（账号 01057100010000109）中支取人民币（小写）50 万元（金额）。

特此通知。

单位公章：杭州奥尔蒙电器有限公司财务专用章

2012 年 11 月 22 日

银行填写：

该笔款项的支取日期为： 年 月 日 银行业务公章

提交 返回

图 6–71

提示：(1) 取款金额不能大于账户余额。

(2) 取款金额不能小于 10 万元，账户剩余金额不能少于 50 万元。

步骤 93，柜员受理客户业务。进入“柜员窗口”，柜员获取柜员基本信息，输入密码签到，进入业务操作，点击“工具栏”中的“叫号器” 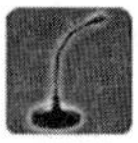

，打开如下界面，点击“操作”栏中的【受理】。

编号	业务类型	状态	受理柜员	操作
11	[0122]单位通知存款取款通知 [提交人：ss0002 ss0002]	待受理	——	受理

第1页/共1页 共1条 首页 上一页 下一页 尾页 转到 1

图 6–72

步骤 94，审核客户提交的凭证。点击“工具栏”中的“桌面凭证”

按钮，在打开的通知存款支取通知、印鉴卡片页面，点击【审核】按钮，审核成功。

步骤 95，输入业务数据。点击柜面上的计算机显示器，在打开界面中，填写企业名称、取款金额、支取日期，如图 6–73 所示，点击【输入密码】按钮，再点击【确定】按钮，成功录入数据。

企业通知存款支取通知

账号： 0105710001000010962

通知取款金额： 500000

支取日期： 2012-11-22

密码：

输入密码

图 6-73

步骤96，打印凭证。点击"工具栏"中的"报表打印机" ，打开单位
通知存款支取通知，点击【打印】按钮，自动打印凭证信息。

步骤97，盖章。点击"工具栏"中的"印章" ，在打开界面中，点击
【盖章】按钮，点击【确定】按钮。

步骤98，结束业务。点击"结束业务" 结束业务 按钮，显示会计分录记录，
点击【结束业务】按钮，业务完成。

（四）协定存款

【开户】

步骤99，客户填写转账支票。在客户窗口，点击导航栏的"存款业务→活
期账户"，单击【操作】，选择【转账】。

账号	账户性质	金额	开户银行	账号状态	操作
0105710001000011970	基本	0.00	浙科银行	正常	操作

第1页/共1页 共1条 首页 上一页 下一页

现金存款
现金取款
转账
关闭

图 6-74

步骤100，点击页面中的【填写支票】按钮。打开转账支票页面。填写转账
支票，收款人栏需要单击选择输入，填写完成，单击【确定】按钮，转账支票提
交完成。

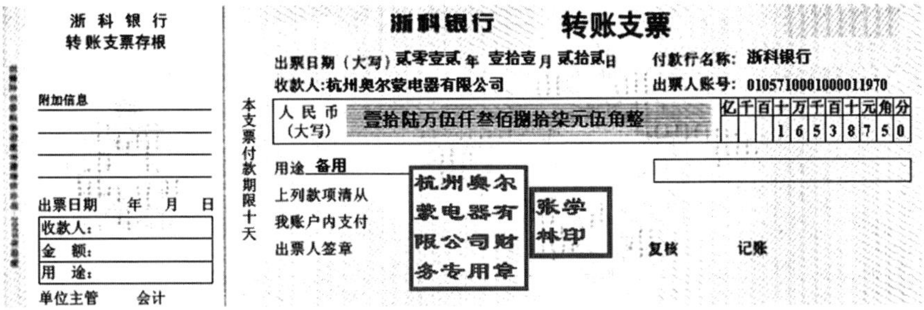

图 6-75

步骤 101，客户提交通知存款开户业务。在企业"客户窗口"页面，点击导航"存款业务→协定存款"，点击页面中的【申请账户】按钮，打开单位协定存款协议书页面，协定存款最低留存额、协议期限及起止时间。

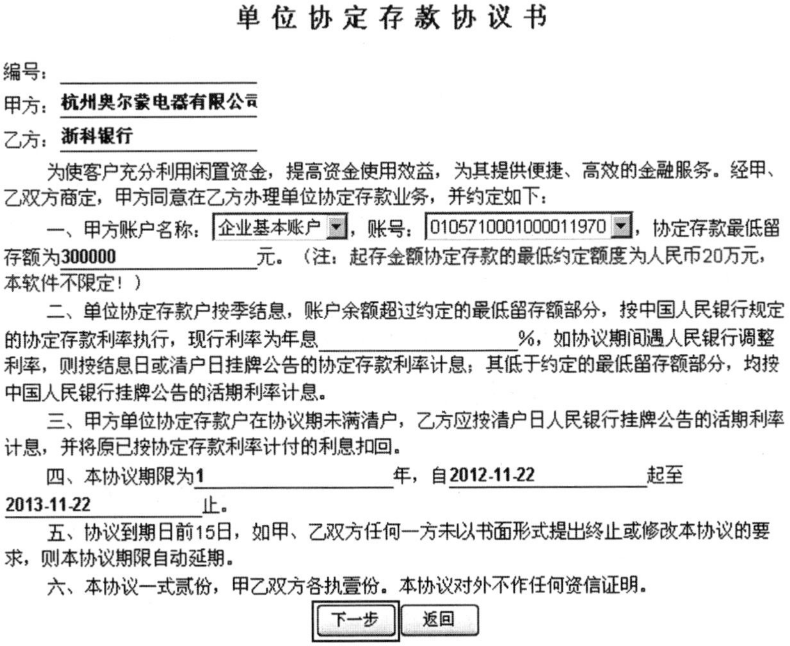

单 位 协 定 存 款 协 议 书

编号：_____

甲方：**杭州奥尔蒙电器有限公司**

乙方：**浙科银行**

　　为使客户充分利用闲置资金，提高资金使用效益，为其提供便捷、高效的金融服务。经甲、乙双方商定，甲方同意在乙方办理单位协定存款业务，并约定如下：

　　一、甲方账户名称为 **企业基本账户 ▼**，账号为 **0105710001000011970 ▼**，协定存款最低留存额为 **300000** 元。（注：起存金额协定存款的最低约定额度为人民币20万元，本软件不限定！）

　　二、单位协定存款户按季结息，账户余额超过约定的最低留存额部分，按中国人民银行规定的协定存款利率执行，现行利率为年息_____%，如协议期间遇人民银行调整利率，则按结息日或清户日挂牌公告的协定存款利率计息；其低于约定的最低留存部分，均按中国人民银行挂牌公告的活期利率计息。

　　三、甲方单位协定存款在协议期未满清户时，乙方应按清户日人民银行挂牌公告的活期利率计息，并将原已按协定存款利率计付的利息扣回。

　　四、本协议期限为 **1** 年，自 **2012-11-22** 起至 **2013-11-22** 止。

　　五、协议到期日前15日，如甲、乙双方任何一方未以书面形式提出终止或修改本协议的要求，则本协议期限自动延期。

　　六、本协议一式贰份，甲乙双方各执壹份。本协议对外不作任何资信证明。

下一步　　返回

图 6-76

步骤 102，点击【下一步】按钮，在打开页面如下图，点击【填写进账单】，打开进账单填写页面，根据转账支票，填写进账单。

付款人	金额	出票日期	操作
杭州奥尔蒙电器有限公司	165387.50	2012-11-22	填写进账单

返回　　第1页/共1页 共1条 首页 上一页 下一页 尾页 转到 1

图 6–77

步骤 103，点击【提交】按钮，业务提交成功。

查看转帐支票

浙科银行　　**进 账 单**

2012 年 11 月 22 日

出票人	全　称	杭州奥尔蒙电器有限公司	收款人	全　称	杭州奥尔蒙电器有限公司
	账　号	0105710001000011970		账　号	
	开户银行	浙科银行		开户银行	浙科银行

金额	人民币（大写）	亿	千	百	十	万	千	百	十	元	角	分
	壹拾陆万伍仟叁佰捌拾柒元伍角整				1	6	5	3	8	7	5	0

票据种类	转账支票	票据张数	1
票据号码	471		

复核　　记账　　　　开户银行签章

提交　返回

图 6–78

提示：(1) 协定协议的起始日期不能小于操作当天日期。

(2) 短期账户中开立的转账支票金额=活期账户账面金额 – 协定存款最低留存额。

步骤 104，柜员受理客户业务。进入“柜员窗口”，柜员获取柜员基本信息，输入密码签到，进入业务操作，点击“工具栏”中的“叫号器” 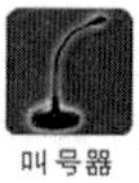

，打开如下界面，点击“操作”栏中的【受理】。

编号	业务类型	状态	受理柜员	操作
12	[0125]单位协定账户开户 [提交人：ss0002 ss0002]	待受理	— —	受理

第1页/共1页 共1条 首页 上一页 下一页 尾页 转到 1

图 6–79

步骤 105，审核客户提交的凭证。点击"工具栏"中的"桌面凭证"按钮，在打开的单位协定存款协议书、转账支票、进账单页面，点击【审核】按钮。审核成功。

步骤 106，输入业务数据。点击柜面上的计算机显示器，在打开界面中，填写企业名称、存款金额，选择存款期限，如图 6-80 所示，点击【输入密码】按钮，再点击【确定】按钮，成功录入数据。

协定最低留存额度：	300000
交款账号：	110571000100011970
交款金额：	165387.5
密码：	

输入密码

图 6-80

步骤 107，取出空白凭证。点击"工具栏"中的"空白凭证"，在打开界面中，选择"业务传票"，然后点击【取出】按钮。

选	凭证名称	数量	当前可用开始编号
□	银行汇票	2	00000121
□	储蓄存单	2	00000121
□	单位通知存款开户证实书	1	00000122
□	单位定期存款开户证实书	3	00000123
□	定期存折	2	00000121
□	开户许可证	4	00000122
□	单位结算账户管理协议	4	00000122
☑	业务传票	2	00000121

领取　关闭　取出

图 6-81

提示：（1）必须取出与当前业务相关的凭证。如果您选择了错误的凭证，系统会在最下方提示您，该选择哪种正确的凭证。

（2）凭证列表中没有业务所需凭证，应该先领取凭证。

步骤 108，打印凭证。点击"工具栏"中的"报表打印机" ，打印转账支票、进账单、业务传票页面，点击【打印】按钮，自动打印凭证信息。

步骤 109，盖章。点击"工具栏"中的"印章" ，在打开界面中，点击【盖章】按钮，点击【确定】按钮。

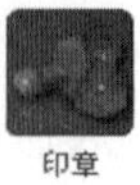

步骤 110，结束业务。点击"结束业务"按钮，显示会计分录记录，点击【结束业务】按钮，业务完成。

（五）信用证保证金存款

步骤 111，在企业"客户窗口"，点击页面左侧"存款业务→信用证保证金存款"菜单，点击【添加】按钮，在打开界面中，填写相关信息，如图 6-82 所示：

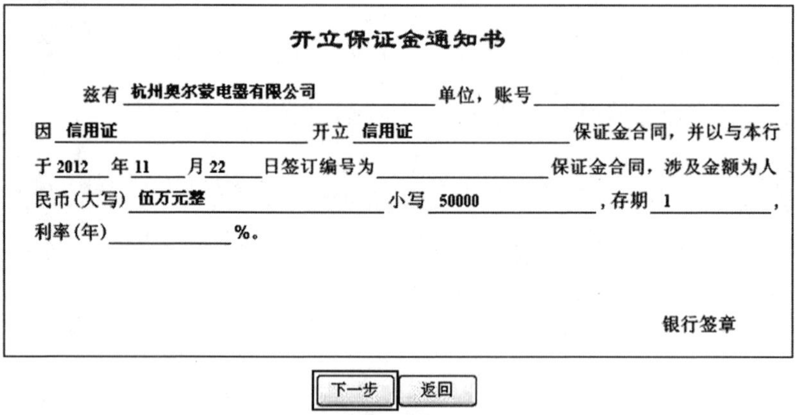

开立保证金通知书

兹有 杭州奥尔蒙电器有限公司 单位，账号

因 信用证 开立 信用证 保证金合同，并以与本行

于 2012 年 11 月 22 日签订编号为 保证金合同，涉及金额为人

民币（大写）伍万元整 小写 50000 ，存期 1 ，

利率（年） %。

银行签章

下一步　返回

图 6-82

步骤 112，点击【下一步】按钮，打开如下界面：

可以通过现金交款单或转账支票，来交纳信用证保证金。以下为两种交款方式的操作步骤：

1. 现金方式

步骤 113，在页面下拉框中选择"现金交款单"，在打开界面中，填写款项来源、大小写金额、券别、合计金额，填写完成，点击【提交】按钮，业务提交完成。

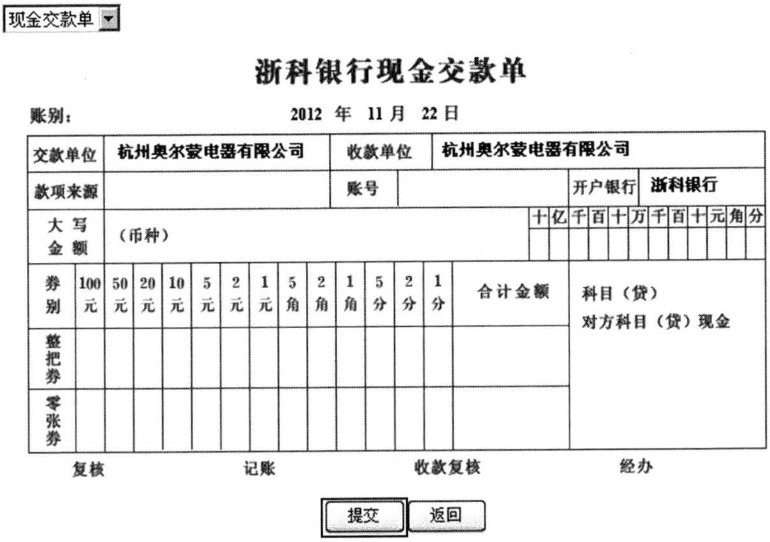

现金交款单 ▾

浙科银行现金交款单

账别:　　　　　　　　2012 年 11 月 22 日

交款单位	杭州奥尔蒙电器有限公司							收款单位		杭州奥尔蒙电器有限公司										
款项来源								账号				开户银行			浙科银行					
大写金额	(币种)											十亿	千	百	十	万	千	百	十	元	角	分
券别	100元	50元	20元	10元	5元	2元	1元	5角	2角	1角	5分	2分	1分	合计金额		科目（贷）　　　　　对方科目（贷）现金				
整把券																				
零张券																				

复核　　　　　记账　　　　　收款复核　　　　　经办

提交　返回

图 6-83

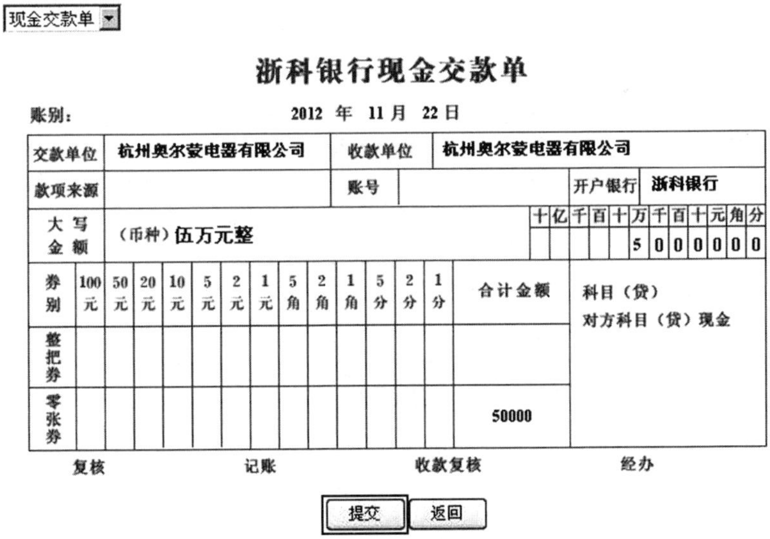

现金交款单 ▾

浙科银行现金交款单

账别:　　　　　　　　2012 年 11 月 22 日

交款单位	杭州奥尔蒙电器有限公司							收款单位		杭州奥尔蒙电器有限公司										
款项来源								账号				开户银行			浙科银行					
大写金额	(币种)伍万元整											十亿	千	百 5	十 0	万 0	千 0	百 0	十 0	元 0	角	分
券别	100元	50元	20元	10元	5元	2元	1元	5角	2角	1角	5分	2分	1分	合计金额		科目（贷）　　　　　对方科目（贷）现金				
整把券																				
零张券								50000												

复核　　　　　记账　　　　　收款复核　　　　　经办

提交　返回

图 6-84

步骤 114，柜员受理客户业务。进入"柜员窗口"，柜员获取柜员基本信息，

输入密码签到，进入业务操作，点击"工具栏"中的"叫号器" 叫号器，打开如

下界面，点击"操作"栏中的【受理】。

编号	业务类型	状态	受理柜员	操作
13	[0130]信用证保证金账户现金开户 [提交人：ss0002 ss0002]	待受理	——	受理

第1页/共1页 共1条　首页 上一页 下一页 尾页 转到 1 ▼

图 6-85

步骤 115，验收客户提交的现钞。点击"工具栏"中的"点钞机" ，系统提示"验钞成功"。点击【确定】按钮，完成验钞。

步骤 116，审核客户提交的凭证。点击"工具栏"中的"桌面凭证" 按钮，在打开的开立保证金通知书、现金交款单页面，点击【审核】按钮，审核成功。

步骤 117，输入业务数据。点击柜面上的计算机显示器，在打开界面中，填写企业名称、存款金额，选择存款期限，如图 6-86 所示，点击【输入密码】按钮，再点击【确定】按钮，成功录入数据。

信用证账户 开户

企业名称：**杭州奥尔蒙电器有限公司**

存款金额(小写)：**50000**

存期：**1**

密码：

输入密码

图 6-86

步骤 118，打印凭证。点击"工具栏"中的"报表打印机" ，打开开立保证金、现金交款单页面，点击【打印】按钮，自动打印凭证信息。

步骤 119，盖章。点击"工具栏"中的"印章" ，在打开界面中，点击

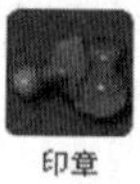

【盖章】按钮，点击【确定】按钮。

步骤 120，结束业务。点击“结束业务” 结束业务 按钮，显示会计分录记录，点击【结束业务】按钮，业务完成。

会计分录：

借：库存现金　　50,000.00 元

贷：保证金存款——杭州奥尔蒙电器有限公司户　　50,000.00 元

【结束业务】

图 6–87

2. 转账支票方式

步骤 121，客户提交通知存款开户业务。在页面下拉框中选择“转账支票”，在打开界面中，点击【填写进账单】。

转账支票

付款人	金额	出票日期	操作
杭州奥尔蒙电器有限公司	50000.00	2012-11-22	填写进账单

【返回】　　第1页/共1页 共1条　首页 上一页 下一页 尾页 转到 1

图 6–88

打开进账单填写页面。

查看转账支票

浙科银行　　**进 账 单**

2012 年 11 月 22 日

出票人	全　称	杭州奥尔蒙电器有限公司	收款人	全　称	杭州奥尔蒙电器有限公司
	账　号	0105710001000011970		账　号	
	开户银行	浙科银行		开户银行	浙科银行
金额	人民币（大写）	伍万元整		亿 千 百 十 万 千 百 十 元 角 分	
票据种类	转账支票	票据张数	1		
票据号码	472				
复核　　记账				开户银行签章	

【确定】【返回】

图 6–89

步骤 122，点击【确定】按钮，打开页面如图 6-90 所示，点击【填写进账单】，打开进账单填写页面，根据转账支票，填写进账单。

付款人	金额	出票日期	操作
杭州奥尔蒙电器有限公司	165387.50	2012-11-22	填写进账单

返回　　第1页/共1页 共1条　首页 上一页 下一页 尾页　转到 1

图 6–90

步骤 123，点击【提交】按钮，业务提交成功。

查看转账支票

浙科银行　　**进 账 单**

2012 年 11 月 22 日

出票人	全　称	杭州奥尔蒙电器有限公司	收款人	全　称	杭州奥尔蒙电器有限公司
	账　号	0105710001000011970		账　号	
	开户银行	浙科银行		开户银行	浙科银行

金额	人民币（大写）	壹拾陆万伍仟叁佰捌拾柒元伍角整	亿	千	百	十	万	千	百	十	元	角	分
						1	6	5	3	8	7	5	0

票据种类	转账支票	票据张数	1
票据号码	471		

复核　　记账　　　　开户银行签章

提交　返回

图 6–91

提示：（1）选择用转账支票交纳信用证保证金时，转账支票的金额必须等于信用证保证金。

（2）需要在“存款业务——活期账户”添加转账支票，才能产生进账单记录。

步骤 124，柜员受理客户业务。进入“柜员窗口”，柜员获取柜员基本信息，输入密码签到，进入业务操作，点击“工具栏”中的“叫号器”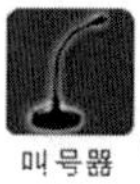

，打开如下界面，点击“操作”栏中的【受理】。

编号	业务类型	状态	受理柜员	操作
14	[0259]信用证保证金账户转账开户 [提交人：ss0002 ss0002]	待受理	——	受理

第1页/共1页 共1条　首页 上一页 下一页 尾页　转到 1

图 6–92

步骤125，审核客户提交的凭证。点击"工具栏"中的"桌面凭证"按钮，在打开的开立保证金通知书、转账支票、进账单页面，点击【审核】按钮。审核成功。

步骤126，输入业务数据。点击柜面上的计算机显示器，在打开界面中，填写企业名称、出票人账号、存款金额、存期。点击【输入密码】按钮，再点击【确定】按钮，成功录入数据。

步骤127，打印凭证。点击"工具栏"中的"报表打印机"，点击【打印】按钮，自动打印凭证信息。

步骤128，盖章。点击"工具栏"中的"印章"，在打开界面中，点击【盖章】按钮，点击【确定】按钮。

步骤129，结束业务。点击"结束业务"按钮，显示会计分录记录，点击【结束业务】按钮，业务完成。

3. 信用证保证金申请

步骤130，提交信用证保证金账户存款业务。在企业"客户窗口"，点击页面左侧"存款业务→信用证保证金存款"菜单。

保证金主账号	申请日期	状态	操作
105710001000007117	2012-11-22	正常	进入

第1页/共1页 共1条 首页 上一页 下一页 尾页 转到 1 ▼

图 6-93

步骤131，点击【进入】按钮，在打开界面中，点击【申请】。

子账号	余额	开立日期	状态	操作
0105710001000008527	50000	2012-11-22	未使用	申请 减少 退回 查看

添加 返回　　　　第1页/共1页 共1条 首页 上一页 下一页 尾页 转到 1 ▼

图 6-94

步骤132，打开如下界面：点击【填写进账单】。

付款人	金额	出票日期	操作
杭州奥尔蒙电器有限公司	10000.00	2012-11-22	填写进账单

返回　　第1页/共1页 共1条　首页 上一页 下一页 尾页　转到 1

图 6–95

步骤 133，进账单填写页面，根据转账支票填写。点击【提交】按钮，业务提交完成。

浙科银行　　**进 账 单**

2012 年 11 月 22 日

出票人	全　称	杭州奥尔蒙电器有限公司	收款人	全　称	杭州奥尔蒙电器有限公司
	账　号	0105710001000011970		账　号	0105710001000008527
	开户银行	浙科银行		开户银行	浙科银行
金额	人民币（大写）	壹万元整	亿千百十万千百十元角分		1 0 0 0 0 0 0
票据种类	转账支票	票据张数	1		
票据号码	473				
	复核　记账			开户银行签章	

提交　返回

图 6–96

步骤 134，柜员受理客户业务。进入“柜员窗口”，柜员获取柜员基本信息，输入密码签到，进入业务操作，点击“工具栏”中的“叫号器”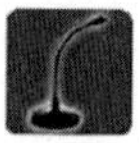

，打开如下界面，点击“操作”栏中的【受理】。

编号	业务类型	状态	受理柜员	操作
15	[0131]信用证保证金账户存款 [提交人：ss0002 ss0002]	待受理	——	受理

第1页/共1页 共1条　首页 上一页 下一页 尾页　转到 1

图 6–97

步骤 135，审核客户提交的凭证。点击“工具栏”中的“桌面凭证”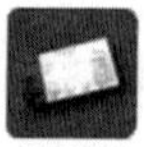

按钮，在打开的转账支票、进账单页面，点击【审核】按钮。审核成功。

步骤 136，输入业务数据。点击柜面上的计算机显示器，在打开界面中，填写企业名称、出票人账号、存款金额、存期。点击【输入密码】按钮，再点击【确定】按钮，成功录入数据。

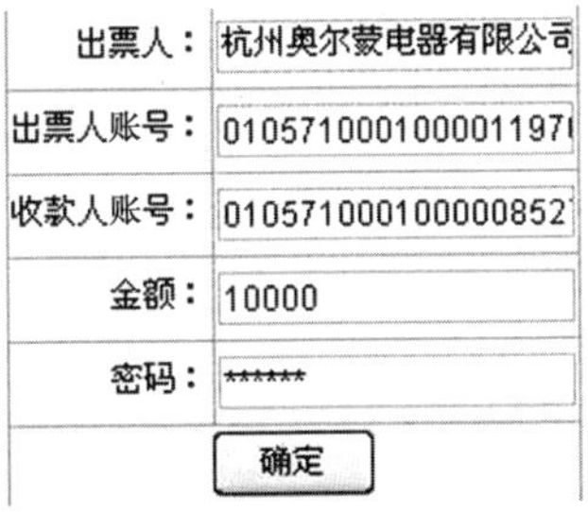
出票人：
杭州奥尔蒙电器有限公司
出票人账号：
010571000100001197
收款人账号：
010571000100000852
金额：
10000
密码：
******
确定

图 6-98

步骤 137，打印凭证。点击“工具栏”中的“报表打印机”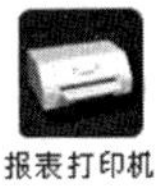，点击【打印】按钮，自动打印凭证信息。

报表打印机

步骤 138，盖章。点击“工具栏”中的“印章” ，在打开界面中，点击【盖章】按钮，点击【确定】按钮。

印章

步骤 139，结束业务。点击“结束业务”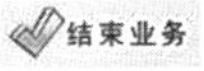按钮，显示会计分录记录，点击【结束业务】按钮，业务完成。

结束业务

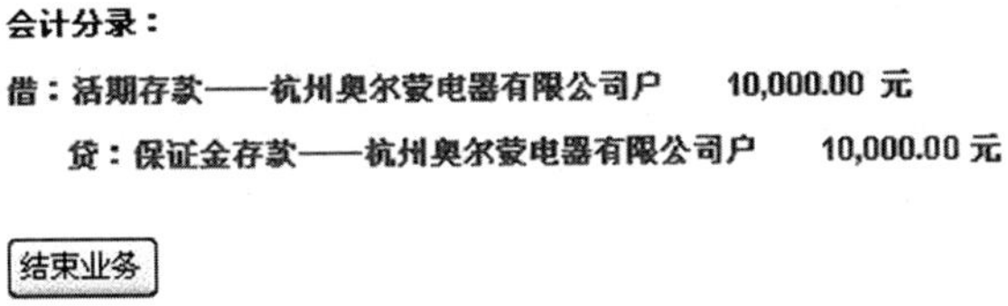
会计分录：
借：活期存款——杭州奥尔蒙电器有限公司户　10,000.00 元
贷：保证金存款——杭州奥尔蒙电器有限公司户　10,000.00 元
结束业务

图 6-99

实验项目七
对公贷款业务实验

一、实验目标

通过本实验，学生能进一步掌握银行贷款业务管理相关知识，了解并熟悉这类业务每一环节的具体操作。

二、实验任务

（1）柜员角色和综合角色配合完成一般贷款申请与还款业务。

（2）完成行内银团的贷款申请和还款业务。

（3）完成账号透支申请业务。

三、背景知识

（一）流动资金贷款

流动资金贷款是为满足客户在生产经营过程中短期资金需求，保证生产经营活动正常进行而发放的贷款。按贷款期限可分为一年期以内的短期流动资金贷款和一年至三年期的中期流动资金贷款；按贷款方式可分为担保贷款和信用贷款，其中担保贷款又分保证、抵押和质押等形式；按使用方式可分为逐笔申请、逐笔审贷的短期周转贷款，以及在银行规定时间及限额内随借、随用、随还的短期循环贷款。流动资金贷款作为一种高效实用的融资手段，具有贷款期限短、手续简便、周转性较强、融资成本较低的特点，因此成为深受广大客户欢迎的银行业务。

1. 适用对象

流动资金贷款流动性强，适用于有中、短期资金需求的工、商企业客户。在一般条件下，银行根据"安全性、流动性、营利性"的贷款经营方针，对客户信用状况、贷款方式进行调查审批后，做出贷与不贷、贷多贷少和贷款期限、利率等决定。

中期流动资金贷款适用客户为生产经营正常、成长性好，产品有市场，经营有效益，无不良信用记录且信用等级较高的客户。对能提供全额低风险担保的客户，不受信用等级限制。

2. 申请所需材料

书面的贷款申请及董事会同意申请贷款的决议（如需）;《公司章程》、《营业执照》、法人代表证明；企业财务报表；贷款用途证明资料（如购销合同）；有关担保和抵、质押物资料；《贷款证》；以及银行认为需要提供的其他资料。

3. 贷款期限

流动资金贷款按贷款期限分为临时贷款、短期贷款、中期贷款等。

4. 担保方式

流动资金贷款根据其担保方式不同，可以分为信用贷款、第三方保证贷款、抵押贷款和质押贷款。

（二）银团贷款

根据我国法律规定，银团贷款是指由两家或两家以上银行基于相同贷款条件，依据同一贷款协议，按约定时间和比例，通过代理行向借款人提供的本外币贷款或授信业务。

1. 期限

短期 3~5 年，中期 7~10 年，长期 10~20 年。

2. 相关费用

各项收费主要包括安排费、包销/承销费、代理费、承诺费等。

3. 适用客户

（1）借款人有长期、大额资金的贷款需求。

（2）借款人在业界具有较高知名度，其经营能力、资金实力、技术实力为大多数银行所认可。

4. 申请条件

（1）银团贷款借款人应是中华人民共和国境内依法核准登记的企业、事业法人及其他经济组织。

（2）银团贷款借款人必须符合《贷款通则》及相关银行授信管理政策关于借款人的各项基本条件和要求。

（3）借款人须经相关银行或其他认可的评级机构信用评级，并达到一定级别要求。

（4）借款人是经营状况和财务状况良好的大中型企业或项目公司，借款人所属行业发展前景良好，在行业中有竞争优势。

（5）借款人在中银集团建立了稳定良好的合作关系。

（6）参加他行组建的银团，安排行应为具备足够资信和业务实力的政策性银行、国有控股银行或国外银行。

（三）商业银行固定利率住房抵押贷款风险管理

1. 风险识别

所谓固定利率住房抵押贷款，是指在整个贷款偿还期间，贷款人按事先和银行商定好的固定利率偿还贷款，利率不随市场利率的变化而变化。固定利率住房抵押贷款主要的风险包括利率风险和信用风险。

（1）利率风险。利率风险是指在一定时期内由于利率的变化和资产负债期限的不匹配给商业银行经营收益和净资产价值带来的潜在影响。固定利率贷款的利率风险主要包括延展风险（借短贷长的风险）和提前偿付风险。当市场利率上升时，会提高资金来源的成本，当贷款利率固定时，借短贷长的风险出现。当市场利率下降时，贷款人倾向于低成本融资，提前还款，银行面临提前收回款的再投资收益下降的风险。利率风险是导致 20 世纪 80 年代美国信贷危机的主要原因之一。

（2）信用风险。信用风险是指交易对手违约或信用等级下降造成损失的可能性。信用风险是一种系统风险，存在于银行作为交易方的所有业务中。信用风险是导致本次美国次贷危机的主要原因之一。起源于美国贷款机构之间的恶性竞争，盲目降低贷款信用门槛，将款贷给本来借不到贷款或借不到那么多的"边缘贷款者"，当房价下跌，美联储提高利率后，"边缘贷款者"不能偿还本金和利率，房贷市场违约不断。危机再通过资产证券化转移到整个金融市场，形成今天愈演愈烈的次贷危机。

2. 风险度量

（1）利率风险的度量。敏感性缺口法是度量利率风险的一个传统方法，可以衡量出利率变化对银行净利息收入的影响。利率敏感性缺口 = 利率敏感性资产 – 利率敏感性负债，即 $IRSG = ISRA - ISRL$。若利率变化为 ΔR，净利息收入变化 ΔNII，则 $\Delta NII = \Delta R \times IRSG$。在利率敏感性缺口为正时，利率的上升会引起银行净利息收入的增加，反之减少。在利率敏感性缺口为负时，利率的上升会减少银行净利息收入。敏感性缺口法的一个缺点是不能度量提前偿债的风险，后来学者又提出了持续期度量法、利差调整期权度量法等改进。

（2）信用风险的度量。信用风险度量的发展经历了专家分析、经验判断、计分卡评级、模型化阶段，目前我国商业银行信用评级基本处于计分卡阶段，只有少数银行如中国银行向国外购进了评级模型，而国外的先进银行都有比较完善的模型。模型化也是新巴塞尔协议对于信用风险管理内部评级的要求，应用历史数据，通过信用转移矩阵，得出违约率和违约损失。目前由于我国商业银行的历史信用数据缺乏，模型化的发展遇到了很大阻碍。

（3）利率风险和信用风险的联合度量。20 世纪 90 年代以来，大量的实践表明，信用风险和利率风险往往夹杂在一起共同影响银行经营。事实上，在过去五年中，美国、欧洲、日本的银行已有一部分开始对信用风险和利率风险进行联合度量分析。因为大多数人已经意识到利率和资产质量之间强烈的相关性，利率衍生品产生的信用风险也使人们着手将两者结合起来研究。近年来，一些学者也开始尝试将信用风险和利率风险纳入同一体系进行研究，取得了一些成果。刘小莉（2006）在基于结构化方法和约化方法的信贷组合模型基础上分别引入随机利率，以即期利率和股市指数、股市行业指数为状态变量，建立信用与利率风险的联合度量模型，推导了信用价差与利率和股市指数等一些重要经济变量的相关关系。

3. 风险控制

（1）建立社会征信体系。美国是由市场上著名的三大信用管理局 EXPERI-AN、TRANSUNION、EQUIFAX 来从事征信业务，它们分别用 Fair Isaac 公司开发的三种 FICO 评分系统，根据客户的偿还历史、信用账户数、使用信用的年限、正在使用的信用类型、新开立的信用账户等因素评分。贷款方通常会将该分数作为贷款决策的一个参考。而欧洲国家一般由中央银行管理征信方面的事宜。考虑到按照美国模式发展需要很长的时间，在我国信用体系急需建成的情况下，按欧洲的模式发展，由政府成立主管部门，能够尽快与国际接轨。

（2）利用金融衍生工具。2007 年 1 月，花旗银行与兴业银行完成了中国国内银行间第一笔基于上海银行间同业拆放利率（SHIBOR）的标准利率互换。资产证券化是管理风险的有效工具，在西方国家已有了高度发展，据统计，目前美国有一半以上的住房抵押贷款进行了证券化处理，2001 年 MBS 余额占美国全部债券余额的 22%，欧洲 2003 年一年的资产支持证券发行量就达到了 2172 亿欧元。2005 年，建行股份在银行间债券市场公开发行"建元 2005—1 个人住房抵押贷款证券化信托优先级资产支持证券"，是我国首批政策规范下的资产支持证券。利率互换、信用违约互换和资产证券化可以有效控制利率风险和信用风险。

（3）收取提前偿还违约金。由于提前还贷行为会导致银行一定的利息损失，因此，一些国家和地区的银行对提前还贷要征收一定的罚金。比如中国香港、中国台湾、美国。但是单纯收取违约金不是管理银行固定利率房贷利率风险的可取办法，银行还应该通过全面分析提前还贷行为的特点及其与经济变化之间的关系，在理论分析和历史数据的基础上找出决定因素，建立提前还贷模型，对未来提前还贷行为进行较为准确的预测，通过套期保值来管理控制相应风险。

（4）建立固定利率住房抵押贷款的利率风险损失准备金。如果市场不能提供套期保值的有效工具，银行又难以收取提前还贷的罚金，建立利率风险损失准备金就很有必要，损失准备金是防范利率风险的缓冲剂。从理论上分析，如果计量准确，这些为防范固定利率抵押贷款而计提的准备金应等于相应套期保值的费用，也应等于拟收取罚金的数额。

（四）商业银行抵押贷款的核算方法

抵押贷款是担保贷款的一种，是银行对借款人以一定财产作为抵押而发放的一种贷款。借款人到期不能归还贷款本息时，银行有权依法处置贷款抵押物，并从所得价款收入中优先收回贷款本息，或以该抵押物折价冲抵贷款本息。

抵押贷款适用于经工商行政管理部门登记并具有法人资格的全民、集体工商企事业单位以及我国境内的中外合资经营企业。个体工商户及个人也可以申请抵押贷款。

抵押贷款一般采取逐笔核贷的贷款核算方式。

1. 抵押贷款发放的核算

抵押贷款由借款人向银行提出申请，并向银行提交"抵押贷款申请书"，写明借款用途、金额、还款日期、抵押品名称、数量、价值、存放地点等有关事项，经银行信贷部门审查同意后，由借款人同银行签订借款合同，并将抵押品或抵押品产权证明移交银行。合同及有关资料，如银行认为有必要公证的，应由公证机关对其真实性、合法性进行公证。对易受灾害侵害的抵押物，借款方应办理财产保险，并将保单交银行保管。如发生损失，银行可以从保险赔偿中收回抵押贷款。

对于有关抵押品，银行应签发"抵（质）押品代保管凭证"一式两联，一联交借款人，另一联由银行留存。然后登记表外科目，其会计分录如下：

收：代保管有价值品

抵押贷款中，流动资金贷款最长不超过一年，固定资金贷款一般为一至三年，最长不超过五年。抵押贷款通常不是按抵押品价值全额发放，而是按抵押品价值的50%~70%发放贷款。

借款人使用贷款时，由信贷部门根据确定的贷款额度，填写一式五联的借款凭证，签字后加盖借款人的预留印鉴，经信贷部门有关人员审批后，与抵押贷款有关单证一并送交会计部门。

会计部门收到信贷部门转来的有关单证，经审查无误后，根据有关规定及借款人的要求办理转账。其会计分录如下：

借：抵押贷款——借款人贷款户

贷：活期存款——借款人存款户

2. 抵押贷款收回的核算

抵押贷款到期，借款人应主动提交还款凭证，连同银行出具的抵押品代保管收据，办理还款手续。其会计分录如下：

借：活期存款——借款人存款户

贷：抵押贷款——借款人贷款户

利息收入——抵押贷款利息收入户

同时，销记表外科目，原抵押申请书作为表外科目付出传票的附件。其会计分录如下：

付：代保管有价值品

3. 逾期抵押贷款的核算

抵押贷款到期，借款单位如不能按期归还贷款本息，银行应将其贷款转入逾期贷款科目核算，并按规定计收罚息。逾期1个月，借款单位仍无法归还贷款本息的，银行有权依据已签订的借款合同，依法处理抵押品。银行处理抵押品主要有两种方式：作价入账和出售。

（1）将抵押品作价入账的核算。将抵押品作价入账时，应按抵押贷款本金及应收利息之和作价进行账务处理，其会计分录如下：

借：固定资产

贷：逾期贷款——借款人户

应收利息——应收抵押贷款利息户

累计折旧

（2）出售抵押品的核算。银行按规定拍卖借款人的抵押品时，应以拍卖所得的净收入抵补抵押贷款本息。

1）净收入高于贷款本息。若拍卖所得净收入高于贷款本息之和，其差额作为利息收入入账。其会计分录如下：

借：现金（或××存款）

 贷：逾期贷款——借款人户

  应收利息——应收抵押贷款利息

  利息收入——抵押贷款利息收入

如差额部分退还借款人，其会计分录如下：

借：现金（或××存款）

 贷：逾期贷款——借款人户

  应收利息——应收抵押贷款利息

  活期存款——借款人存款户

2）净收入低于贷款本金。若拍卖所得净收入低于贷款本金，其本金不足部分，从贷款损失准备中核销，应收利息从坏账准备中核销。其会计分录如下：

借：现金（或××存款）

 贷款损失准备

 贷：逾期贷款——借款人户

同时，

借：坏账准备

 贷：应收利息——应收抵押贷款利息

3）净收入高于贷款本金，但低于贷款本息之和时的核算。如拍卖所得的净收入高于贷款本金，低于贷款本息之和，则拍卖所得金额在全额补偿贷款本金和部分应收利息后，不足部分从坏账准备中核销，其会计分录如下：

借：现金（或××存款）

 坏账准备

 贷：逾期贷款——借款人户

  应收利息——应收抵押贷款利息

四、实验步骤

（一）一般贷款申请与还款

1. 申请贷款

步骤1，企业提交贷款申请书。在企业"客户窗口"，点击页面左侧"贷款业务 → 一般贷款申请"菜单，在页面右侧打开界面中，选择一家银行（如浙科银行），点击该银行"操作"栏中的"选择"，打开如图7-1所示的界面。

银行名称	当前金额	银行类别	银行级别	操作
浙科银行	￥99,979,900,000.00	全国性	总行	选择
浙科银行浙江省杭州市分行	￥9,900,000.00	全国性	分行	选择
浙科银行浙江省杭州市分行XX支行	￥10,000,000.00	全国性	支行	选择

第1页/共1页 共3条 首页 上一页 下一页 尾页 转到 1 ▼

图 7-1

步骤2，点击【添加】按钮，在打开界面中，填写信息，如图7-2所示：点击【提交】按钮，提交成功。贷款进入贷前调查状态。

企 业 贷 款 申 请 书

企业基本情况

借款单位：	杭州奥尔蒙电器有限公司
地址：	浙江杭州天目山路220号
经营期限：	2012年11月21日至2022年11月21日
主营业务：	制造业
所有制类型：	私营企业
法定代表人及联系电话：	80256255
员工人数：	50
关联企业情况：	

贷款情况

图 7-2

步骤 3，设置信用等级。进入贷款银行综合角色操作页面，如图 7-3 所示。

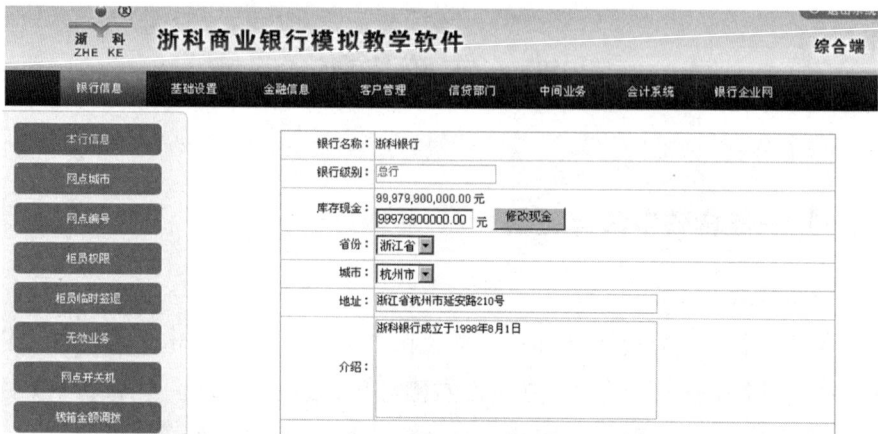

图 7-3

步骤 4，点击菜单"客户管理→信用等级设置"，点击页面中的【添加】按钮，在打开界面中，填写等级名称、开始分值、结束分值，如图 7-4 所示：点击【保存】按钮，信用等级设置成功。

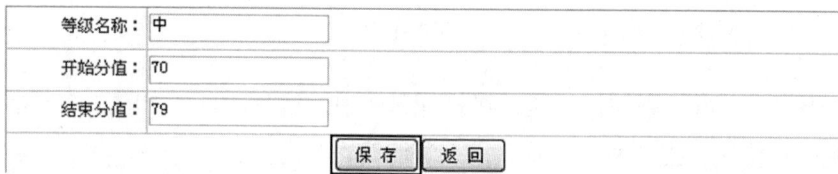

图 7-4

步骤 5，银行设置企业资信。在综合角色操作页面，点击菜单"信贷部门→企业贷款→企业一般贷款"，在页面右侧打开如图 7-5 所示的界面：

企业名称	申请贷款金额	借款期限	是否通过	状态	操作
杭州奥尔蒙电器有限公司	500000.00	六个月（含）	未审批	贷前调查	查看申请 设置资信

第1页/共1页 共1条 首页 上一页 下一页 尾页 转到 1 ▼

图 7-5

步骤 6，点击"操作"栏中的【设置资信】，在打开界面中，填写信息，如图 7-6 所示：点击【确定】按钮，贷前调查完成，返回至列表。

贷前调查

借款企业资信评级

信用履约：	10	偿债能力：	12
盈利能力：	15	经营发展能力：	16
综合评价：	10	特殊加分：	18
特殊扣分：	2	总分：	79
信用等级：	中 ▼		

图 7-6

步骤 7，审核"企业贷款申请书"。点击"操作"栏中的【审核】，在打开的企业贷款申请书界面中，点击【审核】按钮，审核成功，返回至列表。

企业名称	申请贷款金额	借款期限	是否通过	状态	操作
杭州奥尔蒙电器有限公司	500000.00	六个月（含）	未审批	审查	查看申请 查看资信 审核

第1页/共1页 共1条 首页 上一页 下一页 尾页 转到 1 ▼

图 7-7

步骤 8，审批"企业贷款申请书"。点击"操作"栏中的【审批】，在打开的企业贷款申请书界面中，点击【审批】按钮，审批成功，返回至列表。

企业名称	申请贷款金额	借款期限	是否通过	状态	操作
杭州奥尔蒙电器有限公司	500000.00	六个月（含）	未审批	审批	查看申请 查看资信 审批

第1页/共1页 共1条 首页 上一页 下一页 尾页 转到 1 ▼

图 7-8

企业名称	申请贷款金额	借款期限	是否通过	状态	操作
杭州奥尔蒙电器有限公司	500000.00	六个月（含）	是	贷款合同	查看申请 查看资信 添加合同

第1页/共1页 共1条 首页 上一页 下一页 尾页 转到 1 ▼

图 7-9

步骤 9，添加贷款合同。点击"操作"栏中的【添加合同】，在打开界面中，填写贷款期限，如图 7-9 所示，点击【确定】按钮，合同签订成功。

提示：贷款期限不能超过六个月。

步骤 10，企业签署合同。在企业"客户窗口"页面，点击"贷款业务→一般贷款申请"按钮，在页面右侧打开如图 7-10 界面，选择申请贷款银行，点击该银行"操作"栏中的【选择】，打开如图 7-11 所示的界面：

浙 科 银 行 企 业 一 般 贷 款 合 同

编号：0001

贷款人(单位)：杭州奥尔蒙电器有限公司

地址：浙江杭州天目山路220号　邮编：310012　电话：80256255

一、贷款金额

本合同项下贷款金额为：(人民币)500000.00元。

二、贷款期限

本合同项下贷款期限为自 **2012-11-22**　　　起至 **2013-05-21**　　　止。

三、贷款用途

图 7-10

银行名称	当前金额	银行类别	银行级别	操作
浙科银行	¥ 99,979,900,000.00	全国性	总行	选择
浙科银行浙江省杭州市分行	¥ 9,900,000.00	全国性	分行	选择
浙科银行浙江省杭州市分行XX支行	¥ 10,000,000.00	全国性	支行	选择

图 7-11

步骤 11，点击"操作"栏中的【签署合同】，在打开界面中，点击【签字】按钮，合同签署成功。

申请贷款金额	借款期限	贷款状态	操作
500000.00	六个月（含）	贷款合同	查看申请 签署合同

添加　返回　　　第1页/共1页 共1条　首页 上一页 下一页 尾页 转到 1

图 7-12

步骤 12，添加"贷款电子许可证"。进入贷款银行综合角色操作页面，如下图所示：点击菜单"信贷部门→企业贷款→企业一般贷款"，在页面右侧打开如图 7-13 所示的界面：

步骤 13，点击"操作"栏中的【添加许可证】，打开如图 7-14 所示的界面：

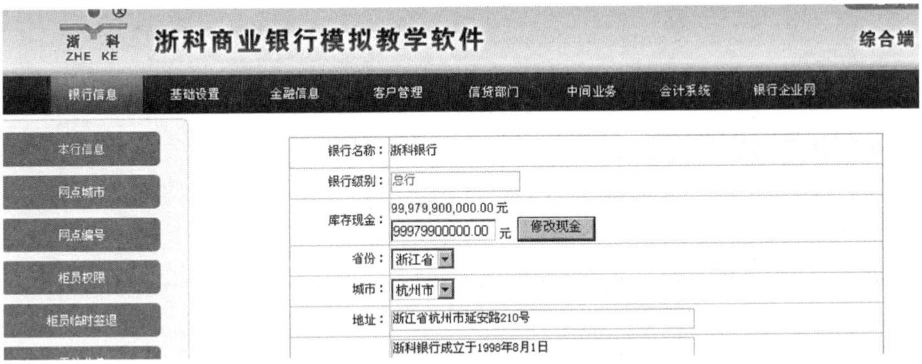

图 7-13

企业名称	申请贷款金额	借款期限	是否通过	状态	操作
杭州奥尔蒙电器有限公司	500000.00	六个月（含）	是	发放电子许可证	查看申请 查看资信 查看合同 添加许可证

图 7-14

步骤 14，点击【保存】按钮，系统提示：

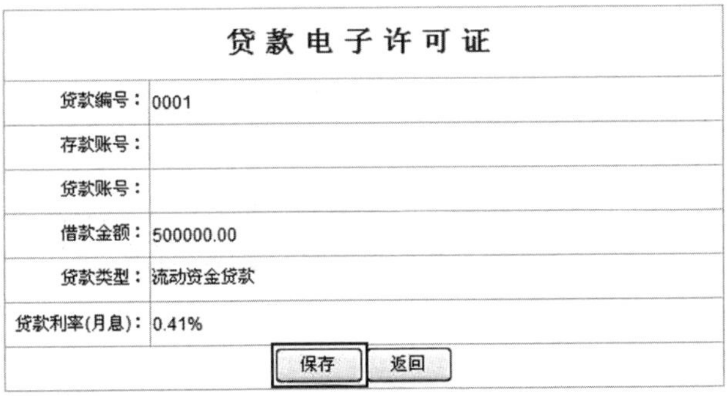

图 7-15

步骤 15，点击【确定】按钮。

图 7-16

步骤 16，填写借款凭证。在企业"客户窗口"，点击页面左侧"贷款业务 →一般贷款申请"菜单，在页面右侧打开如图 7-17 所示的界面：

银行名称	当前金额	银行类别	银行级别	操作
浙科银行	￥99,979,900,000.00	全国性	总行	选择
浙科银行浙江省杭州市分行	￥9,900,000.00	全国性	分行	选择
浙科银行浙江省杭州市分行XX支行	￥10,000,000.00	全国性	支行	选择

第1页/共1页 共3条 首页 上一页 下一页 尾页 转到 1 ▼

图 7-17

步骤 17，选择贷款银行（如浙科银行），点击该银行"操作"栏中的【选择】，打开如图 7-18 所示的界面：

申请贷款金额	借款期限	贷款状态	操作
500000.00	六个月（含）	填写借款借据	查看申请 查看合同 填写借款凭证

添加　返回

第1页/共1页 共1条 首页 上一页 下一页 尾页 转到 1 ▼

图 7-18

步骤 18，点击"操作"栏中的【填写借款凭证】，在打开界面中，填写借款申请金额、借款原因及用途，如图 7-19 所示：点击【提交】按钮，系统提示，操作成功。

图 7-19

270

步骤 19，进入柜员窗口，受理业务。进入“柜员窗口”，柜员获取柜员基本信息，输入密码签到，进入业务操作，点击“工具栏”中的“叫号器” 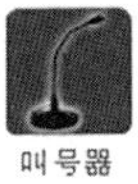

，打开如图 7–20 所示的界面，点击“操作”栏中的【受理】。

编号	业务类型	状态	受理柜员	操作
16	[0268]发放单位一般贷款 [提交人：ss0002 ss0002]	待受理	——	受理

图 7–20

步骤 20，审核客户提交的凭证。点击“工具栏”中的【桌面凭证】 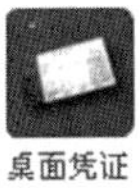

按钮，在打开界面中，填写银行审批信息、银行核定金额，如图 7–21 所示：点击【审核】按钮，系统提示审核成功。

浙科银行（贷款）借款凭证（申请书代付出凭证）

单位编号：325622025　2012 年 11 月 26 日　银行编号：057100

收款单位	名称	杭州奥尔蒙电器有限公司	借款单位	名称	
	往来账户	0105710001000011970		放款户账户	
	开户银行	浙科银行		开户银行	
借款期限(最后还款日)	2013-5-21	利率 0.51 %	起息日期 2012-11-22		

		千	百	十	万	千	百	十	元	角	分
借款申请金额	人民币（大写） 伍拾万元整			5	0	0	0	0	0	0	0
借款原因及用途：厂房扩建	银行核定金额			5	0	0	0	0	0	0	0

银行审批	期限	计划还款日期	计划还款金额
同意			

兹根据你行贷款办法规定，申请办理上述借款，请核定贷给。
此致
银行
（借款单位预留往来户印鉴）

会计分录：借
对方科目：贷
会计　复核　记账

审核

图 7–21

步骤 21，输入业务数据。点击柜面上的计算机显示器，在打开界面中，填写收款单位账号、借款申请金额、利率、借款原因及用途，然后点击【输入密码】按钮，打开如图 7–22 所示的界面：

企业一般贷款 贷款

收款单位账号：	0105710001000011970
借款申请金额：	500000
利率：	0.51 %
借款原因及用途：	厂房扩建
密码：	

〔输入密码〕

图 7–22

步骤 22，点击【确定】按钮，系统提示，点击【确定】按钮，关闭弹出窗口。

图 7–23

步骤 23，打印凭证。点击"工具栏"中的"报表打印机" ，在打开界面中，点击【打印】按钮，系统提示，点击【确定】按钮，关闭弹出窗口。

图 7–24

步骤 24，盖章。点击"工具栏"中的【印章】  ，在打开的浙科银行（贷款）借款凭证（申请书代付出凭证）界面，点击【盖章】按钮，系统提示，点击【确定】按钮。

图 7-25

步骤 25，结束业务。点击"结束业务" 按钮，显示会计分录记录，点击【结束业务】按钮，业务完成。

会计分录：

借：短期贷款——贷款户　500,000.00 元

　　贷：活期存款——杭州奥尔蒙电器有限公司结算户　　500,000.00 元

借：短期贷款——贷款户　500,000.00 元

　　贷：活期存款——杭州奥尔蒙电器有限公司结算户　　500,000.00 元

结束业务

图 7-26

2. 还款

步骤 26，还款申请。在企业"客户窗口"，点击页面左侧"贷款业务 →一般贷款申请"菜单，在页面右侧打开如下界面，选择贷款银行（如浙科银行），点击该银行"操作"栏中的【选择】，打开如图 7-27 所示的界面：

银行名称	当前金额	银行类别	银行级别	操作
浙科银行	￥99,978,900,000.00	全国性	总行	选择
浙科银行浙江省杭州市分行	￥9,900,000.00	全国性	分行	选择
浙科银行浙江省杭州市分行XX支行	￥10,000,000.00	全国性	支行	选择

图 7-27

步骤 27，点击"操作"栏中的【还款】，打开如图 7-28 所示的界面：

申请贷款金额	借款期限	贷款状态	操作
500000.00	六个月（含）	贷款已发放	查看申请 查看合同 还款

添加　返回　　　　　　第1页/共1页 共1条 首页 上一页 下一页 尾页 转到 1 ∨

图 7-28

步骤 28，点击下拉框，从中选择还款方式（如提前还款），然后点击【添加】按钮，在打开界面中，选择提前还款类型、提前还款原因，如图 7-29 所示：

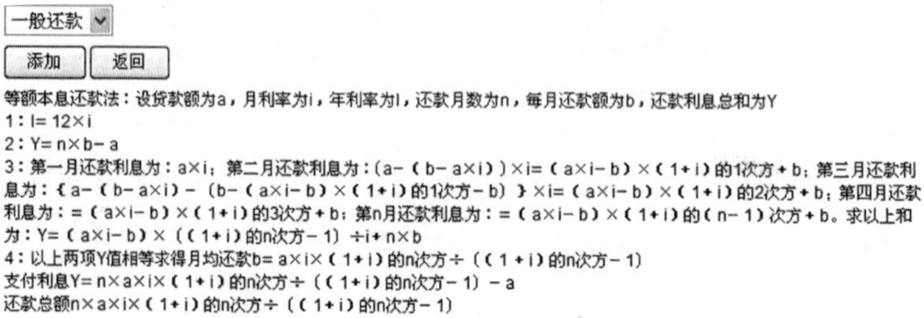

一般还款 ▼

添加　返回

等额本息还款法：设贷款额为a，月利率为i，年利率为I，还款月数为n，每月还款额为b，还款利息总和为Y
1：I= 12×i
2：Y=n×b-a
3：第一月还款利息为：a×i；第二月还款利息为：(a-(b-a×i))×i=(a×i-b)×(1+i)的1次方+b；第三月还款利息为：{a-(b-a×i)×(a×i-b)×(1+i)}×i=(a×i-b)×(1+i)的2次方+b；第四月还款利息为：=(a×i-b)×(1+i)的3次方+b；第n月还款利息为：=(a×i-b)×(1+i)的(n-1)次方+b。求以上和为：=(a×i-b)×(1+i)的n次方-1)÷i+n×b
4：以上两项Y值相等求得月均还款b= a×i×(1+i)的n次方÷(1+i)的n次方-1)
支付利息Y= n×a×i×(1+i)的n次方÷(1+i)的n次方-1)- a
还款总额n×a×i×(1+i)的n次方÷((1+i)的n次方-1)

图 7-29

步骤 29，点击【提交】按钮，系统提示，操作成功。

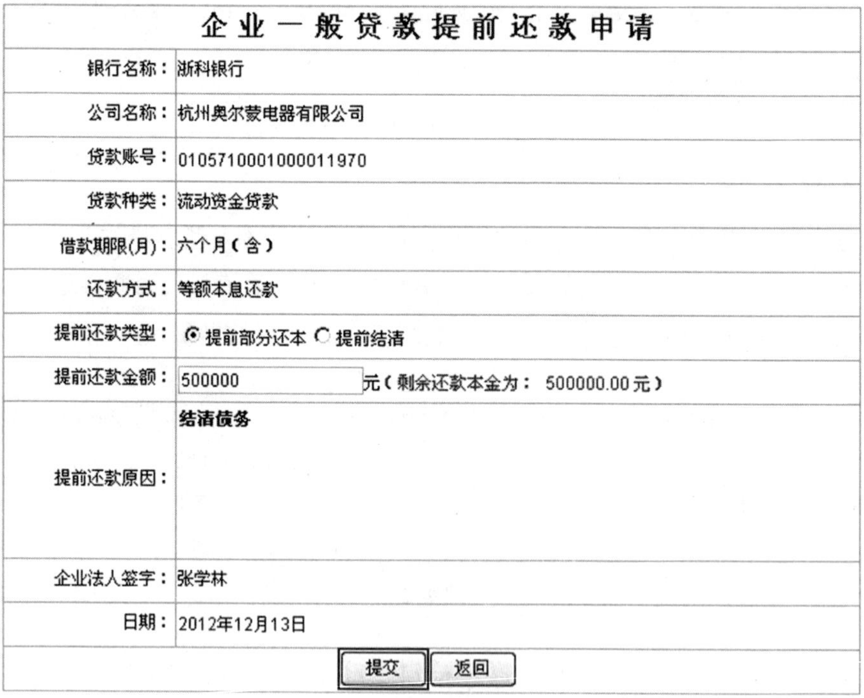

企 业 一 般 贷 款 提 前 还 款 申 请

银行名称:	浙科银行
公司名称:	杭州奥尔蒙电器有限公司
贷款账号:	0105710001000011970
贷款种类:	流动资金贷款
借款期限(月):	六个月（含）
还款方式:	等额本息还款
提前还款类型:	⊙ 提前部分还本 ○ 提前结清
提前还款金额:	500000　　　　　元（ 剩余还款本金为： 500000.00 元）
提前还款原因:	**结清债务**
企业法人签字:	张学林
日期:	2012年12月13日

提交　返回

图 7-30

步骤 30，审核企业提前还款申请。进入综合角色操作页面，如下图所示：点击菜单"信贷部门→企业贷款→提前还贷申请书"，在页面右侧打开如图 7-31 所示的界面：

图 7-31

步骤 31，点击"操作"栏中的【审核】。

企业名称	还款金额（元）	提前还款类型	是否通过	还贷日期	操作
杭州奥尔蒙电器有限公司	500000	提前结清	未审核	2012-12-16	审核

图 7-32

步骤 32，在打开界面中，选择审核意见，如图 7-33 所示：点击【确定】按钮，系统提示，审核成功。

图 7-33

步骤 33，还款。在企业"客户窗口"，点击页面左侧"贷款业务 → 一般贷款申请"菜单，在页面右侧打开如图 7-34 所示的界面：

银行名称	当前金额	银行类别	银行级别	操作
浙科银行	￥99,978,405,126.02	全国性	总行	选择
浙科银行浙江省杭州市分行	￥9,900,000.00	全国性	分行	选择
浙科银行浙江省杭州市分行XX支行	￥10,000,000.00	全国性	支行	选择

图 7-34

步骤 34，选择贷款银行（如浙科银行），点击该银行"操作"栏中的【选择】，打开如图 7-35 所示的界面：

申请贷款金额	借款期限	贷款状态	操作
500000.00	六个月（含）	贷款已发放	查看申请 查看合同 还款

图 7-35

步骤 35，点击"操作"栏中的【还款】，打开如图 7-36 所示的界面：

一般还款 ▼

添加　返回

等额本息还款法：设贷款额为a，月利率为i，年利率为I，还款月数为n，每月还款额为b，还款利息总和为Y
1：I= 12×i
2：Y= n×b- a
3：第一月还款利息为：a×i；第二月还款利息为：(a-（b-a×i）)×i=（a×i-b）×（1+i）的1次方+b；第三月还款利息为：{a-（b-a×i）-（b-（a×i-b）×（1+i）的1次方-b）}×i=（a×i-b）×（1+i）的2次方+b；第四月还款利息为：=（a×i-b）×（1+i）的3次方+b；第n月还款利息为：=（a×i-b）×（1+i）的（n-1）次方+b。求以上和为：Y=（a×i-b）×（（1+i）的n次方-1）÷i+n×b
4：以上两项Y值相等求得月均还款b=a×i×（1+i）的n次方÷（（1+i）的n次方-1）
支付利息Y= n×a×i×（1+i）的n次方÷（（1+i）的n次方-1）- a
还款总额n×a×i×（1+i）的n次方÷（（1+i）的n次方-1）

图 7-36

步骤 36，点击下拉框，从中选择提前还款，打开如图 7-37 所示的界面：

提前还款 ▼

还款金额	提前还款类型	是否通过	还贷日期	操作
502050.00	提前结清	通过	2009-07-06	提前还款申请 还款

返回　　　第1页/共1页 共1条 首页 上一页 下一页 尾页 转到 1 ▼

图 7-37

步骤 37，点击"操作"栏中的【还款】，在打开界面中，填写还款内容，如图 7-38 所示：

浙科银行(一般贷款提前还款)还款凭证(借方凭证)

2012 年12 月16 日　　　　　　　　　合同编号：6

借款单位	名　称	**杭州奥尔蒙电器有限公司**	付款单位	名　称	**杭州奥尔蒙电器有限公司**
	放款户账号	**0105710001000011970**		往来户账户	**0105710001000011970**
	开户银行	**浙科银行**		开户银行	**浙科银行**

| 还款日期 | **2012年12月16日** | 还款次序 | | | | 第 | | | 次还款 | | | |

偿还金额	人民币 (大写) **伍拾万壹仟柒佰元整**	亿	千	百	十	万	千	百	十	元	角	分
						5	0	1	7	0	0	0

还款内容

由我单位往来划转归还上述借款 (借款单位预留往来户印鉴) (银行主动收贷时免盖)	会计分录：借 对方科目：贷 会计　　　复核　　　记账

提交　　返回

图 7-38

步骤38，点击【提交】按钮，系统提示，点击【确定】按钮。

Microsoft Internet Explorer

⚠ 添加成功!

确定

图 7-39

步骤39，进入柜员窗口，受理业务。进入"柜员窗口"，柜员获取柜员基本

信息，输入密码签到，进入业务操作，点击"工具栏"中的"叫号器" 叫号器，

打开如下界面，点击"操作"栏中的【受理】。

编号	业务类型	状态	受理柜员	操作
19	[0283]企业一般账户提前还款 [提交人：ss0002 ss0002]	待受理	——	受理

图 7-40

步骤40，审核客户提交的凭证。点击"工具栏"中的"桌面凭证" 桌面凭证 按

钮，在打开界面中，点击【审核】按钮。

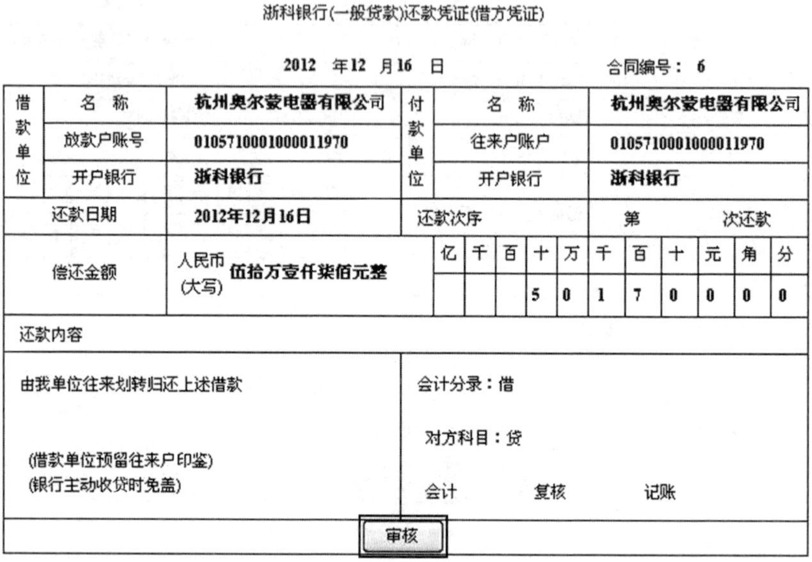

浙科银行(一般贷款)还款凭证(借方凭证)

2012 年12 月16 日　　　　　合同编号：6

借款单位	名　称	杭州奥尔蒙电器有限公司	付款单位	名　称	杭州奥尔蒙电器有限公司
	放款户账号	0105710001000011970		往来户账户	0105710001000011970
	开户银行	浙科银行		开户银行	浙科银行

还款日期	2012年12月16日	还款次序	第　　次还款

借还金额	人民币(大写) 伍拾万壹仟柒佰元整	亿	千	百	十	万	千	百	十	元	角	分
					5	0	1	7	0	0	0	0

还款内容		
由我单位往来划转归还上述借款 (借款单位预留往来户印鉴) (银行主动收贷时免盖)	会计分录：借 对方科目：贷 会计　　　复核　　　记账	

审核

图 7-41

步骤41，输入业务数据。点击柜面上的计算机显示器，在打开的页面中柜员可以根据"桌面凭证"，输入收款单位账号、还款金额。单击【输入密码】按钮，自动输入密码，单击【确定】按钮，数据输入成功。

企业一般贷款 提前还贷

收款单位账号：1057100010000011970

还款金额：501700

密码：

输入密码

图 7-42

步骤42，打印凭证。点击"工具栏"中的"报表打印机" ，打开空白的"开户许可证"和"单位银行结算账户管理协议"。单击【打印】按钮。凭证显示相关业务数据。

步骤43，盖章。点击"工具栏"中的"印章" ，打开银行现金交款单，

单击【盖章】按钮,盖章完成。

步骤 44,结束业务。点击"结束业务" ✍结束业务 按钮,打开页面显示会计分录。单击【结束业务】按钮,业务完成。

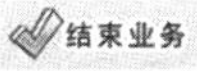

(二)行内银团贷款

1. 申请贷款

步骤 45,添加"行内银团贷款申请书"。在企业"客户窗口",点击页面左侧"贷款业务→行内银团贷款"菜单,在页面右侧打开界面中,选择一家银行(如浙科银行),点击该银行"操作"栏中的【选择】,点击【添加】按钮,在打开界面中,填写信息,如图 7-43 所示:

行 内 银 团 贷 款 申 请 书

企业基本情况

借款单位:	杭州奥尔蓁电器有限公司
地址:	浙江杭州天目山路220号
经营期限:	2012年11月21日至2022年11月21日
主营业务:	制造业
所有制类型:	私营企业
法定代表人及联系电话:	80256255
员工人数:	50
关联企业情况:	

图 7-43

步骤 46,点击【提交】按钮,系统提示:提交成功,点击确定。

步骤 47,设置信用等级。进入综合角色操作页面,点击菜单"客户管理→信用等级设置",点击【添加】按钮,在打开界面中,填写等级名称、开始分值、结束分值,如图 7-44 所示:

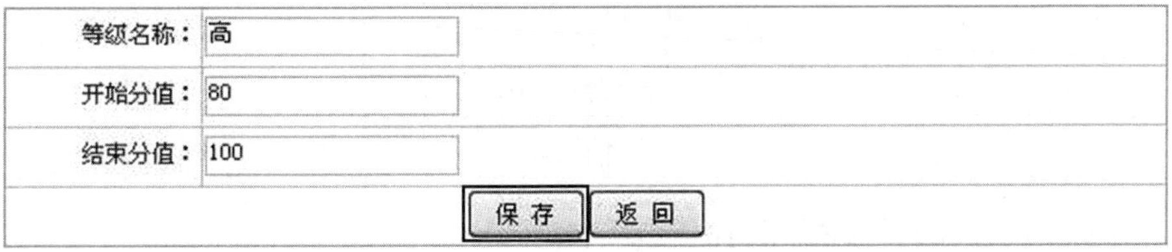

等级名称:	高
开始分值:	80
结束分值:	100

保存　返回

图 7-44

步骤 48，点击【保存】按钮，系统提示，点击【确定】按钮。

图 7–45

步骤 49，银行设置企业资信。在综合角色操作页面，点击菜单"信贷部门→企业贷款→行内银团贷款"，在页面右侧打开如下界面，点击"操作"栏中的【设置资信】。

企业名称	申请贷款金额	借款期限	是否通过	状态	操作
杭州奥尔蒙电器有限公司	800000.00	六个月（含）	未审批	贷前调查	查看申请 设置资信

图 7–46

在打开界面中，填写信息，如图 7–47 所示：

贷 前 调 查

借款企业资信评级

信用履约：	18	偿债能力：	16
盈利能力：	17	经营发展能力：	15
综合评价：	10	特殊加分：	5
特殊扣分：	0	总分：	81
信用等级：	高 ▼		

图 7–47

步骤 50，点击【确定】按钮，系统提示：添加成功。

图 7–48

步骤 51，点击【确定】按钮，页面跳转至：

企业名称	申请贷款金额	借款期限	是否通过	状态	操作
杭州奥尔蒙电器有限公司	800000.00	六个月（含）	未审批	审查	查看申请　查看资信　审核

图 7-49

步骤52，审核"行内银团贷款申请书"。点击"操作"栏中的【审核】，在打开界面中，点击【审核】按钮，系统提示：

图 7-50

步骤53，点击【确定】按钮，页面跳转至：

企业名称	申请贷款金额	借款期限	是否通过	状态	操作
杭州奥尔蒙电器有限公司	800000.00	六个月（含）	未审批	审批	查看申请　查看资信　审批

图 7-51

步骤54，审批"行内银团贷款申请书"。点击"操作"栏中的"审批"，在打开界面中，点击【审批】按钮，系统提示：

图 7-52

步骤55，点击【确定】按钮，页面跳转至：

企业名称	申请贷款金额	借款期限	是否通过	状态	操作
杭州奥尔蒙电器有限公司	800000.00	六个月（含）	是	银团贷款邀请	查看申请　查看资信　邀请

图 7-53

步骤56，邀请其他银行组成银团。点击"操作"栏中的【邀请】，在打开界面中，点击复选框，选择其他银行，如图7-54所示：

	银行名称	地区号	网点号
☑	浙科银行浙江省杭州市分行	0571	01
☑	浙科银行浙江省杭州市分行××支行	0571	02

图 7-54

步骤57，点击【确定】按钮，系统提示：

图 7-55

步骤58，点击【确定】按钮，页面跳转至：

企业名称	申请贷款金额	借款期限	是否通过	状态	操作
杭州奥尔蒙电器有限公司	800000.00	六个月（含）	是	确认参与行	查看申请 查看资信 确认邀请

图 7-56

步骤59，其他银行确认邀请。受邀请银行（本例中受邀银行为：浙科银行浙江省杭州市分行、浙科银行浙江省杭州市分行××支行），进入其综合角色操作页面，点击菜单"信贷部门→企业贷款→行内银团贷款邀请"，在页面右侧打开如图7-57所示的界面，点击"操作"栏中的【参加】，系统提示，已加入，确定即可。

企业名称	申请贷款金额	借款期限	状态	操作
杭州奥尔蒙电器有限公司	800000.00	六个月（含）	邀请	查看申请 参加 拒绝

第1页/共1页 共1条 首页 上一页 下一页 尾页 转到 1 ▼

图 7-57

提示：点击"操作"栏中的【拒绝】，拒绝加入银团邀请；点击"操作"栏中的【参加】，同意加入银团邀请。

步骤60，确定银团成员。在综合角色操作页面，点击菜单"信贷部门→企业贷款→行内银团贷款"，在页面右侧打开如图7-58所示的界面：

企业名称	申请贷款金额	借款期限	是否通过	状态	操作
杭州奥尔蒙电器有限公司	800000.00	六个月（含）	是	确认参与行	查看申请　查看资信　确认邀请

图 7-58

步骤61，点击"操作"栏中的【确认邀请】，打开如图7-59所示的界面：

银行名称	地区号	网点号	状态
浙科银行	0571	00	参与
浙科银行浙江省杭州市分行	0571	01	拒绝
浙科银行浙江省杭州市分行XX支行	0571	02	参与

确定　返回　　　　　第1页/共1页 共3条　首页 上一页 下一页 尾页 转到 1 ▼

图 7-59

步骤62，点击【确定】按钮，系统提示：

图 7-60

步骤63，点击【确定】按钮，页面跳转至如图7-61所示的界面：

企业名称	申请贷款金额	借款期限	是否通过	状态	操作
杭州晨虹股份有限公司	800000.00	六个月（含）	是	划分金额	查看申请　查看资信　划分金额

图 7-61

步骤64，划分金额。点击"操作"栏中的【划分金额】，在打开界面中，填写银团成员资金分配比例，如图7-62所示：

贷款金额：　800000.00		
银团成员	分配比例	划分金额
浙科银行	50　　　%	400000
浙科银行浙江省杭州市分行XX支行	50　　　%	400000

确定　返回

图 7-62

步骤 65，点击【确定】按钮，系统提示如图 7-63 所示。

图 7-63

步骤 66，点击【确定】按钮，页面跳转至如图 7-64 所示。

企业名称	申请贷款金额	借款期限	是否通过	状态	操作
杭州奥尔蒙电器有限公司	800000.00	六个月（含）	是	填写协议	查看申请 查看资信 查看邀请行 贷款协议

图 7-64

步骤 67，添加银团贷款协议书。点击"操作"栏中的【贷款协议】，在打开界面中，填写自愿提前还款期限，然后点击【确定】按钮，系统提示：点击【确定】按钮。

图 7-65

步骤 68，协议签字。所有银团成员银行，进入其综合角色操作页面，点击菜单"信贷部门→企业贷款→行内银团贷款邀请"，在页面右侧打开如图 7-66 所示的界面：

企业名称	申请贷款金额	借款期限	状态	操作
杭州奥尔蒙电器有限公司	800000.00	六个月（含）	参与	查看申请 协议签字

图 7-66

步骤 69，点击"操作"栏中的【协议签字】，在打开界面中，点击【签字】按钮，系统提示：签字成功，点击【确定】按钮。

图 7-67

步骤 70，企业客户签字。在企业"客户窗口"，点击页面左侧"贷款业务 →
行内银团贷款"菜单，在页面右侧打开如图 7-68 所示的界面：

银行名称	当前金额	银行类别	银行级别	操作
浙科银行	¥ 88,481,112.00	全国性	总行	选择
浙科银行浙江省杭州市分行	¥ 9,981,112.00	全国性	分行	选择
浙科银行浙江省杭州市分行XX支行	¥ 1,000,000.00	全国性	支行	选择

图 7-68

步骤 71，选择贷款银行（如浙科银行），点击该银行"操作"栏中的【选
择】，打开如图 7-69 所示的界面：

申请贷款金额	借款期限	贷款状态	操作
800000.00	六个月（含）	客户签字	查看申请 协议签字

添加　返回　　　　　　　　第1页/共1页 共1条 首页 上一页 下一页 尾页 转到 1 ▼

图 7-69

步骤 72，点击"操作"栏中的"协议签字"，在打开界面中，点击【签字】
按钮，系统提示：签字成功，点击【确定】按钮。

图 7-70

步骤 73，添加"贷款电子许可证"。进入综合角色操作页面，点击菜单"信
贷部门→企业贷款→行内银团贷款"，在页面右侧打开如图 7-71 所示的界面：

企业名称	申请贷款金额	借款期限	是否通过	状态	操作
杭州奥尔蒙电器有限公司	800000.00	六个月（含）	是	签发许可证	查看申请 查看资信 查看协议 电子许可证

图 7-71

步骤 74，点击"操作"栏中的【电子许可证】，打开如图 7-72 所示的界面：

贷款电子许可证

贷款编号：	0004
存款账号：	
贷款账号：	
借款金额：	800000.00
贷款类型：	行内银团贷款
贷款利率（月息）：	0.51%

保存　　返回

图 7-72

步骤 75，点击【保存】按钮，系统提示：保存成功，点击【确定】按钮。

Microsoft Internet Explorer

⚠ 保存成功！

确定

图 7-73

步骤 76，填写借款凭证。在企业"客户窗口"，点击页面左侧"贷款业务 →
行内银团贷款"菜单，在页面右侧打开如图 7-74 所示的界面：

银行名称	当前金额	银行类别	银行级别	操作
浙科银行	¥ 99,978,405,126.02	全国性	总行	选择
浙科银行浙江省杭州市分行	¥ 9,900,000.00	全国性	分行	选择
浙科银行浙江省杭州市分行XX支行	¥ 10,000,000.00	全国性	支行	选择

图 7-74

步骤 77，选择贷款银行（如浙科银行），点击该银行"操作"栏中的【选
择】，打开如图 7-75 所示的界面：

步骤78，点击"操作"栏中的【借款凭证】，在打开界面中，填写借款申请金额、借款原因及用途，如图7-76所示：

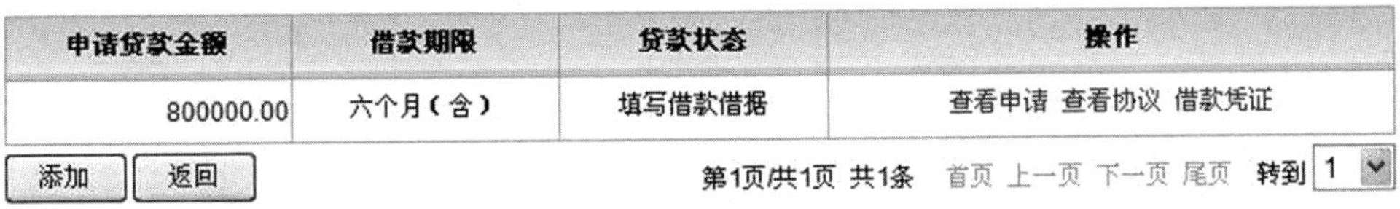

申请贷款金额	借款期限	贷款状态	操作
800000.00	六个月（含）	填写借款借据	查看申请 查看协议 借款凭证

添加　　返回　　　　　　　　　　第1页/共1页 共1条　首页 上一页 下一页 尾页 转到 1

图 7-75

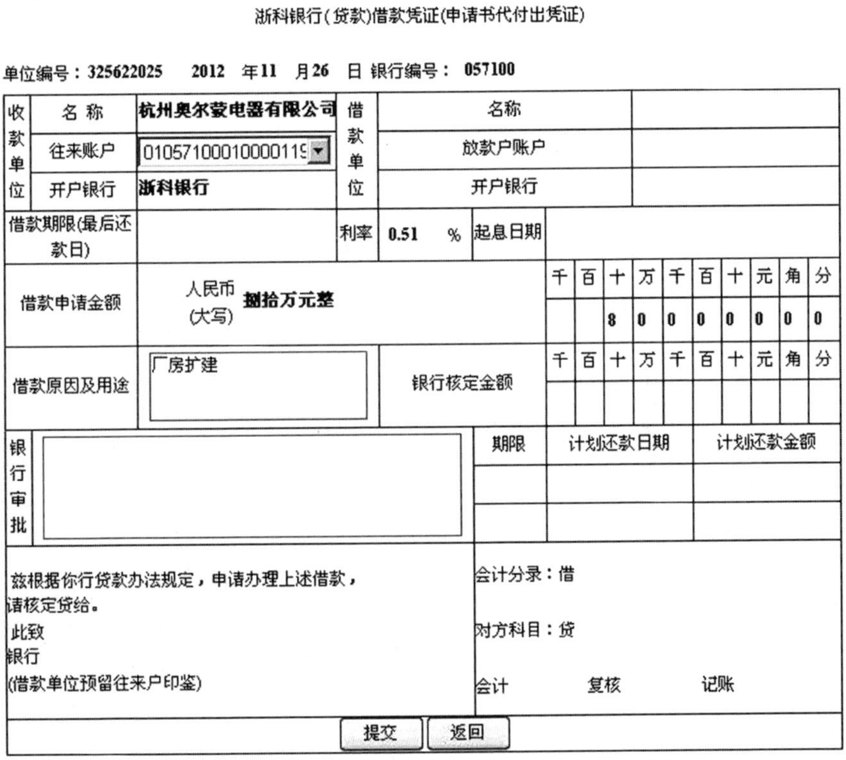

浙科银行(贷款)借款凭证(申请书代付出凭证)

单位编号：325622025　2012 年11 月26 日 银行编号：　057100

收款单位	名称	杭州奥尔蒙电器有限公司	借款单位	名称											
	往来账户	01057100010000119		放款户账户											
	开户银行	浙科银行		开户银行											

借款期限(最后还款日)		利率	0.51	%	起息日期										

借款申请金额：人民币(大写) 捌拾万元整

		千	百	十	万	千	百	十	元	角	分
				8	0	0	0	0	0	0	0

借款原因及用途：厂房扩建

银行核定金额	千	百	十	万	千	百	十	元	角	分

银行审批	期限	计划收还款日期	计划收还款金额

兹根据你行贷款办法规定，申请办理上述借款，请核定贷给。
此致
银行
(借款单位预留往来户印鉴)

会计分录：借
对方科目：贷
会计　　复核　　记账

提交　　返回

图 7-76

步骤79，点击【提交】按钮，系统提示：提交成功，点击【确定】按钮。

Microsoft Internet Explorer
提交成功！
确定

图 7-77

步骤 80，进入柜员窗口，受理业务。进入“柜员窗口”，柜员获取柜员基本信息，输入密码签到，进入业务操作，点击“工具栏”中的“叫号器”

，打开如下界面，点击“操作”栏中的【受理】。

步骤 81，审核客户提交的凭证。点击“工具栏”中的“桌面凭证”按钮

，在打开界面中，填写银行审批信息、银行核定金额，如图 7–79 所示：

编号	业务类型	状态	受理柜员	操作
20	[0277]行内银团贷款 [提交人：ss0002 ss0002]	待受理	——	受理

图 7–78

浙科银行（贷款）借款凭证(申请书代付出凭证)

单位编号：325622025　2012 年 11 月 26 日 银行编号：057100

收款单位	名 称	杭州奥尔蒙电器有限公司	借款单位	名称	
	往来账户	0105710001000011970		放款户账户	
	开户银行	浙科银行		开户银行	
借款期限(最后还款日)		利率	0.51 %	起息日期	

借款申请金额	人民币(大写) 捌拾万元整	千	百	十	万	千	百	十	元	角	分
				8	0	0	0	0	0	0	0

借款原因及用途	厂房扩建	银行核定金额	千	百	十	万	千	百	十	元	角	分
					8	0	0	0	0	0	0	0

银行审批	期限	计划还款日期	计划还款金额
同意			

兹根据你行贷款办法规定，申请办理上述借款，请核定贷给。 此致 银行 (借款单位预留往来户印鉴)	会计分录：借 对方科目：贷 会计　复核　记账

审核

图 7–79

步骤 82，点击【审核】按钮，系统提示：审核成功，点击【确定】按钮，然后关闭弹出页面。

步骤 83，输入业务数据。点击柜面上的计算机显示器，在打开界面中，填写收款单位账号、借款申请金额、利率、借款原因及用途，然后点击“输入密码”按钮，打开如图 7–80 所示的界面：

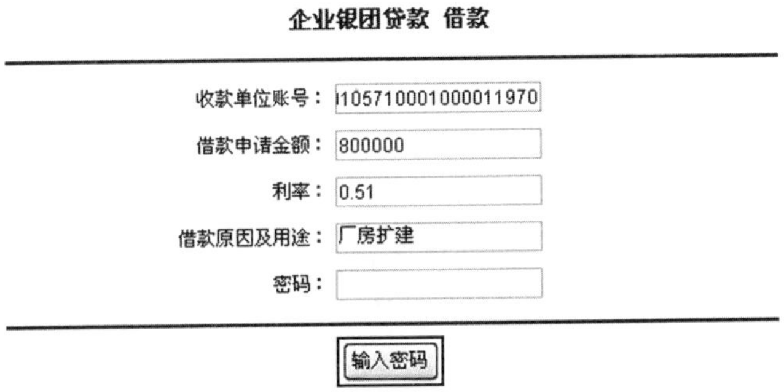
企业银团贷款 借款
收款单位账号：
1105710001000011970
借款申请金额：
800000
利率：
0.51
借款原因及用途：
厂房扩建
密码：
输入密码

图 7–80

步骤 84，点击【确定】按钮，系统提示：保存成功，点击【确定】按钮，关闭弹出窗口。

步骤 85，打印凭证。点击“工具栏”中的“报表打印机”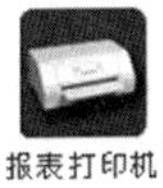
报表打印机
，在打开界面中，点击【打印】按钮，系统提示：打印成功，点击【确定】按钮，关闭弹出窗口。

步骤 86，盖章。点击“工具栏”中的“印章”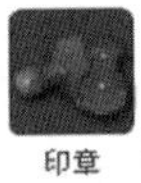
印章
，在打开界面中，点击【盖章】按钮，系统提示：盖章成功，点击【确定】按钮，盖章成功。

步骤 87，结束业务。点击“结束业务”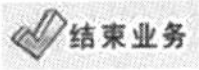
结束业务
按钮，显示会计分录记录，点击【结束业务】按钮，业务完成。

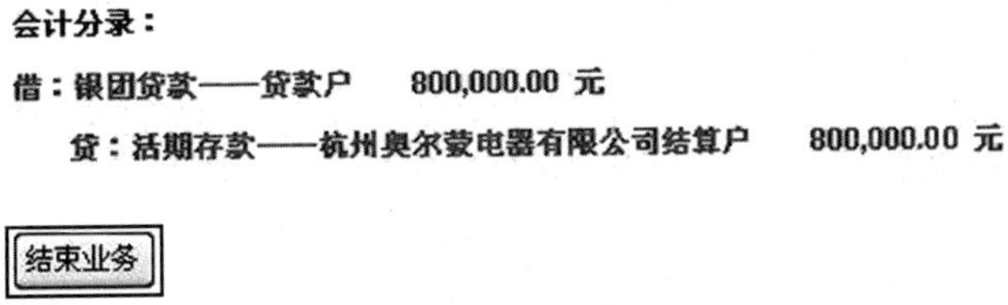
会计分录：
借：银团贷款——贷款户　800,000.00 元
贷：活期存款——杭州奥尔蒙电器有限公司结算户　800,000.00 元
结束业务

图 7–81

2. 还款

步骤 88，客户提交还款业务。在企业"客户窗口"，点击页面左侧"贷款业务 → 行内银团贷款"菜单，在页面右侧打开如图 7-82 所示的界面：

银行名称	当前金额	银行类别	银行级别	操作
浙科银行	¥99,977,105,126.02	全国性	总行	选择
浙科银行浙江省杭州市分行	¥9,900,000.00	全国性	分行	选择
浙科银行浙江省杭州市分行XX支行	¥9,600,000.00	全国性	支行	选择

图 7-82

步骤 89，选择贷款银行（如浙科银行），点击该银行"操作"栏中的【选择】，打开如图 7-83 所示的界面：

申请贷款金额	借款期限	贷款状态	操作
800000.00	六个月（含）	贷款已发放	查看申请 查看协议 还款

添加　返回　　　　　　　第1页/共1页 共1条 首页 上一页 下一页 尾页 转到 1 ∨

图 7-83

步骤 90，点击"操作"栏中的【还款】，点击【添加】按钮，在打开界面中，填写还款内容，如图 7-84 所示：

浙科银行还款凭证

2012 年12 月26 日　　　　　　　　　合同编号：5

图 7-84

步骤 91，点击【提交】按钮，系统提示：添加成功，点击"确定"按钮。

步骤 92，柜员受理客户业务。进入"柜员窗口"，柜员获取柜员基本信息，输入密码签到，进入业务操作，点击"工具栏"中的"叫号器" ，打开如图 7-85 所示界面，点击"操作"栏中的【受理】。

编号	业务类型	状态	受理柜员	操作
22	[0281]企业银团贷款还款 [提交人：ss0002 ss0002]	待受理	——	受理

图 7-85

步骤 93，审核客户提交的凭证。点击"工具栏"中的"桌面凭证" 按钮，在打开界面中，点击【审核】按钮，系统提示：审核成功，点击【确定】按钮，然后关闭弹出页面。

步骤 94，输入业务数据。点击柜面上的计算机显示器，在打开界面中，填写收款单位账号、还款金额，然后点击【输入密码】按钮，打开如图 7-86 所示的界面：

企业银团贷款 还款

收款单位账号：1105710001000011970

还款金额：4100.81

密码：

输入密码

图 7-86

步骤 95，点击【确定】按钮，系统提示：保存成功，点击【确定】按钮，关闭弹出窗口。

步骤 96，打印凭证。点击"工具栏"中的"报表打印机" ，在打开界面中，点击【打印】按钮，系统提示：打印成功，点击【确定】按钮，关闭弹出窗口。

步骤 97，盖章。点击"工具栏"中的"印章" ，在打开界面中，点击

【盖章】按钮，系统提示：盖章成功，点击【确定】按钮。

步骤98，结束业务。点击"结束业务" 📝结束业务 按钮，在打开界面中，点击【结束业务】按钮，系统提示：确定要结束当前任务？点击【确定】按钮。

（三）贷款业务——账号透支申请

步骤99，客户填写转账支票，在客户窗口，点击导航栏的"贷款业务→账号透支申请"，单击页面中的【添加】，打开企业账号透支申请书页面。点击页面中的【提交】按钮，申请提交成功，返回至列表。

企业账号透支申请书

企业基本情况

借款单位：	杭州奥尔蒙电器有限公司
地址：	浙江杭州天目山路220号
经营期限：	2012年11月21日至2022年11月21日
主营业务：	制造业
所有制类型：	私营企业
法定代表人及联系电话：	80256255
员工人数：	50
关联企业情况：	

贷款情况

申请透支账号：	0105710001000011970
申请透支金额：	50000
担保方式：	信用贷款
贷款期限：	六个月（含）

近三年财务情况

图 7-87

步骤100，银行设置企业资信。在综合角色操作页面，点击菜单"信贷部门→企业贷款→行内银团贷款"，在页面右侧打开如图7-88所示的界面：

企业名称	透支账号	申请透支金额	是否通过	状态	操作
杭州奥尔蒙电器有限公司	0105710001000011970	50000.00	未审批	贷前调查	查看申请 设置资信

图 7-88

步骤 101，点击"操作"栏中的【设置资信】，在打开界面中，填写信息，如图 7-89 所示：

贷 前 调 查	
借款企业资信评级	
信用履约：18	偿债能力：16
盈利能力：17	经营发展能力：15
综合评价：10	特殊加分：5
特殊扣分：0	总分：81
信用等级：高	
贷前其他调查	

图 7-89

步骤 102，点击【确定】按钮，系统提示：添加成功，点击【确定】按钮，页面跳转至图 7-90。

企业名称	透支账号	申请透支金额	是否通过	状态	操作
杭州奥尔蒙电器有限公司	0105710001000011970	50000.00	未审核	审核	查看申请 查看资信 审核

图 7-90

步骤 103，审核"企业账号透支申请书"。点击"操作"栏中的【审核】，在打开界面中，点击【审核】按钮，系统提示：审核成功，点击【确定】按钮，页面跳转至图 7-91。

企业名称	透支账号	申请透支金额	是否通过	状态	操作
杭州奥尔蒙电器有限公司	0105710001000011970	50000.00	未审批	审批	查看申请 查看资信 审批

图 7-91

步骤 104，审批"企业账号透支申请书"。点击"操作"栏中的"审批"，在打开界面中，点击【审批】按钮，系统提示：审核成功，点击【确定】按钮，页面跳转至图 7-92。

企业名称	透支账号	申请透支金额	是否通过	状态	操作
杭州奥尔蒙电器有限公司	0105710001000011970	50000.00	是	定制合同	查看申请 查看资信 定制合同

第1页/共1页 共1条 首页 上一页 下一页 尾页 转到 1

图 7-92

步骤 105，定制合同。点击"操作"栏的【定制合同】，打开企业账户透支合同页面，点击列表的【确定】按钮。

企业名称	透支账号	申请透支金额	是否通过	状态	操作
杭州奥尔蒙电器有限公司	0105710001000011970	50000.00	是	客户签订合同	查看申请 查看资信 查看合同

第1页/共1页 共1条　首页 上一页 下一页 尾页　转到 1 ▼

图 7-93

步骤 106，客户签订合同。在企业"客户窗口"，点击页面左侧"贷款业务→账号透支申请"菜单，在页面右侧打开如图 7-94 所示的界面：

所属银行	透支账号	透支额度	贷款状态	操作
渐科银行	0105710001000011970	50000.00	客户签订合同	查看申请 签署合同

添加

第1页/共1页 共1条　首页 上一页 下一页 尾页　转到 1 ▼

图 7-94

步骤 107，点击该银行"操作"栏中的【签署合同】，打开"企业账户透支合同"，点击页面的【确定】按钮，透支申请成功。

实验项目八
人民币支付结算服务实验

一、实验目标

学生通过实验掌握结算服务相关凭证的填写；了解支付结算方式及票据业务流转；了解支付结算的基本操作规程。

二、实验任务

（1）完成银行本票、银行汇票的申请业务。

（2）完成银行本票、银行汇票、商业承兑汇票和银行承兑汇票的背书和兑付业务。

（3）完成信用证进口和出口业务。

三、背景知识

（一）银行本票

银行本票是银行签发的，承诺自己在见票时无条件支付确定的金额给收款人或者持票人的票据。

1. 产品特点

（1）出票时以将款项交存银行为前提，以中国银行信用为付款保证。

（2）转账本票在同一票据交换区域内代理付款行见票即付。

（3）跨系统提示付款时与出票行系统直连，款项解付安全，实时到账。

（4）银行本票一律记名，有效期较长，付款期限为 2 个月，结算快捷，见票即付，转账银行本票可以背书转让。

（5）收付款人均为个人可申请签发现金银行本票，现金银行本票可以委托他人向出票行提示付款；现金银行本票可以挂失。

（6）不定额本票无起点金额限制。

2. 适用范围

单位及个人客户在境内所在地票据交换区域内办理各种款项结算时，均可使用银行本票。

3. 办理流程

在我行开立存款账户的单位和个人在同一票据交换区域需要支取各种款项，均可以使用银行本票，收付款人均为个人可申请签发现金银行本票，客户须填写《本票申请书》后向我行提出申请，并办理相关手续。

（二）银行汇票

银行汇票是汇款人将款项存入当地出票银行，由出票银行签发的，由其在见票时，按照实际结算金额无条件支付给持票人或收款人的票据。适用于先收款后发货或钱货两清的商品交易。单位和个人各种款项结算都可以使用银行汇票。

产品特点：

（1）适用范围广。银行汇票是目前异地结算中较为广泛采用的一种结算方式。这种结算方式不仅适用于在银行开户的单位、个体经济户和个人，而且适用于未在银行开立账户的个体经济户和个人。凡是各单位、个体经济户和个人需要在异地进行商品交易、劳务供应和其他经济活动及债权债务的结算，都可以使用银行汇票，并且银行汇票既可以用于转账结算，也可以支取现金。

（2）票随人走，钱货两清。实行银行汇票结算，购货单位交款，银行开票，票随人走；购货单位购货给票，销售单位验票发货，一手交票，一手交钱；银行见票付款，这样可以减少结算环节，缩短结算资金在途时间，方便购销活动。

（3）信用度高，安全可靠。银行汇票是银行在收到汇款人款项后签发的支付凭证，因而具有较高的信誉，银行保证支付，收款人持有票据，可以安全及时地到银行支取款项。而且，银行内部有一套严密的处理程序和防范措施，只要汇款人和银行认真按照汇票结算的规定办理，汇款就能保证安全。一旦汇票丢失，如果确属现金汇票，汇款人可以向银行办理挂失，填明收款单位和个人，银行可以协助防止款项被他人冒领。

（4）使用灵活，适应性强。实行银行汇票结算，持票人可以将汇票背书转让给销货单位，也可以通过银行办理分次支取或转让，另外，还可以使用信汇、电汇或重新办理汇票转汇款项，因而有利于购货单位在市场上灵活地采购物资。

（5）结算准确，余款自动退回。一般来讲，购货单位很难准确确定具体购货金额，因而出现汇多用少的情况是不可避免的。在有些情况下，多余款项往往长时间得不到清算从而给购货单位带来不便和损失。而使用银行汇票结算则不会出现这种情况，单位持银行汇票购货，凡在汇票的汇款金额之内的，可根据实际采购金额办理支付，多余款项将由银行自动退回。这样可以有效地防止交易尾欠的发生。

（三）商业承兑汇票

商业汇票是指由出票人签发的，委托付款人在指定日期无条件支付确定的金额给收款人或者持票人的票据。商业承兑汇票既可以由付款人签发，也可以由收款人签发。

1. 产品特点

（1）商业承兑汇票的付款期限，最长不超过 6 个月。

（2）商业承兑汇票的提示付款期限，自汇票到期日起 10 天。

（3）商业承兑汇票可以背书转让。

（4）商业承兑汇票的持票人需要资金时，可持未到期的商业承兑汇票向银行申请贴现。

（5）适用于同城或异地结算。

2. 适用范围

该项业务适用于持未到期商业承兑汇票需现款支付的经工商行政管理部门（或主管机关）核准登记的信誉度较高，现金流较为充足，还款能力较强的企（事）业法人、其他经济组织或个体工商户。

（四）银行承兑汇票

银行承兑汇票是指在承兑银行开立存款账户，资信状况良好的法人组织签发，并由开户银行承诺到期付款的一种票据。它是目前企业间相互结算的重要方式之一。

由银行承诺到期付款的汇票称为银行承兑汇票；由实力雄厚，信誉卓著的企业承诺到期付款的汇票称为商业承兑汇票。由于市场经济所必需的信用体系在我国尚未完全建立，商业承兑汇票目前使用范围并不广泛，我们经济生活中大量使用的是银行承兑汇票。

1. 产品特点

（1）信用好，承兑性强。银行承兑汇票经银行承兑到期无条件付款。就把企业之间的商业信用转化为银行信用。对企业来说，收到银行承兑汇票，就如同收到了现金。

（2）流通性强，灵活性高。银行承兑汇票可以背书转让，也可以申请贴现，不会占压企业的资金。

（3）节约资金成本。对于实力较强，银行比较信得过的企业，只需交纳规定的保证金，就能申请开立银行承兑汇票，用以进行正常的购销业务，待付款日期临近时再将资金交付给银行。由于银行承兑汇票具有上述优点，因而受到企业的欢迎。然而，伪造银行承兑汇票等犯罪行为呈现上升势头，有些企业深受其害。

2. 适用范围

适用于具有真实贸易背景的、有延期付款需求的各类国有企业、民营企业、医疗卫生、机关学校等单位。

（五）信用证

信用证是指由银行（开证行）依照（申请人）的要求和指示或自己主动，在符合信用证条款的条件下，凭规定单据向第三者（受益人）或其指定方进行付款的书面文件。即信用证是一种银行开立的有条件的承诺付款的书面文件。

1. 产品特点

（1）信用证是一项自足文件（Self-sufficient Instrument）。信用证不依附于买卖合同，银行在审单时强调的是信用证与基础贸易相分离的书面形式上的认证。

（2）信用证方式是纯单据业务（Pure Documentary Transaction）。信用证是凭单付款，不以货物为准。只要单据相符，开证行就应无条件付款。

（3）是开证银行负首要付款责任（Primary Liabilities for Payment）。信用证是一种银行信用，它是银行的一种担保文件，开证银行对支付有首要付款的责任。

2. 信用证当事人

（1）开证申请人，又称为开证人，是指向银行申请开立信用证的人，一般是指进口人，是指买卖合同的买方。

（2）开证行，是指接受开证申请人的申请，开立信用证的银行，一般是进口地的银行，开证申请人与开证行的权利义务以开证申请书为依据，开证行承担保证付款的责任。

（3）通知行，是受开证银行委托，将信用证转交给出口商的银行，通知行的责任是传递信用证和审核信用证的真伪，通知行一般是出口方所在地的银行。

（4）受益人，是指接受信用证并享受其利益的一方，一般是出口方，即买卖合同的卖方。

（5）议付行，是指愿意买入或贴现受益人跟单汇票的银行，它可以是开证行指定的银行，也可以是非指定的银行，视信用证条款的规定而定。

（6）付款行，是信用证上规定承担付款义务的银行。如果信用证未指定付款银行，开证行即为付款行。

（六）人民币汇款

1. 功能介绍

汇兑是汇款人委托银行将其款项支付给收款人的结算方式，分电汇和信汇两种。

电汇指汇出行应汇款请求，以电报方式或电传方式通知汇入行，请其向汇款人支付款项的结算方式。

信汇指汇出行应汇款请求，将信汇委托书通过邮局寄交汇入行，通知其向收款人支付一定款项的结算方式。

2. 业务特点

汇款手续简便，有利于汇款者向异地主动汇款，不受金额起点的限制，汇款可实现系统内实时到账，跨系统，通过人行现代化支付系统或全国电子联行系统，资金到账时间大大缩短。

3. 办理流程

企事业单位的各种款项的结算，均可使用汇兑结算方式，汇款业务广泛适用于对异地的各种款项结算，特别是非商品交易的各种款项支付。

办理汇款业务时，客户须填写信汇或电汇凭证，包括收款人姓名和地址，汇款金额，汇款人姓名和地址，加盖预留银行印鉴。

四、实验步骤

（一）银行本/汇票申请书

1. 添加本票

步骤1，添加"本票申请书"。在客户窗口，点击导航栏的"人民币支付结算服务→银行本/汇票申请书"，点击【添加本票】按钮，在打开界面中，选择一家银行（如浙科银行），点击该银行"操作"栏中的"选择"，在打开界面中，选择申请人和收款人的账号和住址，填写用途、本票金额，如图8-1所示：

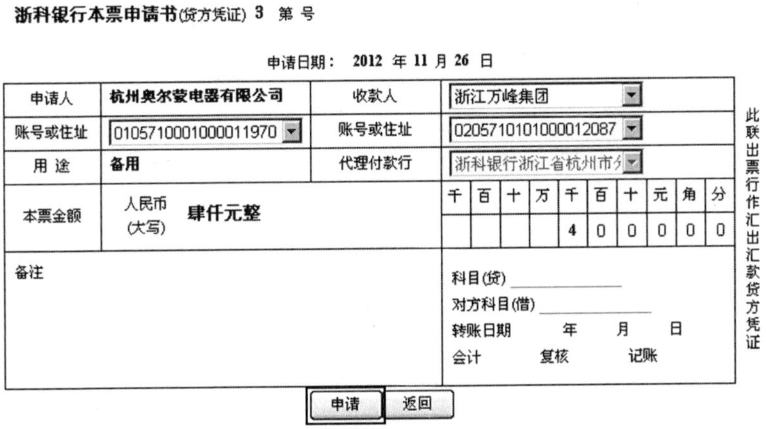

浙科银行本票申请书(贷方凭证) **3** 第 号

申请日期： 2012 年 11 月 26 日

申请人	杭州奥尔蒙电器有限公司	收款人	浙江万峰集团										
账号或住址	0105710001000011970	账号或住址	0205710101000012087										
用 途	备用	代理付款行	浙科银行浙江省杭州市分										
本票金额	人民币(大写) 肆仟元整			千	百	十	万	千	百	十	元	角	分
								4	0	0	0	0	0
备注		科目(贷) _____ 对方科目(借) _____ 转账日期 年 月 日 会计 复核 记账											

此联出票行作汇出汇款贷方凭证

[申请] [返回]

图 8-1

步骤 2，点击【申请】按钮，系统提示：

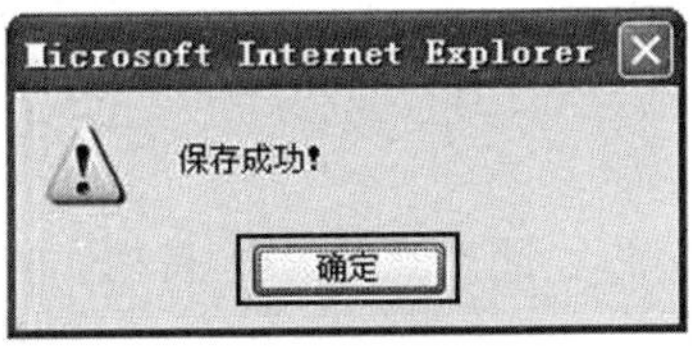

图 8-2

步骤 3，点击【确定】按钮，页面跳转至：

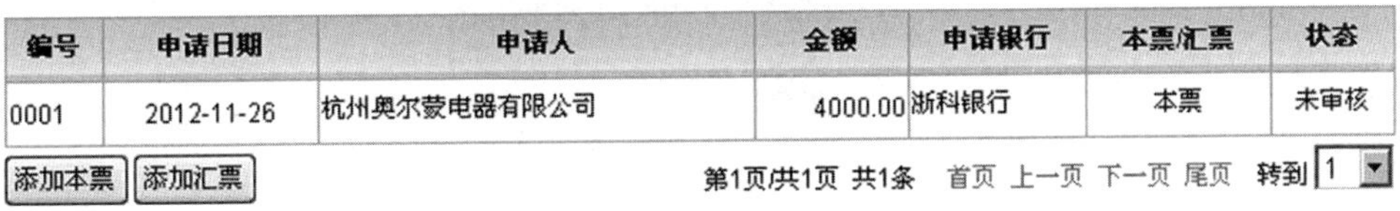

编号	申请日期	申请人	金额	申请银行	本票/汇票	状态
0001	2012-11-26	杭州奥尔蒙电器有限公司	4000.00	浙科银行	本票	未审核

[添加本票] [添加汇票]   第1页/共1页 共1条 首页 上一页 下一页 尾页 转到 1

图 8-3

提示：申请人、收款人的账号为其开立的活期基本账号。

步骤 4，进入柜员窗口，受理业务。进入"柜员窗口"，输入柜员密码，然后点击"签到"按钮，在打开界面中，点击 ⊠ 按钮，打开柜员操作界面，如图 8-4 所示。

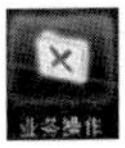

步骤 5，点击"工具栏"中的"叫号器" 🎤，打开如下界面，点击"操作"栏中的【受理】。

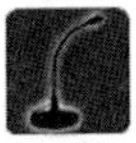

图 8-4

编号	业务类型	状态	受理柜员	操作
23	[0152]银行本票签发业务 [提交人：ss0002 ss0002]	待受理	——	受理

第1页/共1页 共2条　首页 上一页 下一页 尾页　转到 1 ▼

图 8-5

步骤 6，审核客户提交的凭证。点击"工具栏"中的"桌面凭证" 按钮，在打开界面中，点击【审核】按钮，系统提示，点击【确定】按钮，然后关闭弹出页面。

图 8-6

步骤 7，输入业务数据。点击柜面上的计算机显示器，在打开界面中，填写申请人、申请人账号、收款人、收款人账号、代理付款行、本票金额，然后点击【显示信息】按钮，打开如图 8-7 所示的界面。

步骤 8，点击【保存】按钮，系统提示：保存成功，点击【确定】按钮，关闭弹出窗口。

步骤 9，取出空白凭证。点击"工具栏"中的"空白凭证" ，在打开界

银行本票申请

申请人：	**杭州奥尔蒙电器有限公司**
申请人账号：	**010571000100001197Q**
收款人：	**浙江万峰集团**
收款人号：	**020571010100012087**
代理付款行：	**浙科银行浙江省杭州市分**
本票金额：	**4000**
日期：	2012-11-26
用途：	备用

保存

图 8-7

面中，选择"本票"，然后点击【取出】按钮，系统提示：选择成功。点击【确定】按钮。

提示：（1）必须取出与当前业务相关的凭证。如果您选择了错误的凭证，系统会在最下方提示您，该选择哪种正确的凭证。

（2）凭证列表中没有业务所需凭证，应该先领取凭证。

步骤 10，打印凭证。点击"工具栏"中的"报表打印机" 报表打印机 ，在打开界面中，点击"打印" 打印 按钮，系统提示：打印成功。点击"确定"按钮，关闭弹出窗口。

步骤 11，盖章。点击"工具栏"中的"印章" 印章 ，在打开界面中，点击"盖章" 盖章 按钮，系统提示：盖章成功。点击"确定"按钮。

步骤 12，结束业务。点击"结束业务" 结束业务 按钮，在打开界面中，点击"结束业务" 结束业务 按钮，系统提示："确定要结束当前业务吗？"，点击"确定"按钮，系统提示："当前业务结束"，点击"确定"按钮。

2. 添加汇票

步骤 13，提交"汇票申请书"。点击【添加汇票】 添加汇票 按钮，在打开界面中，选择一家银行（如浙科银行），点击该银行"操作"栏中的【选择】，在打开界面中，填写信息，如图 8-8 所示：

浙科银行汇票申请书(贷方凭证) **3** 第 号

申请日期： **2012** 年 **11** 月 **26** 日

申请人	杭州奥尔菱电器有限公司	收款人	请选择……
账号或住址	0105710001000011970	账号或住址	请选择……
用途		代理付款行	请选择银行……

汇票金额	人民币(大写) 壹万元整	千	百	十	万	千	百	十	元	角	分
					1	0	0	0	0	0	0

备注

科目(贷) _____
对方科目(借) _____
转账日期　　年　　月　　日
会计　　复核　　记账

此联出票行作汇出汇款贷方凭证

申请　　返回

图 8-8

步骤 14，点击【申请】按钮，系统提示：保存成功，点击【确定】按钮。

步骤 15，进入柜员窗口，受理业务。进入"柜员窗口"，输入柜员密码，然后点击【签到】按钮，在打开界面中，点击" "按钮，打开柜员操作界面：

叫号器　点钞机
印章　报表打印机
尾箱　票据箱
空白凭证　桌面凭证
桌面钱钞

图 8-9

步骤 16，点击"工具栏"中的"叫号器" ，打开如图 8-10 所示的界面：点击"操作"栏中的【受理】。

编号	业务类型	状态	受理柜员	操作
24	[0155]银行汇票签发业务 [提交人：ss0002 ss0002]	待受理	——	受理

第1页/共1页 共2条 首页 上一页 下一页 尾页 转到 1 ▼

图 8-10

步骤 17，审核客户提交的凭证。点击"工具栏"中的"桌面凭证" **桌面凭证** 按钮，在打开界面中，点击【审核】按钮，系统提示：审核成功。点击【确定】按钮，然后关闭弹出页面。

步骤 18，输入业务数据。点击柜面上的计算机显示器，在打开界面中，填写账户、汇票金额，然后点击【显示信息】按钮，打开如图 8-11 所示的界面：

银行汇票申请

账户：0105710001000011970

汇票金额：10000

日期：2012-11-26

用途：

保存

图 8-11

步骤 19，点击【保存】按钮，系统提示：保存成功。点击【确定】按钮，关闭弹出窗口。

步骤 20，取出空白凭证。点击"工具栏"中的"空白凭证" **空白凭证**，在打开界面中，选择银行汇票，然后点击【取出】按钮，系统提示：选择成功。点击【确定】按钮。

提示：（1）必须取出与当前业务相关的凭证。如果您选择了错误的凭证，系统会在最下方提示您，该选择哪种正确的凭证。

（2）凭证列表中没有业务所需凭证，应该先领取凭证。

步骤 21，打印凭证。点击"工具栏"中的"报表打印机" **报表打印机**，在打开界面中，点击【打印】按钮，系统提示：打印成功。点击【确定】按钮，关闭弹出

窗口。

步骤 22，盖章。点击"工具栏"中的"印章" ，在打开界面中，点击【盖章】按钮，系统提示：盖章成功。点击【确定】按钮。

步骤 23，结束业务。点击"结束业务" 按钮，在打开界面中，点击【结束业务】按钮，系统提示："确定要结束当前业务吗?"，点击【确定】按钮，系统提示："当前业务结束成功"。点击【确定】按钮。

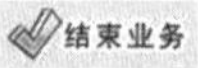

（二）银行本票（持有）

银行本票（持有）与银行本票申请书业务有关联，需要先添加银行本票申请书，在收款方才会产生银行本票（持有）记录。银行本票的背书操作与兑付操作是相互独立的。

在企业"客户窗口"，点击页面左侧"人民币支付结算服务→银行本票（持有）"菜单，在页面右侧打开如下界面：

本票票号	出票日期	本票金额	申请银行	本票状态	操作
0001	2012-11-26	4000.00	浙科银行	已发送给收款人	查看 背书 兑付

第1页/共1页 共1条　首页 上一页 下一页 尾页 转到 1 ▾

图 8-12

1. 背书

步骤 24，点击"操作"栏中的【背书】，在打开界面中，选择持票人，如图 8-13 所示：

步骤 25，点击【保存】按钮，系统提示：保存成功。点击【确定】按钮。

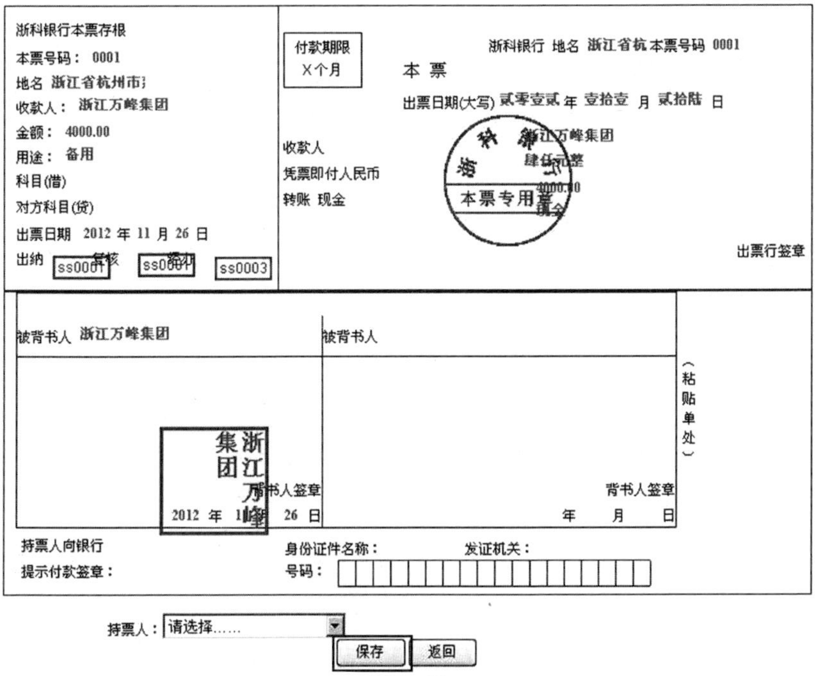
浙科银行本票存根
本票号码：0001
地名 浙江省杭州市
收款人：浙江万峰集团
金额：4000.00
用途：备用
科目(借)
对方科目(贷)
出票日期 2012 年 11 月 26 日
出纳 ss0001 复核 ss0001 经办 ss0003

付款期限 X个月
浙科银行 地名 浙江省杭 本票号码 0001
本 票
出票日期(大写) 贰零壹贰 年 壹拾壹 月 贰拾陆 日
收款人 浙江万峰集团
凭票即付人民币 肆仟元整
4000.00
转账 现金
本票专用章
出票行签章

被背书人 浙江万峰集团
被背书人
(粘贴单处)
浙江万峰集团
背书人签章
2012 年 11 月 26 日
背书人签章
年 月 日
持票人向银行
提示付款签章：
身份证件名称：
发证机关：
号码：

持票人：请选择……
保存 返回

图 8-13

2. 兑付

步骤 26，银行本票兑付。点击“操作”栏中的【兑付】，在打开界面中，选择收款人账号，如图 8-14 所示：

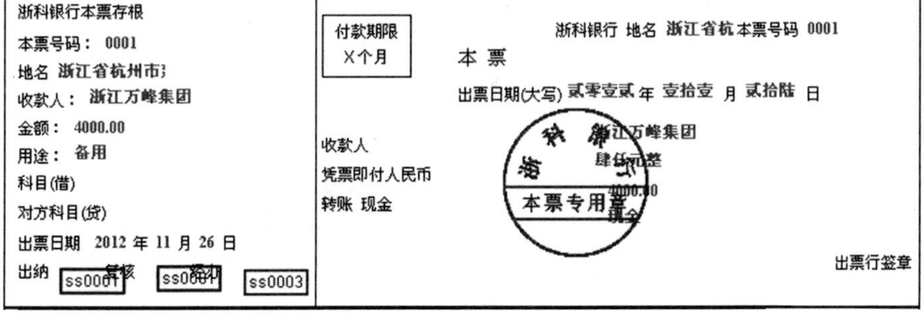
浙科银行本票存根
本票号码：0001
地名 浙江省杭州市
收款人：浙江万峰集团
金额：4000.00
用途：备用
科目(借)
对方科目(贷)
出票日期 2012 年 11 月 26 日
出纳 ss0001 复核 ss0001 经办 ss0003

付款期限 X个月
浙科银行 地名 浙江省杭 本票号码 0001
本 票
出票日期(大写) 贰零壹贰 年 壹拾壹 月 贰拾陆 日
收款人 浙江万峰集团
凭票即付人民币 肆仟元整
4000.00
转账 现金
本票专用章
出票行签章

图 8-14

浙科银行　　　　进 账 单

2012 年 11 月 26 日

出票人	全　称	杭州奥尔蒙电器有限公司	收款人	全　称	浙江万峰集团
	账　号	010571000100001197		账　号	
	开户银行	浙科银行		开户银行	
金额	人民币（大写）	肆仟元整		亿千百十万千百十元角分	400000
票据种类	银行本票	票据张数	1		
票据号码	0001				
	复核　　记账			开户银行签章	

图 8–15

步骤 27，点击【保存】按钮，系统提示：保存成功。点击【确定】按钮。

步骤 28，进入柜员窗口，受理业务。进入“柜员窗口”，输入柜员密码，然后点击“签到”按钮，在打开界面中，点击

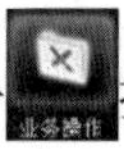

按钮，打开柜员操作界面：

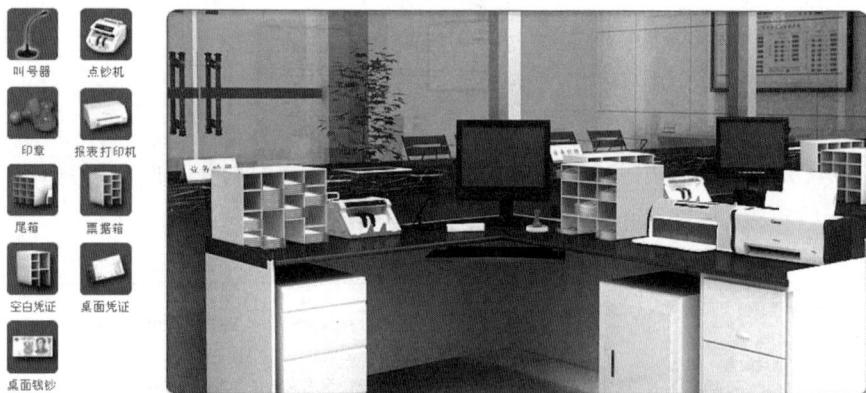

图 8–16

步骤 29，点击“工具栏”中的“叫号器”

，打开如下界面，点击“操作”栏中的【受理】。

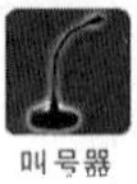

编号	业务类型	状态	受理柜员	操作
25	[0153]银行本票兑付业务 [提交人：ss0007 ss0007]	待受理	——	受理

图 8–17

步骤 30，审核客户提交的凭证。点击"工具栏"中的"桌面凭证"按钮，在打开界面中，点击【审核】按钮，系统提示：审核成功。点击【确定】按钮，然后关闭弹出页面。

步骤 31，输入业务数据。点击柜面上的计算机显示器，在打开界面中，填写账户、金额，然后点击【显示信息】按钮，打开如图 8-18 所示的界面：

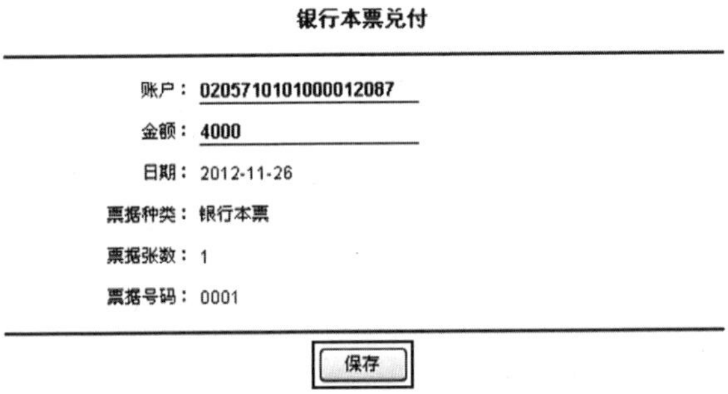

银行本票兑付

账户：0205710101000012087

金额：4000

日期：2012-11-26

票据种类：银行本票

票据张数：1

票据号码：0001

保存

图 8-18

步骤 32，点击【保存】按钮，系统提示：保存成功。点击【确定】按钮，关闭弹出窗口。

步骤 33，盖章。点击"工具栏"中的"印章"，在打开界面中，点击【盖章】按钮，系统提示：盖章成功。点击【确定】按钮。

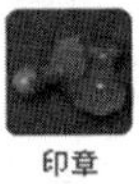

步骤 34，结束业务。点击"结束业务"按钮，在打开界面中，点击【结束业务】按钮，系统提示："确定要结束当前任务吗？"。点击【确定】按钮，系统提示："当前业务结束成功"。点击【确定】按钮。

（三）银行汇票（持有）

先要进行银行汇票支付，支付完成后，才能进行背书或兑付。

步骤 35，在企业"客户窗口"，点击页面左侧"人民币支付结算服务→银行汇票（持有）"菜单，在页面右侧打开如图 8-19 所示的界面：

汇票票号	出票日期	出票金额	申请银行	汇票状态	操作
0001	2012-11-26	10000.00	浙科银行	出票行的	查看 支付

第1页/共1页 共1条 首页 上一页 下一页 尾页 转到 1 ▾

图 8-19

步骤36，点击"操作"栏中的【支付】，在打开界面中，选择收款人、账号，填写实际结算金额、多余金额，如图8-20所示：

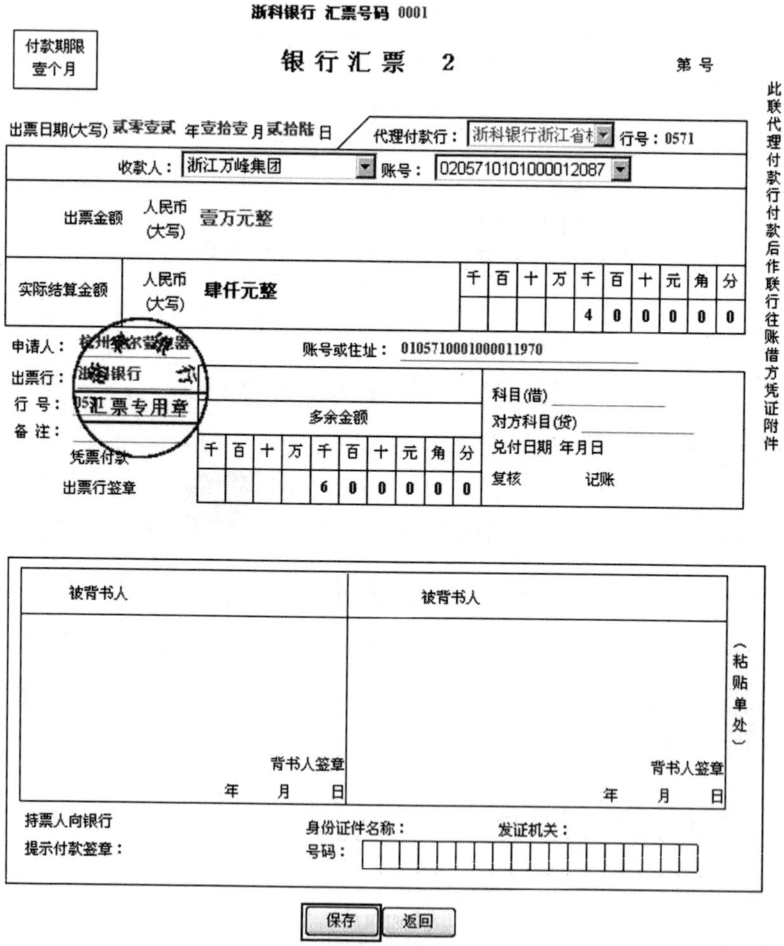

图 8-20

步骤37，点击【保存】按钮，系统提示：支付成功。进入收款人客户窗口，点击页面左侧"人民币支付结算服务→银行汇票（持有）"菜单。

汇票票号	出票日期	出票金额	申请银行	汇票状态	操作
0001	2012-11-26	10000.00	浙科银行	已收到汇票	查看 背书 兑付

第1页/共1页 共1条　首页 上一页 下一页 尾页　转到 1 ▾

图 8-21

提示：如果实际结算金额等于出票金额，则不用填写多余金额。

1. 背书

步骤 38，点击"操作"栏中的【背书】，在打开界面中，选择持票人，如图 8-22 所示。

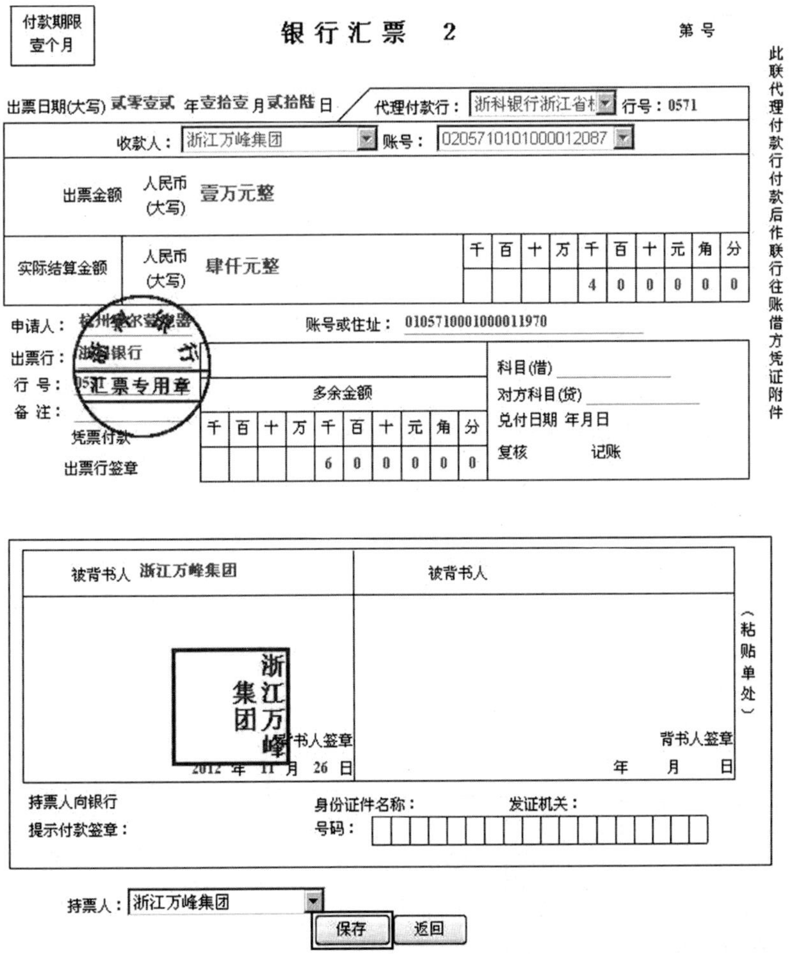

图 8-22

311

步骤 39，点击【保存】按钮，系统提示：保存成功。点击【确定】按钮，页面跳转至：

汇票票号	出票日期	出票金额	申请银行	汇票状态	操作
0001	2012-11-26	10000.00	浙科银行	已收到汇票	查看 兑付

第1页/共1页 共1条 首页 上一页 下一页 尾页 转到 1

图 8-23

2. 兑付

步骤 40，银行汇票兑付。点击“操作”栏中的【兑付】，在打开界面的进账单中，选择收款人账号，如图 8-24 所示。

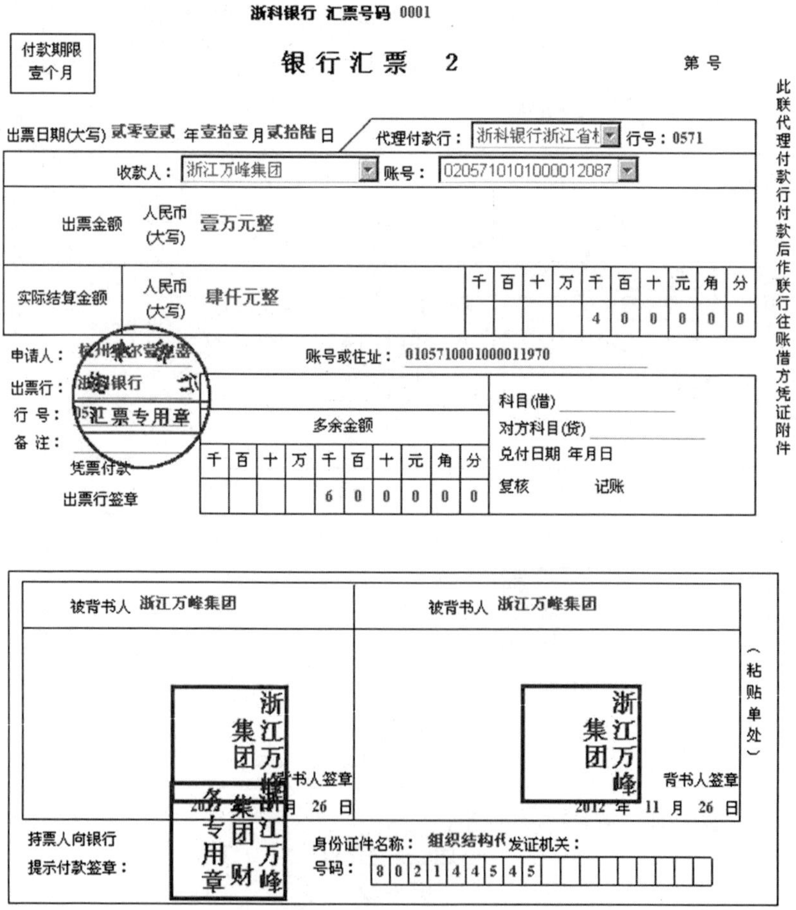
浙科银行 汇票号码 0001

付款期限 壹个月

银行汇票 2

第 号

此联代理付款行付款后作联行往账借方凭证附件

出票日期(大写) 贰零壹贰 年 壹拾壹 月 贰拾陆 日　代理付款行：浙科银行浙江省杭 行号：0571

收款人：浙江万峰集团　账号：020571010100001208７

出票金额 人民币(大写) 壹万元整

实际结算金额 人民币(大写) 肆仟元整

千	百	十	万	千	百	十	元	角	分
				4	0	0	0	0	0

申请人：杭州 　账号或住址：0105710001000011970

出票行：浙科银行

行 号：05　汇票专用章

备 注：

凭票付款

出票行签章

多余金额

千	百	十	万	千	百	十	元	角	分
				6	0	0	0	0	0

科目(借)

对方科目(贷)

兑付日期 年月日

复核　记账

被背书人 浙江万峰集团　　被背书人 浙江万峰集团

浙江万峰集团　背书人签章　2012 年 11 月 26 日

浙江万峰集团　背书人签章　2012 年 11 月 26 日

(粘贴单处)

持票人向银行提示付款签章：　浙江万峰集团财务专用章

身份证件名称：组织结构代　发证机关：

号码：802144545

图 8-24

浙科银行

进 账 单

2012 年 11 月 26 日

出票人	全 称	杭州奥尔蒙电器有限公司	收款人	全 称	浙江万峰集团										
	账 号	0105710001000011970		账 号	0205710101000012087									
	开户银行	浙科银行		开户银行	浙科银行浙江省杭州市分行									

金额	人民币（大写）	肆仟元整	亿	千	百	十	万	千	百	十	元	角	分
								4	0	0	0	0	0

票据种类	银行汇票	票据张数	1
票据号码	0001		

复核　　　记账　　　　　　　　　　　　　　开户银行签章

图 8-24（续）

步骤 41，点击【保存】按钮，系统提示：保存成功。点击【确定】按钮。

步骤 42，进入柜员窗口，受理业务。进入"柜员窗口"，输入柜员密码，然后点击【签到】按钮，在打开界面中，点击  按钮，打开柜员操作界面：

图 8-25

步骤 43，点击"工具栏"中的"叫号器" ，打开如下界面，点击"操作"栏中的【受理】。

编号	业务类型	状态	受理柜员	操作
26	[0156]银行汇票兑付业务 [提交人：ss0007 ss0007]	待受理	——	受理

第1页/共1页 共1条　首页 上一页 下一页 尾页　转到 1 ▾

图 8-26

步骤44，审核客户提交的凭证。点击"工具栏"中的"桌面凭证"按钮，在打开界面中，点击【审核】按钮，系统提示：审核成功。点击【确定】按钮，然后关闭弹出页面。

步骤45，输入业务数据。点击柜面上的计算机显示器，在打开界面中，填写账户、金额，然后点击【显示信息】按钮，打开如下界面：

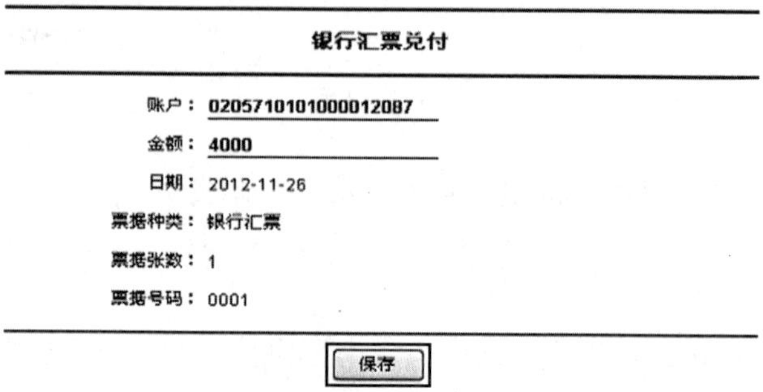

银行汇票兑付

账户：**0205710101000012087**

金额：**4000**

日期：2012-11-26

票据种类：**银行汇票**

票据张数：1

票据号码：0001

保存

图 8-27

步骤46，点击【保存】按钮，系统提示：保存成功。点击【确定】按钮，关闭弹出窗口。

步骤47，盖章。点击"工具栏"中的"印章"，在打开界面中，点击【盖章】按钮，系统提示：盖章成功。点击【确定】按钮。

步骤48，结束业务。点击"结束业务"按钮，在打开界面中，点击【结束业务】按钮，系统提示："确实要结束当前业务吗？"。点击【确定】按钮，系统提示："当前任务结束成功"。点击【确定】按钮。

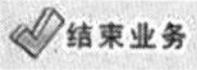

（四）商业承兑汇票（持有）

1. 商业承兑汇票

步骤49，在企业"客户窗口"，点击页面左侧"人民币支付结算服务 → 商业承兑汇票"菜单，在页面点击【添加】按钮，在打开界面中，选择出票人账户、收款人名称及账户，填写汇票金额，如下图所示，点击【保存】按钮，商业承兑汇票添加成功。

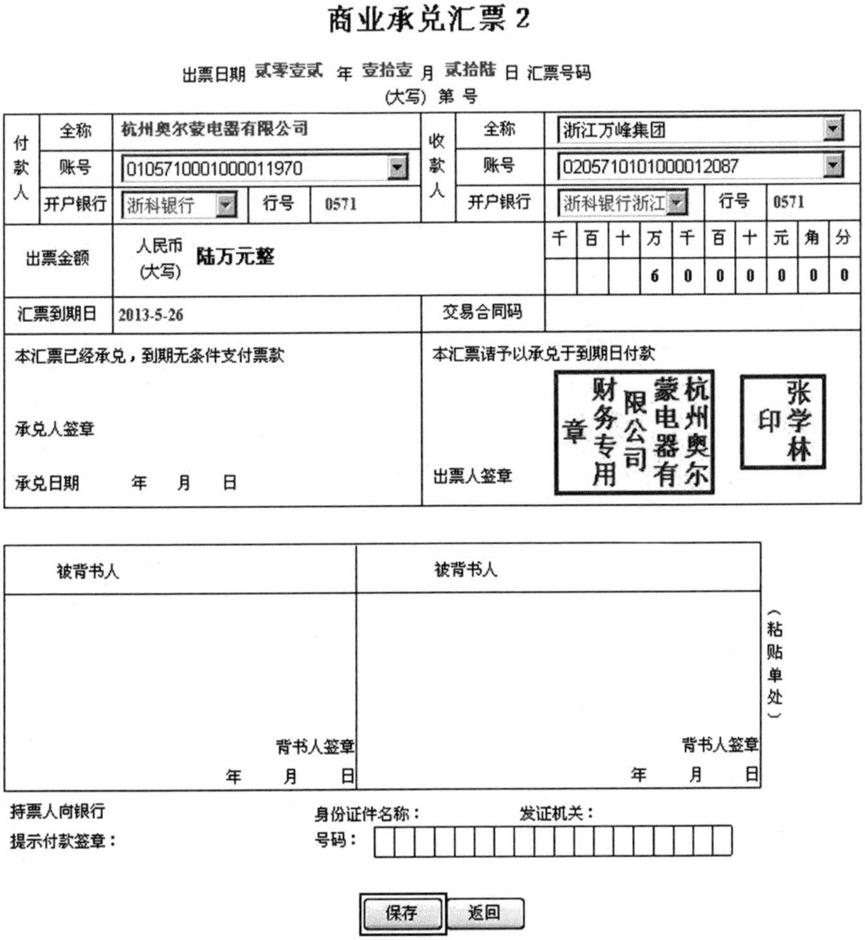

商业承兑汇票2

出票日期 贰零壹贰 年 壹拾壹 月 贰拾陆 日 汇票号码

(大写) 第 号

付款人	全称	杭州奥尔蒙电器有限公司			收款人	全称	浙江万峰集团		
	账号	0105710001000011970				账号	0205710101000012087		
	开户银行	浙科银行	行号	0571		开户银行	浙科银行浙江	行号	0571

出票金额	人民币(大写) 陆万元整	千	百	十	万	千	百	十	元	角	分
					6	0	0	0	0	0	0

汇票到期日	2013-5-26	交易合同码	
本汇票已经承兑,到期无条件支付票款 承兑人签章 承兑日期 年 月 日		本汇票请予以承兑于到期日付款 出票人签章	

被背书人	被背书人	(粘贴单处)
背书人签章 年 月 日	背书人签章 年 月 日	

持票人向银行

提示付款签章:

身份证件名称: 发证机关:

号码:

保存 返回

图 8-28

2. 背书

步骤50,进入商业承兑汇票收款人客户窗口,点击页面左侧"人民币支付结算服务→商业承兑汇票(持有)"菜单,点击"操作"栏中的"背书",在打开界面中,选择持票人,如图8-29所示:

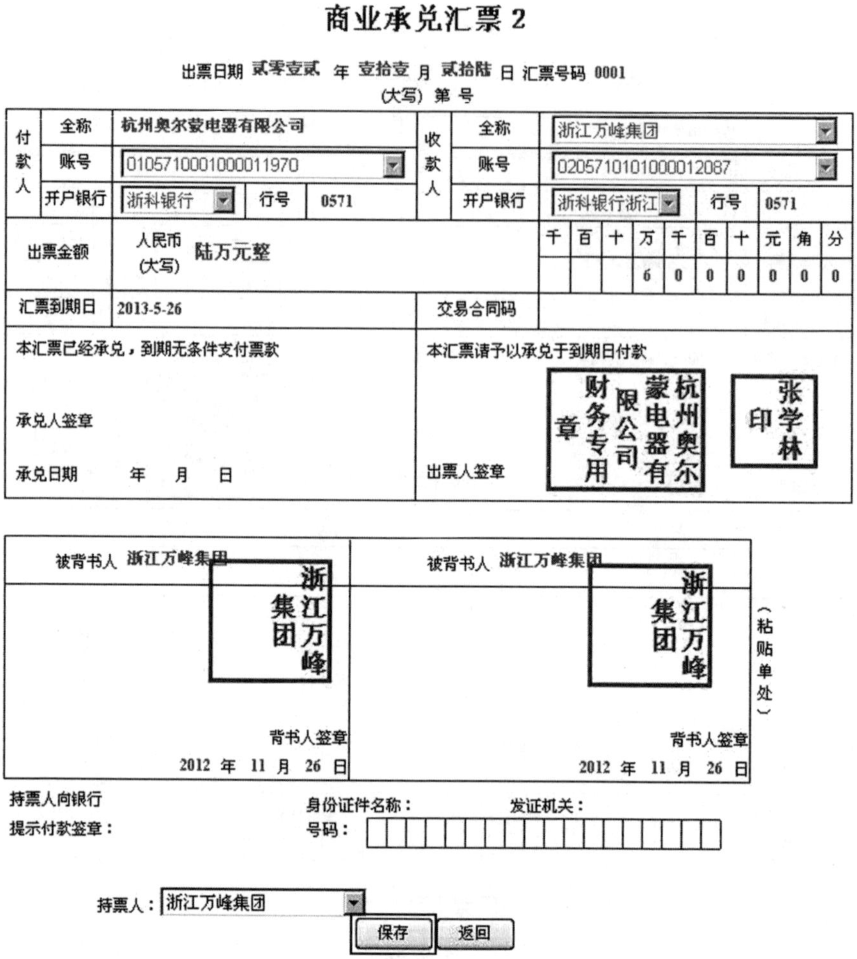

商业承兑汇票 2

出票日期 贰零壹贰 年 壹拾壹 月 贰拾陆 日 汇票号码 0001
　　　　　　(大写)　　　　第　号

图 8-29

步骤 51，点击【保存】按钮，系统提示：保存成功。点击【确定】按钮。

3. 兑付

步骤 52，商业承兑汇票兑付。点击"操作"栏中的【兑付】。

汇票号码	出票日期	出票金额	申请银行	汇票状态	操作
0001	2012-11-26	60000.00	浙科银行	已发送给收款人	查看 兑付

第1页/共1页 共1条　首页 上一页 下一页 尾页 转到 1

图 8-30

在打开界面的进账单中，选择收款人账号，如图 8-31 所示：

商业承兑汇票 2

出票日期 贰零壹贰 年 壹拾壹 月 贰拾陆 日 汇票号码 0001

(大写) 第 号

付款人	全称	杭州奥尔蒙电器有限公司			收款人	全称	浙江万峰集团									
	账号	0105710001000011970				账号	0205710101000012087									
	开户银行	浙科银行	行号	0571		开户银行	浙科银行浙江			行号			0571			
出票金额	人民币(大写) 陆万元整						千	百	十	万	千	百	十	元	角	分
										6	0	0	0	0	0	0
汇票到期日	2013-5-26				交易合同号											

本汇票已经承兑，到期无条件支付票款

浙江万峰集团财务专用章

承兑人签章

承兑日期 2012 年 11 月 26 日

本汇票请予以承兑于到期日付款

杭州奥尔蒙电器有限公司财务专用章

张学林印

出票人签章

被背书人 浙江万峰集团	被背书人 浙江万峰集团
浙江万峰集团	浙江万峰集团
背书人签章	背书人签章
2012 年 11 月 26 日	2012 年 11 月 26 日

(粘贴单处)

持票人向银行提示付款签章：

浙江万峰集团财务专用章

身份证件名称：组织结构代 发证机关：

号码：8 0 2 1 4 4 5 4 5

第　　号

浙科银行委托收款凭证（回单）

委托日期：2012 年 11 月 26 日 委托号码：

付款人	名称	杭州奥尔蒙电器有限公	收款人	全称	浙江万峰集团										
	账号或地址	0105710001000011970		账号	0205710101000012087										
	开户银行	浙科银行		开户银行	浙科银行浙江省杭			行号			0571				
委收金额	人民币(大写) 陆万元整				千	百	十	万	千	百	十	元	角	分	
								6	0	0	0	0	0	0	
款项内容			委托收款凭证名称	商业承兑税票	附寄单证张数			1							
备注：			款项收妥日期 年 月 日		收款人开户银行盖章 年 月 日										

单位主管　　会计　　复核　　记账

图 6-31

步骤53，点击【保存】按钮，系统提示：保存成功。点击【确定】按钮。

步骤54，进入柜员窗口，受理业务。进入"柜员窗口"，输入柜员密码，然

后点击【签到】按钮，在打开界面中，点击 ![业务操作] 按钮，打开柜员操作界面：

图 8-32

步骤55，点击"工具栏"中的"叫号器" ![叫号器]，打开如图 8-33 界面，点击

"操作"栏中的【受理】。

编号	业务类型	状态	受理柜员	操作
27	[0158]商业承兑汇票委托收款业务 [提交人：ss0007 ss0007]	待受理	——	受理

第1页/共1页 共1条　首页 上一页 下一页 尾页　转到 1 ▼

图 8-33

步骤56，审核客户提交的凭证。点击"工具栏"中的"桌面凭证" ![桌面凭证] 按

钮，在打开界面中，点击【审核】按钮，系统提示：审核成功。点击【确定】按

钮，然后关闭弹出页面。

步骤57，输入业务数据。点击柜面上的计算机显示器，在打开界面中，填

写收款账户、金额，然后点击【显示信息】按钮，打开如图 8-34 所示界面：

收款账户：	0205710101000012087
金额：	60000
日期：	2012-11-26
票据种类：	商业承兑汇票
票据张数：	1
票据号码：	0001

保存

图 8-34

步骤 58，点击【保存】按钮，系统提示：保存成功。点击【确定】按钮，关闭弹出窗口。

步骤 59，盖章。点击"工具栏"中的"印章"，在打开界面中，点击【盖章】按钮，系统提示：盖章成功。点击【确定】按钮。

步骤 60，结束业务。点击"结束业务" 结束业务 按钮，在打开界面中，点击【结束业务】按钮，系统提示："确定要结束当前业务吗?"。点击【确定】按钮，系统提示："当前任务结束成功"。点击【确定】按钮。

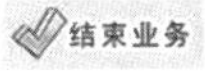

（五）银行承兑汇票（持有）

1. 银行承兑汇票

步骤 61，添加银行承兑汇票。在企业"客户窗口"，点击页面左侧"人民币支付结算服务 → 银行承兑汇票"菜单，在页面点击【添加】按钮，在打开界面中，选择出票人账户、收款人名称及账户，填写汇票金额，如图 8-35 所示。

步骤 62，点击【下一步】按钮，打开如图 8-36 所示的界面：

银行承兑汇票2

出票日期 贰零壹贰 年 壹拾壹 月 贰拾柒 日 汇票号码
(大写) 第 号

出票人全称	杭州奥尔蒙电器有限公司	收款人	全称	浙江万峰集团
出票人账户	0105710001000011970		账户	0205710101000012087
付款行全称	浙科银行　行号 0571		开户银行	浙科银行浙江　行号 0571

汇票金额	人民币(大写) 伍万元整	千	百	十	万	千	百	十	元	角	分
					5	0	0	0	0	0	0

汇票到期日	2012-12-15	本汇票已经承兑,到期日由本行付款	承兑协议编号

本汇票请你行承兑,到期无条件付款

出票人签章
承兑日期 2012 年 11 月

[张印学林 印章]

[蒙杭州奥尔电器有限公司财务专用章]

承兑行签章
承兑日期

科目(借)
对方科目(贷)
转账　　年　　月　　日
复核　　记账

被背书人	被背书人	
		（粘贴单处）
背书人签章　年　月　日	背书人签章　年　月　日	

持票人向银行
提示付款签章：

身份证件名称：　　　　发证机关：
号码：

[下一步] [返回]

图 8-35

银行承兑协议 1

编号：＿＿＿＿＿

银行承兑汇票的内容：
出票人全称 杭州奥尔蒙电器有限公司　收款人全称 浙江万峰集团
开户银行 浙科银行　　　　　开户银行 浙科银行浙江省杭州行
账 号 0105710001000011970 账 号 0205710101000012087
汇票号码 ＿＿＿＿　汇票金额(大写) 伍万元整
出票日期 2012 年 11 月 27 日 到期日期 2012 年 12 月 15 日
以上汇票经银行承兑,出票人愿遵守《支付结算办法》的规定及下列条款：

一、出票人于汇票到期日前将应付票款足额交存承兑银行。

二、承兑手续费按票面金额千分之()计算,在银行承兑时一次付清。

三、出票人与持票人如发生任何交易纠纷,均由双方自行处理,票款于到期前仍按第一条办理不误。

四、承兑汇票到期日,承兑银行凭票无条件支付票款。如到期日之前出票人不能足额交付票款时,承兑银行对不足支付部分的票款转做出票申请人逾期贷款,并按照有关规定计收罚息。

五、承兑汇票款付清后,本协议自动失效。

承兑银行签章　　　　　　　出票人签章

[限蒙杭州奥尔电器有限公司 印章]

订立承兑协议日期 2012 年　　月 27 日

图 8-36

步骤 63，点击【保存】按钮，系统提示：保存成功。点击【确定】按钮。

步骤 64，进入柜员窗口，受理业务。进入"柜员窗口"，输入柜员密码，然后点击【签到】按钮，在打开界面中，点击  按钮，打开柜员操作界面：

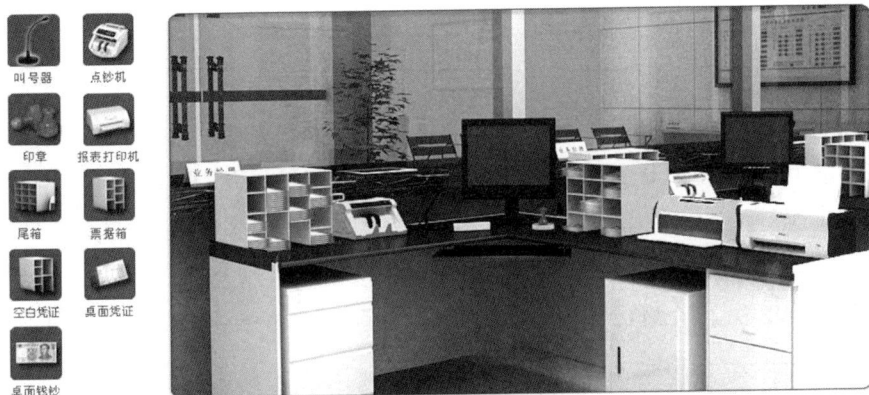

图 8-37

步骤 65，点击"工具栏"中的"叫号器" ，打开如下界面，点击"操作"栏中的【受理】。

编号	业务类型	状态	受理柜员	操作
28	[0161]银行承兑汇票委托承兑业务 [提交人：ss0002 ss0002]	待受理	——	受理

第1页/共1页 共2条　首页 上一页 下一页 尾页　转到 1 ▼

图 8-38

步骤 66，审核客户提交的凭证。点击"工具栏"中的"桌面凭证" 按钮，在打开界面中，点击【审核】按钮，系统提示：审核成功。点击【确定】按钮，然后关闭弹出页面。

步骤 67，输入业务数据。点击柜面上的计算机显示器，在打开界面中，填写出票人、出票人账户、收票人、收票人账户、金额，然后点击【显示信息】按钮，打开如图 8-39 所示的界面：

出票人：	杭州奥尔蒙电器有限公司
出票人账户：	0105710001000011970
收票人：	浙江万峰集团
收票人账户：	0205710101000012087
金额：	50000
日期：	2012-11-27
票据号码：	0001

保存

图 8-39

步骤 68，点击【保存】按钮，系统提示：保存成功。点击【确定】按钮，关闭弹出窗口。

步骤 69，盖章。点击"工具栏"中的"印章" ，在打开界面中，点击【盖章】按钮，系统提示：盖章成功。点击【确定】按钮。

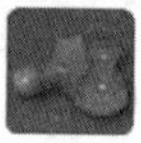

步骤 70，结束业务。点击"结束业务" 结束业务 按钮，在打开界面中，点击【结束业务】按钮，系统提示："确定要结束当前业务吗?"。点击【确定】按钮，系统提示："当前业务结束成功"。点击【确定】按钮。

步骤 71，发送汇票给收款人。在企业"客户窗口"，点击页面左侧"人民币支付结算服务→银行承兑汇票"菜单，在页面右侧打开如图 8-40 所示的界面：

汇票号码	出票日期	出票金额	申请银行	汇票状态	操作
0001	2012-11-27	50000.00	浙科银行	未发送给收款人	查看 发送

添加　　　　　　　　　　　　第1页/共1页 共1条　首页 上一页 下一页 尾页　转到 1 ▼

图 8-40

步骤 72，点击"操作"栏中的【发送】，在打开界面中，点击【发送】按钮，系统提示：发送成功。点击【确定】按钮。

2. 背书

步骤 73，进入银行承兑汇票的收款人企业"客户窗口"，点击页面左侧"人民币支付结算服务 → 银行承兑汇票（持有）"菜单。

步骤 74，点击"操作"栏中的"背书"，在打开界面中，选择持票人，如图 8-42 所示：

汇票号码	出票日期	出票金额	申请银行	汇票状态	操作
0001	2012-11-27	50000.00	浙科银行	已发送给收款人	查看 背书 兑付

第1页/共1页 共1条　首页 上一页 下一页 尾页　转到 1 ▼

图 8-41

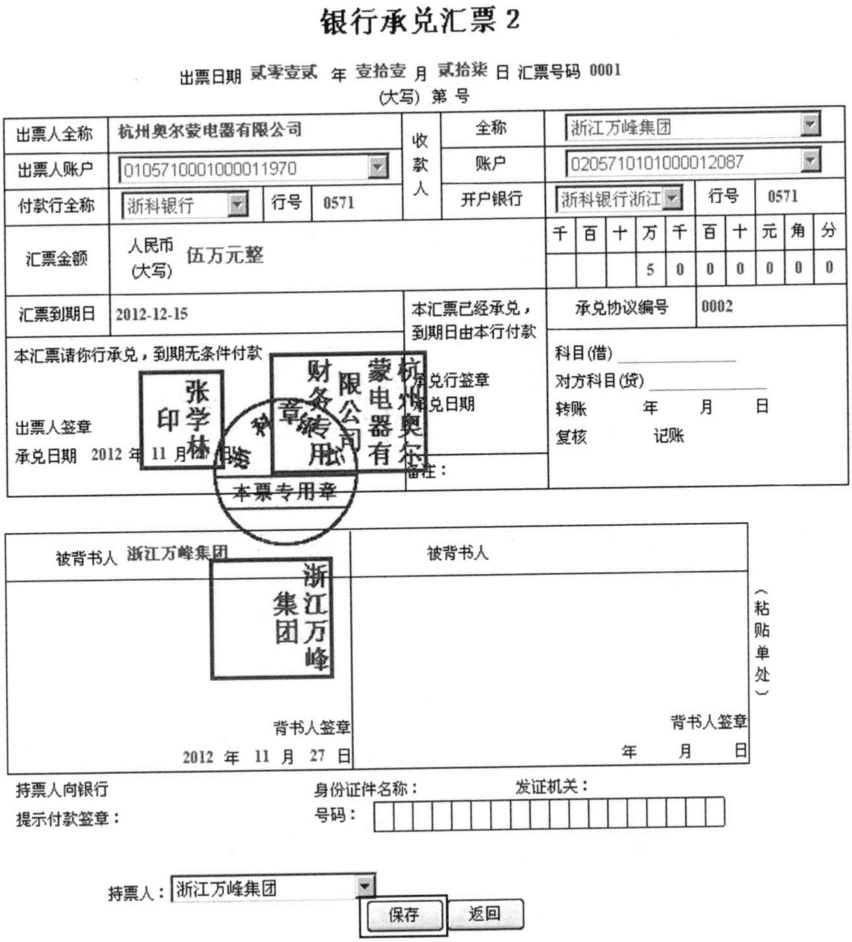

银行承兑汇票 2

出票日期 贰零壹贰 年 壹拾壹 月 贰拾柒 日　汇票号码 0001
　　　　　　　　　　　　　　（大写）第　号

图 8-42

步骤 75，点击【保存】按钮，系统提示：保存成功。点击【确定】按钮。

3. 兑付

步骤 76，银行承兑汇票兑付。点击"操作"栏中的【兑付】，在打开界面的进账单中，选择收款人账号。然后点击【保存】按钮。

银行承兑汇票 2

出票日期 贰零壹贰 年 壹拾壹 月 贰拾柒 日 汇票号码 0001
(大写) 第 号

出票人全称	杭州奥尔蒙电器有限公司		收款人	全称	浙江万峰集团									
出票人账户	0105710001000011970			账户	0205710101000012087									
付款行全称	浙科银行	行号 0571		开户银行	浙科银行浙江	行号 0571								
汇票金额	人民币(大写) 伍万元整				千	百	十	万	千	百	十	元	角	分
								5	0	0	0	0	0	0
汇票到期日	2012-12-15		本汇票已经承兑，到期日由本行付款		承兑协议编号	0002								
本汇票请你行承兑，到期无条件付款 出票人签章 张学林印 杭州奥尔蒙电器有限公司财务专用章 承兑日期 2012 年 11 月 日			承兑行签章 本票专用章 承兑日期 2012-11-27 备注：		科目(借) 对方科目(贷) 转账 年 月 日 复核 记账									

被背书人 浙江万峰集团 浙江万峰集团 背书人签章 2012 年 11 月 27 日	被背书人 浙江万峰集团 浙江万峰集团 背书人签章 2012 年 11 月 27 日

（粘贴单处）

持票人向银行提示付款签章： 浙江万峰集团财务专用章

身份证件名称： 组织结构代 发证机关：
号码： 8 0 2 1 4 4 5 4 5

第 号

浙科银行委托收款凭证（回单）

委托日期： 2012 年 11 月 27 日 委托号码：

付款人	名称	杭州奥尔蒙电器有限公	收款人	全称	浙江万峰集团									
	账号或地址	0105710001000011970		账号	0205710101000012087									
	开户银行	浙科银行		开户银行	浙科银行浙江省杭	行号 0571								
委收金额	人民币(大写) 伍万元整				千	百	十	万	千	百	十	元	角	分
								5	0	0	0	0	0	0
款项内容			委托收款凭证名称	银行承兑汇票	附寄单证张数	1								
备注：			款项收妥日期 年 月 日		收款人开户银行盖章 年 月 日									

单位主管 会计 复核 记账

图 8–43

步骤 77，进入柜员窗口，受理业务。进入“柜员窗口”，输入柜员密码，然后点击【签到】按钮，在打开界面中，点击  按钮，打开柜员操作界面：

图 8-44

步骤 78，点击"工具栏"中的"叫号器" ，打开如下界面，点击"操作"栏中的【受理】。

编号	业务类型	状态	受理柜员	操作
29	[0162]银行承兑汇票委托收款业务 [提交人：ss0007 ss0007]	待受理	——	受理

图 8-45

步骤 79，审核客户提交的凭证。点击"工具栏"中的"桌面凭证" 按钮，在打开界面中，点击【审核】按钮，系统提示：审核成功。点击【确定】按钮，然后关闭弹出页面。

步骤 80，输入业务数据。点击柜面上的计算机显示器，在打开界面中，填写收款账户、金额，然后点击【显示信息】按钮，打开如下界面：

步骤 81，点击【保存】按钮，系统提示，保存成功。点击【确定】按钮，关闭弹出窗口。

步骤 82，盖章。点击"工具栏"中的"印章" ，在打开界面中，点击【盖章】按钮，系统提示：盖章成功。点击【确定】按钮。

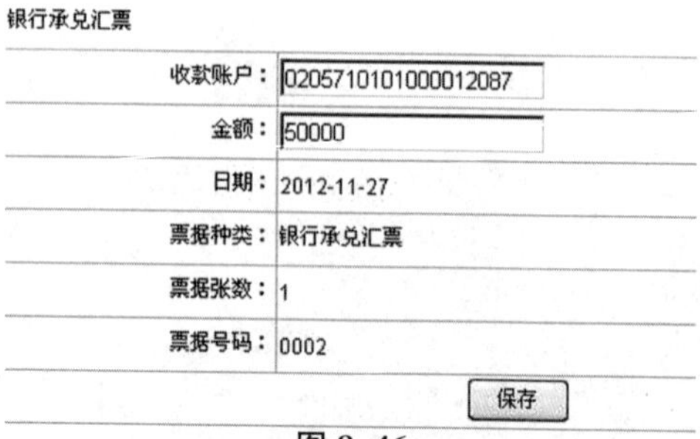

银行承兑汇票

收款账户：	0205710101000012087
金额：	50000
日期：	2012-11-27
票据种类：	银行承兑汇票
票据张数：	1
票据号码：	0002

保存

图 8-46

步骤 83，结束业务。点击"结束业务" <u>✅结束业务</u> 按钮，在打开界面中，点击【结束业务】按钮，系统提示："确定要结束当前业务吗？"，点击【确定】按钮，系统提示："当前业务结束成功"，点击【确定】按钮。

（六）信用证业务

1. 信用证进口业务

步骤 84，填写"信用证开证申请书"。在企业"客户窗口"，点击页面左侧"人民币支付结算服务→信用证进口业务"菜单，在页面右侧打开界面中，选择一家银行（如浙科银行），点击该银行"操作"栏中的【选择】，点击【添加】按钮，在打开界面中，填写信息，如图 8-47 所示：

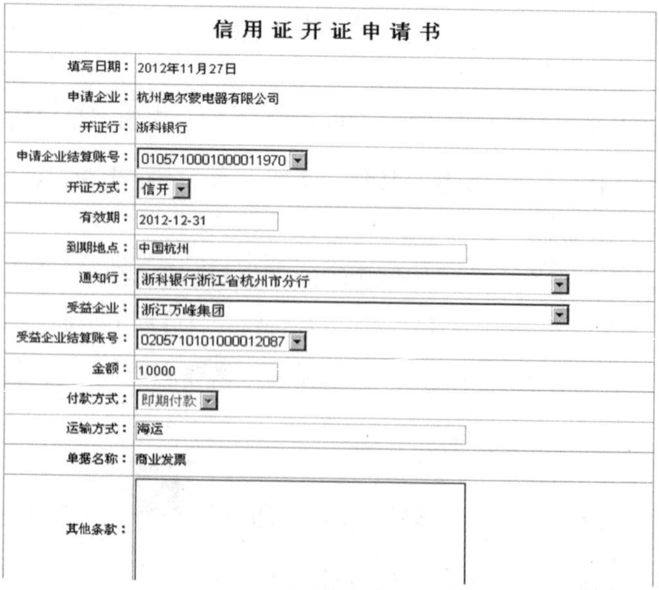

信用证开证申请书

填写日期：	2012年11月27日
申请企业：	杭州奥尔黎电器有限公司
开证行：	浙科银行
申请企业结算账号：	0105710001000011970
开证方式：	信开
有效期：	2012-12-31
到期地点：	中国杭州
通知行：	浙科银行浙江省杭州市分行
受益企业：	浙江万峰集团
受益企业结算账号：	0205710101000012087
金额：	10000
付款方式：	即期付款
运输方式：	海运
单据名称：	商业发票
其他条款：	

图 8-47

步骤85，点击【添加】按钮，系统提示：添加成功。点击【确定】按钮。

提示：在填写"信用证开证申请书"之前，必须先要在"存款业务→信用证保证金存款"菜单中，开设一个信用证保证金账户。

步骤86，进入柜员窗口，受理业务。进入"柜员窗口"，输入柜员密码，然后点击【签到】按钮，在打开界面中，点击 ⌧ 按钮，打开柜员操作界面：

图 8-48

步骤87，点击"工具栏"中的"叫号器" ，打开如下界面，点击"操作"栏中的【受理】。

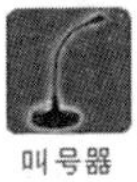

编号	业务类型	状态	受理柜员	操作
30	[0284]企业信用证开证申请 [提交人：ss0002 ss0002]	待受理	——	受理

第1页/共1页 共2条　首页 上一页 下一页 尾页　转到 1 ▾

图 8-49

步骤88，审核客户提交的凭证。点击"工具栏"中的"桌面凭证" 按钮，在打开界面中，选择审核状态（通过或不通过），如图 8-50 所示。

步骤89，点击【审核按钮】，系统提示：审核成功。点击【确定】按钮，然后关闭弹出页面。

步骤90，输入业务数据。点击柜面上的计算机显示器，在打开界面中，填写通知行、受益企业、金额，选择付款方式、信用保证方式，然后点击【输入密码】按钮，打开如图 8-51 所示界面。

金额：	10000.00 元
付款方式：	即期付款
运输方式：	海运
单据名称：	商业发票
其他条款：	
国际合同号：	DSK20258
代理人：	张学林
信用保证方式：	无担保方式
保证金比例：	20.00%
保证金账号：	0105710001000008527

货物信息：

物品名称	描述	数量	单价	总计
全棉针织衫	女式全棉针织衫	100	100.00	10000.00

审核：⊙通过 ○不通过

审核

图 8-50

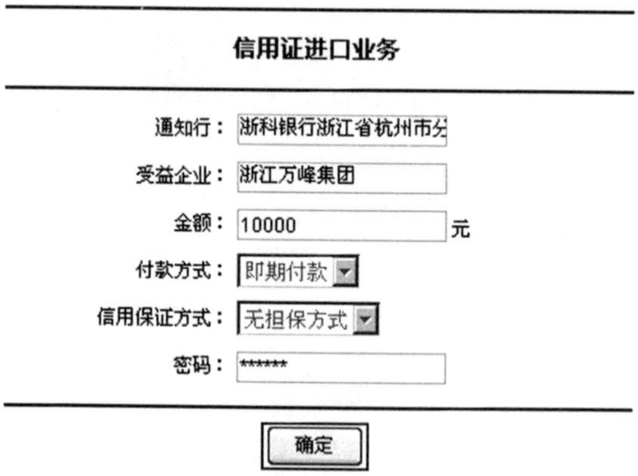

信用证进口业务

通知行：浙科银行浙江省杭州市分

受益企业：浙江万峰集团

金额：10000 元

付款方式：即期付款 ▾

信用保证方式：无担保方式 ▾

密码：******

确定

图 8-51

步骤 91，点击【确定】按钮，系统提示：保存成功。点击【确定】按钮，关闭弹出窗口。

步骤 92，取出空白凭证。点击"工具栏"中的"空白凭证"，在打开界面中，选择信用证，然后点击【取出】按钮，系统提示：选择成功。点击【确

定】按钮。

提示：必须取出与当前业务相关的凭证。如果您选择了错误的凭证，系统会在最下方提示您，该选择哪种正确的凭证。

步骤93，打印凭证。点击"工具栏"中的"报表打印机" ，在打开界面中，点击【打印】按钮，系统提示：打印成功。点击【确定】按钮，关闭弹出窗口。

步骤94，盖章。点击"工具栏"中的"印章" ，在打开界面中，点击【盖章】按钮，系统提示：盖章成功。点击【确定】按钮。

步骤95，结束业务。点击"结束业务" 按钮，在打开界面中，点击【结束业务】按钮，系统提示："确定要结束当前业务吗？"，点击【确定】按钮，系统提示："当前业务结束成功"，点击【确定】按钮。

2. 信用证出口业务

步骤96，填写"信用证开证申请书"。在企业"客户窗口"，点击页面左侧"人民币支付结算服务 → 信用证出口业务"菜单，在页面右侧打开界面中，选择一家银行（如浙科银行），点击该银行"操作"栏中的【选择】，点击【添加】按钮，在打开界面中，填写信息，如图8-52所示。

步骤97，点击【添加】按钮，系统提示：添加成功。点击【确定】按钮，页面跳转至图8-83。

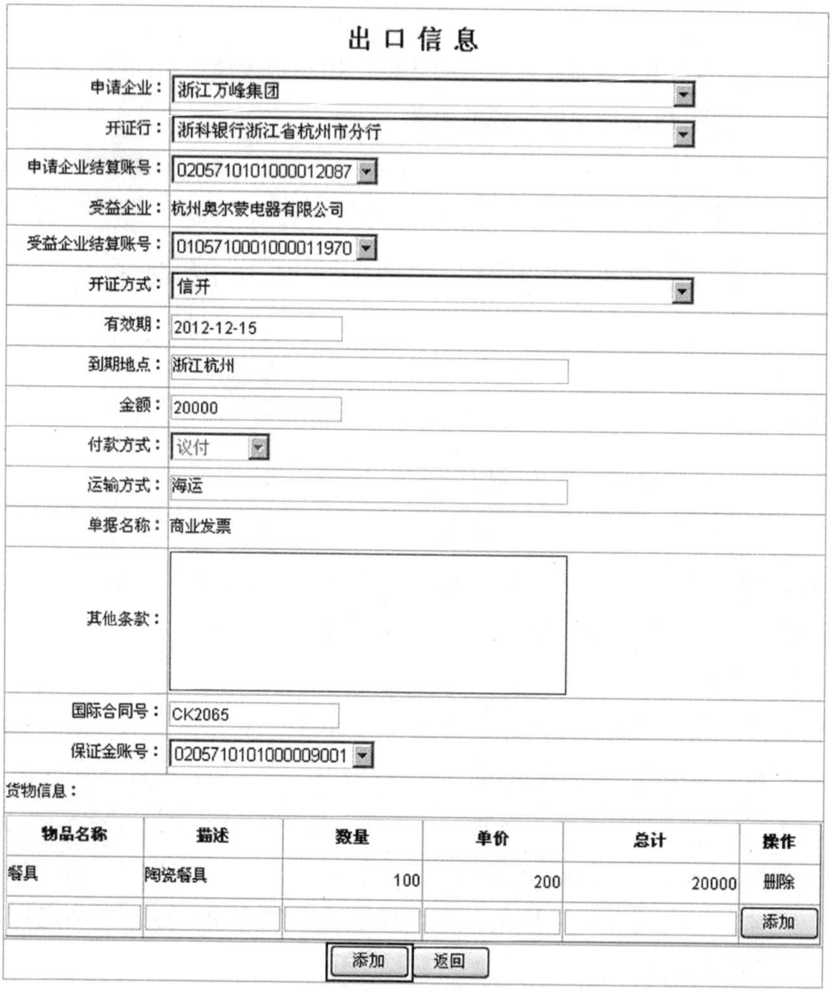

出 口 信 息

申请企业：	浙江万峰集团
开证行：	浙科银行浙江省杭州市分行
申请企业结算账号：	020571010100012087
受益企业：	杭州奥尔蒙电器有限公司
受益企业结算账号：	010571000100011970
开证方式：	信开
有效期：	2012-12-15
到期地点：	浙江杭州
金额：	20000
付款方式：	议付
运输方式：	海运
单据名称：	商业发票
其他条款：	
国际合同号：	CK2065
保证金账号：	020571010100009001

货物信息：

物品名称	描述	数量	单价	总计	操作
餐具	陶瓷餐具	100	200	20000	删除
					添加

添加　返回

图 8-52

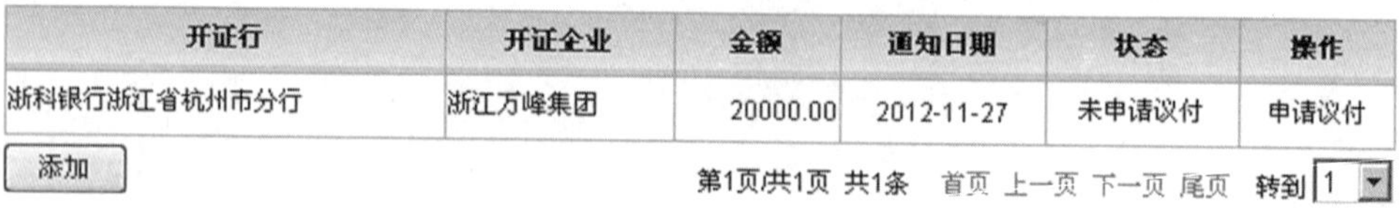

开证行	开证企业	金额	通知日期	状态	操作
浙科银行浙江省杭州市分行	浙江万峰集团	20000.00	2012-11-27	未申请议付	申请议付

添加　　　　　　　　　　第1页/共1页 共1条　首页 上一页 下一页 尾页　转到 1

图 8-53

提示：在填写"信用证开证申请书"之前，必须先要在"存款业务→信用证保证金存款"菜单中，开设一个信用证保证金账户。

步骤 98，申请议付。点击"操作"栏中的"申请议付"，打开如图 8-54 所示的界面：

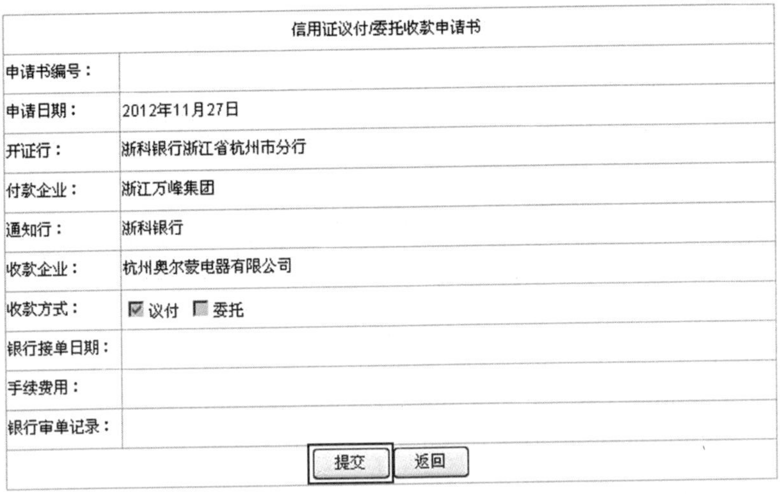

图 8-54

步骤 99，点击【提交】按钮，系统提示：提交成功。点击【确定】按钮。

步骤 100，进入柜员窗口，受理业务。进入"柜员窗口"，输入柜员密码，

然后点击"签到"按钮，在打开界面中，点击 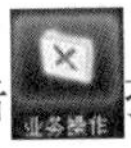 按钮，打开柜员操作界面：

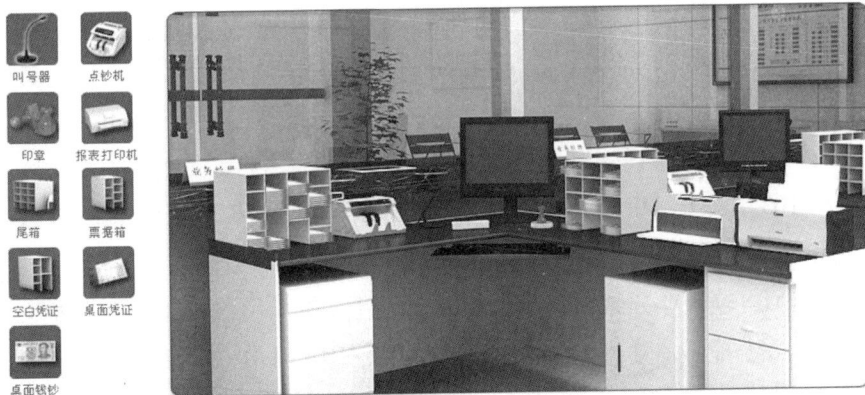

图 8-55

步骤 101，点击"工具栏"中的"叫号器" ，打开如下界面，点击"操作"栏中的【受理】。

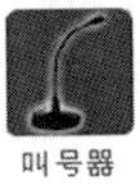

编号	业务类型	状态	受理柜员	操作
33	[0285]企业议付委托申请 [提交人：ss0002 ss0002]	待受理	——	受理

第1页/共1页 共2条　首页 上一页 下一页 尾页 转到 1 ▾

图 8-56

步骤 102，审核客户提交的凭证。点击"工具栏"中的"桌面凭证"按钮，在打开界面中，填写银行审单记录，选择审核状态（通过或不通过），如图 8-57 所示：

信用证议付/委托收款申请书

申请书编号：	
申请日期：	2012年11月27日
开证行：	浙科银行浙江省杭州市分行
付款企业：	浙江万峰集团
通知行：	浙科银行
收款企业：	杭州奥尔菱电器有限公司
收款方式：	☑议付 ☐委托
银行接单日期：	
手续费用：	
银行审单记录：	
审核：	◉通过 ○不通过

审核

图 8-57

步骤 103，点击【审核】按钮，系统提示：审核成功。点击【确定】按钮，然后关闭弹出页面。

步骤 104，输入业务数据。点击柜面上的计算机显示器，在打开界面中，填写通知行、受益企业、金额，选择付款方式、信用保证方式，然后点击【输入密码】按钮，打开如图 5-58 所示界面。

步骤 105，点击【确定】按钮，系统提示：保存成功。点击【确定】按钮，关闭弹出窗口。

步骤 106，打印凭证。点击"工具栏"中的"报表打印机"，在打开

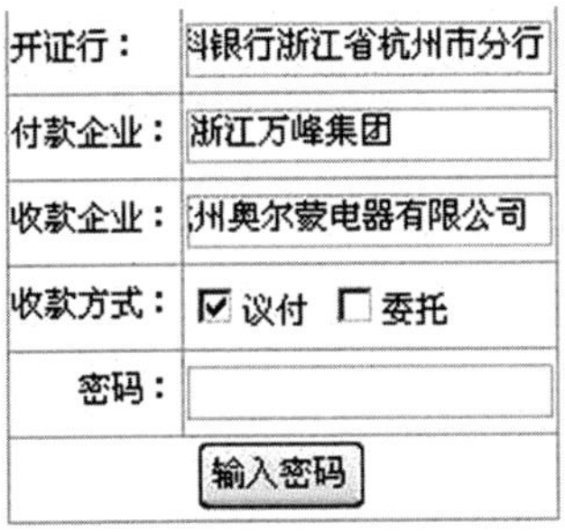

开证行：	科银行浙江省杭州市分行
付款企业：	浙江万峰集团
收款企业：	州奥尔菱电器有限公司
收款方式：	☑议付　□委托
密码：	

[输入密码]

图 8-58

界面中，点击【打印】按钮，系统提示：打印成功。点击【确定】按钮，关闭弹出窗口。

步骤 107，盖章。点击"工具栏"中的"印章"，在打开界面中，点击【盖章】按钮，系统提示：盖章成功。点击【确定】按钮。

步骤 108，结束业务。点击"结束业务"　结束业务 按钮，在打开界面中，点击【结束业务】按钮，系统提示："确定要结束当前业务吗?"，点击【确定】按钮，系统提示："当前业务结束成功"，点击【确定】按钮。

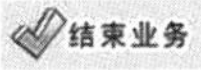

附录

实验（实训）报告

湖北民族大学

HUBEI MINZU UNIVERSITY

商业银行综合模拟实验
实验（实训）报告

学　　院＿＿＿＿＿＿＿＿＿＿＿＿＿＿＿＿＿＿＿＿＿

专　　业＿＿＿＿＿＿＿＿＿＿＿＿＿＿＿＿＿＿＿＿＿

姓　　名＿＿＿＿＿＿＿＿＿＿＿＿＿＿＿＿＿＿＿＿＿

学　　号＿＿＿＿＿＿＿＿＿＿＿＿＿＿＿＿＿＿＿＿＿

指导教师＿＿＿＿＿＿＿＿＿＿＿＿＿＿＿＿＿＿＿＿＿

年　　月　　日

填写说明

1. 此报告应在指导教师的指导下，由学生在实验结束后一周内完成。

2. 实验报告内容必须按统一设计的电子文档标准格式打印，禁止打印在其他纸上后剪贴。实验报告完成后应及时交给指导教师签署意见，并给定实验成绩。

3. 实验报告的内容要求：

（1）实验项目。此次实验共涉及三项内容，分别是：

1）个人业务；

2）对公业务；

3）网上银行。

各项要求就实验目的、实验内容、实验收获、对实验中遇到的问题进行分析并提出解决方法和建议，最后对实验进行总结。

（2）起止时间。学生应按照实验的具体日期、实验开始时间及结束时间填写此项。

4. 该报告由学生所在二级学院保存。

5. 若有关内容所留空间不够，可另加附页。

6. 各页内容要求双面打印后装订。

7. 实验操作过程记录（宋体小四字体，行间距固定值 23）。

实验项目	
实验日期	
实验地点	
实验目的	
实验内容	
实验过程遇到问题及解决的方法	
实验总结	
实验成绩	指导老师签字

参考文献

［1］王梅，徐镱菲，丁俊峰. 商业银行业务实验教程［M］. 北京：经济科学出版社，2015.

［2］陈立金. 商业银行对公授信培训［M］. 北京：中国金融出版社，2008.

［3］陈志刚. 银行结算业务处理［M］. 上海：上海财经大学出版社，2009.

［4］王俊籽. 商业银行综合业务实验［M］. 北京：经济科学出版社，2018.

［5］宋坤. 商业银行经营模拟实训［M］. 北京：中国人民大学出版社，2012.

［6］石全虎，陈柱. 商业银行综合业务模拟实验教程［M］. 北京：经济科学出版社，2015.

［7］王红梅，吴军梅. 商业银行业务与经营［M］. 北京：中国金融出版社，2007.

［8］庞昊勇. 商业银行综合业务实训实践［M］. 大连：东北财经大学出版社，2007.

［9］中国工商银行官网，http：//www.icbc.com.cn/.

［10］中国建设银行官网，http：//www.ccb.com/.